60 | 계명한국학총서

근대 문명 전환기 한국학의 전통 사상과 기독교 사상의 융합

— 계명대학교 한국학연구원 편 —

계명대학교 출판부

머리말

근대 한국학이 태동하던 대한제국(1897-1910)의 전후 시기는 전통과 개혁의 충돌, 갈등과 수용, 융합과 창조의 시대라 할 만큼 전통 사상과 근대 사상이 격돌하면서 급격한 변화를 겪게 된 시대이자 새로운 시대정신과 개념이 탄생한 시대이다. 왕조의 붕괴와 서구 문물 및 사상의 유입으로 언어, 문학, 교육, 정치, 경제, 사회 등의 제 분야들은 근대 민주사회로의 길에 들어서기 시작하였다. 즉, 국가 체제의 제 분야에 근대적인 면모를 갖추어 나가기 시작한 것이다. 이 과정에서 서구에서 유입된 기독교는 혼돈의 조선 사회를 개혁하고자 하는 지식인들에게 새로운 사상과 근대 문화 변혁의 길을 제공하였다.

그러나 근대 이행기에서의 기독교 유입과 한국학의 관계에 대한 학제 간 연구가 본격적으로 진행된 바 없어 그 전모가 밝혀진 바 없으며 그 영향 관계와 전개 과정도 선명히 드러나지 않은 상황이다. 기독교 관련 문헌 자료의 가치 연구는 물론 근대 이행기의 기독교와 한국학의 영향 관계에 대한 집중적인 연구가 필요한 시점에 있다. 이에 계명대학교 한국학연구원에서는 2022년 "근대 이행기 한국학과 기독교 사상의 유입: 사상과 언어, 문학을 중심으로" 기획 학술대회와 2023년 "근대 이행기 대구경북지역의 전통 사상과 기독교의 만남" 기획 학술대회를 추진하였다.

"근대 이행기 한국학과 기독교 사상의 유입: 사상과 언어, 문학을 중심으로" 기획 주제에서는 기독 선교사들의 언어 인식과 기독 사상이 한글과 문체, 그리고 전통 사상에 어떻게 유입되었고 그 결과 새롭게 발견된 국어관, 그리고 기독 사상과 전통 사상의 충돌과 융합의 양상 면모를 살펴보았다. 주지하는 바와 같이, 1884년부터 본격적으로 내한한 기독교 선교사들의 한국어 문법서 출간은 물론 한·영 및 한·불 대조어 사전, 성경 번역과 소설의 번역 등은 자국어(한국어) 및 한글의 보급과 확산, 그리고 언문일치의 언어 의식 발달을 이끌었으며 서적의 출간은 출판과 유통의 활성화에도 기여하였다. 무엇보다 배재학당, 경신학교, 이화학당, 제중원 등과 같은 기독교 교육기관에서의 새로운 근대 지식인 양성은 전통에서 근대로의 이행 과정에서 근대 사상의 변혁은 물론 사상과 정치, 사회와 언어, 문학, 교육에서 새로운 가치를 창출하는 결과를 낳았다. 그런데 근대 이행기 한국학 연구는 대체로 내적 변화의 양상에 주목하거나 새로운 근대적 주체의 정보로서 인적·지적 네트워크를 밝히는 데에 집중되어 있어 기독교 유입이 근대화에 미친 구체적인 영향 관계에 대한 연구가 미진한 상황이다. 이에 이번 학술대회에서는 근대 이행기의 한국학과 기독교 사상의 영향 관계를 중심으로 전통문화의 가치를 새롭게 창출하고 나아가 학제 간 연구를 통해 새로운 학문적 지평을 개척하고자 하였다.

"근대 이행기 대구경북지역의 전통 사상과 기독교의 만남" 기획 주제에서는 대구경북지역의 특수성에 집중하여 유학 출신 기독교인들을 대상으로 전통 사상과 기독 사상의 갈등과 대응, 그리고 그로 인한 대구경북지역의 내적 변화를 구명하고자 하였다. 대구경북지역은 영남의 유림을 중심으로 한 유교적 전통 사상을 견지하면서 서구의 사상과 이념을 경계한 대표적인 지역이다. 그런데 경상감영이 설치된 영남 행정의 중심지이자 서울과 부산이 연결되는 교통의 요충지이며 한양, 평양과 함께 전국 3대 시장을 형성하고 있었던 상업의 중심지라는 점에서 근대의 새로운 변화를 예고하는 잠재적 상황에 놓여 있었다. 보수적 유교의 전통문화가 보편성을 띠고 있던 대구경북지역에 1893년 4월 선교사 베어드(W. M. Baird)의 방문으로 새로운 근대 기독 사상이 유입되기 시작하였다. 1899년 10월 제중원의 개원과 1900년 11월 대남학교와 신명여자소학교, 1906년 5월 계성학교, 1907년 10월 신명여학교가 설립되면서 대구지역의 기독 사상의 유입은 물론 대구경북지역의 근대화가 본격적으로 시작되었다. 물론 1903년 경부선 철도 공사를 계기로 일본 상인들이 대거 유입되면서 다소 복잡한 양상을 띠지만 당시 대구경북지역의 근대화는 근대 교육과, 그곳에서 새롭게 탄생한 중·하층민의 기독 지식인의 활동, 그리고 기독교로 개종한 유림의 인적·지적 네트워크를 놓쳐서는 안될 것이다. 따라서 대구경북지역의 근대화는 전통 사상과 기독교의 관계 속에서 일어난 갈등과 대응 양상을 통해 대구경북지역의 내적 변화를 살펴볼 필요가 있다.

이와 같이 두 번의 학술대회의 성과를 바탕으로 근대 이행기 한국학과 기독 사상 유입의 창조적 변혁을 정리해 연구의 기초를 제공하기 위해서 총서를 발행하고자 한다. 1장에서는 '한국학과 기독 사상의 충돌과 융합'이라는 주제 하에 장요한 교수의 「근대 초기 기독 선교사의 한국어 및 한글에 대한 인식과, 그 영향」, 오주철 교수의 「초기 개신교 선교사들의 교육이 한국 근현대화에 끼친 영향」, 김동욱 교수의 「애니 베어드 소설 연구-〈유한당사씨언행록〉과의 비교를 중심으로」, 오성준 선생의 「〈최필공전〉 연구 - 서사적 특징과 문학적 의미를 중심으로 -」 논문으로 구성하여 근대 이행기 언어와 사상, 문학에서의 근대 정신 내용과 그 확산 및 융합의 양상을 보여주었다. 2장에서는 '대구경북지역에서의 전통 사상과 기독교의 갈등과 수용'이라는 주제 하에 이혜정 교수의 「민요와 개신교의 만남」, 엄진성 교수의 「근대 이행기 영남 지역 유가 지식인들과 기독교의 만남」, 손경희 교수의 「개항 이후 영남지역 유학자의 질병과 대응- 소택일기(1834~1912)를 중심으로 -」 논문으로 구성하여 근대 이행기 대구경북지역의 전통 사상에 기독 사상이 유입되어 일어난 전통문화의 변혁을 구체적으로 발견할 수 있다.

모쪼록 이 총서가 근대 이행기 한국학의 연구 성과를 지속적으로 생산하고 새로운 한국학의 지평을 확산하는 데에 일조할 수 있기를 바란다.

2024년 12월 30일
궁산 기슭에서 집필자를 대신하여
장요한 씀

• 차례

제1부

근대 이행기 한국학과 기독교 사상의 유입

: 사상과 언어, 문학을 중심으로

근대 초기 기독 선교사의 한국어 및 한글에 대한 인식과, 그 영향

장요한

근대 초기 기독 선교사의 한국어 및 한글에 대한 인식과, 그 영향

—

장 요 한

1. 머리말

1894년 고종의 국문 칙령이 발표되면서 한국어와 한글은 자주 독립 국가의 표방으로서 새롭게 정립되기 시작하였다. 한문을 숭상하고 유교 이념을 따르던 전통 지식 사회와 중화 문화권에 예속된 시대 질서 속에서 갑오개혁에 따른 새로운 변혁, 즉 중국으로부터의 자주 독립 국가의 선언홍범 14조 "割斷附依淸國慮念, 確建自主獨立基礎"과 고종의 국문 칙령공문식 제14조에 따른 '국문'의 위상 제고는 전대미문의 개혁이 아닐 수 없다. 갑오개혁을 기점으로 독립신문 논설(1896), 지석영 「국문론」(1896), 주시경 「국문론」(1897), 리봉운(1897) 등에서 '국문'의 근대적 인식 전개가 본격적으로 드러나기 시작하였다.[01] '국문'의 인식 전개는 국어 정책국어 문자 체계 확립, 문법, 교육 등과 한글 전용체, 언문일치로 확장되었고, 이러한 '국문' 위주의 새로운 국어관 성립은 급기야 언어 민족주의 의식에까지 이르러 언어가 국가

---

01 국어 의식과 그 전개 양상은 고영근(1998, 2008), 송민(2015), 이병근(1978, 2003), 이병기(2015ㄱ, ㄴ), 이상혁(2000), 장요한(2022), 장윤희(2015), 조태린(2009), 최경봉(2012), 허재영 외(2019), 홍종선(2006) 등에서 구체적으로 논의된 바 있다.

의 존재와 성쇠를 결정하는 의식으로 발전하였다.[02]

그런데 이러한 자국어와 자국문자로서의 '국문'에 대한 근대적 언어 의식은 국문 칙령보다 앞서 서양 선교사에게서 나타나기 시작하였다. 서양 선교사들의 한국어 연구 논문이나 한국어 교재, 성경 번역 등을 고려할 때 이들의 한국어와 한글에 대한 인식은 갑오개혁 직후 언어관 전개와 어문정책에 기여하였을 것으로 추정된다. 최현배(1962)에서 기독교가 한글에 준 공덕 중의 하나로 한글이 민중 사이에 전파된 것이라 하면서 "세종 대왕의 한글 창제의 거룩한 뜻이 실현되게 된 것이다."라고 기록한 바 있으며 "한글에 대한 존중심을 일으키고 한글을 지키는 마음을 길렀다.", "요컨대 한글과 배달말의 과학스런 연구, 애족적인 선전, 애국적인 수호에 기독교의 공덕은 영세로 잊지 못할 것이다."라며 선교사의 한글 보급의 역할과 그 의미를 평가하였다.[03] 그만큼 당시 서양 기독 선교사의

---

02 주시경(1908)의 "其言은 獨立의 性이라", 주시경(1910)의 "其國家의 盛衰도 言語의 盛衰에 在하고 國家의 存否도 言語의 存否에 在한지라"에서 언어가 곧 독립의 정체성이고, 언어의 성쇠, 존재가 곧 국가의 성쇠와 존재라는 사실을 말해주고 있다.

03 최현배(1962)에서 기독교가 한글에 준 공덕을 여섯 가지 제시하였다.
① 한글을 민중의 사이에 전파하였다. … 공자, 맹자의 유교에 젖은 사람들이 우리의 글 한글은 언문이라 하여 멸시천대하고 있을 적에 기독교는 한글만으로 된 성경을 가지고 들어왔다. 그리하여, 그 교리가 전파되는 곳에 반드시 한글이 전파되며, 한글이 전파되는 것에 그 교리가 또한 전파되는 서로 인과하는 결과가 되었다. … 여기에 비로소 "어리석은 백성들이 날로 쓰기에 편하게 하고자 한" 세종 대왕의 한글 창제의 거룩한 뜻이 실현되게 된 것이다.
② 성경을 가르치고 설교를 하는 목사의 활동에 따라 신도들은 사상 표현의 말씨를 배우며, 글읽고 글쓰는 방법까지 깨치게 되었다. … 전도사, 목사들은 말 잘하는 사람으로 알려졌으며, 산간 벽촌의 신도들은 그 마을의 유식자로서 말과 글의 지도자가 되어 온 것도 사실이다. 여기에서 우리는 배달말, 배달글이 기독교로 말미암아 발전과 함께 발달되어 온 사실을 인정하는 바이다.
③ 한글에 대한 존중심을 일으키고 한글을 지키는 마음을 길렀다. 유교의 경전을 공부한 한학자들이 한자 한문에 대한 존숭의 마음을 가짐과 같이 기독교의 성경을 공부한 대중이 한글에 대한 존중의 생각을 품게 됨은 또한 자연스런 심리라 할 것이다. … 수백 년 동안에 언문이니, 암클이니, 규방 문자니, 하여 천대받던 한글이 이제 기독교의 교리를 적게 됨으로 말미암아 일약 사서 삼경의 한자와 같은 지위를 얻게 된 것이다. … 일제가 그 말기에 다달아서는 우리말, 우리글을 정책으로 아주 말살하려, 악날한 수단을 취하였을 적에 우리의 학교에서 한글과 우리말이 사라지고, 심지어 거리와

한국어 및 한글 관련 간행물, 성경 번역 연구 등에 드러난 한국어와 한글에 대한 인식과 그 활동은 우리나라의 근대 어문 질서의 재편을 촉진하는 데 기여하였던 것으로 보인다.

그렇다면 개항 직후 서양 선교사들의 한글과 한국어에 대한 인식은 어떠하였을까? 그리고 그 인식이 자국어와 자국문자의 인식 과정에 어떤 영향을 미쳤을까? 이 문제 의식은 한국에서의 근대적 언어관 형성과 그 전개를 밝히는 데 그 시작점이 될 수 있다. 지금까지는 국문 칙령 이후 국내 지식인의 한국어와 한글에 대한 인식을 검토하고 그 전개 양상이 어떻게 변화되었는지에 초점을 두었다면 이 문제 의식은 자국어와 자국문자에 대한 인식의 출현과 배경에 초점을 둔 것이라 하겠다. 그간의 연구에서 이 부분에 대한 문제 제기는 미진한 상태이다. 서양 선교사에 대한 연구는 주로 한국어에 대한 학문적 성과 측면에서 이루어졌다. 가령, 선교 목적으로 간행한 회화 교재와 문법서, 대조어 사전, 성경 번역, 신문과 월간 잡지 발행 등의 간행물의 전개 양상과 국내외 인적·물적 네트워

집안에서까지 우리말, 우리글이 자연스런 노릇을 하지 못하게 되었을 적에 오직 기독교의 교회에서만은 성경이 한글로 적히고, 목사의 설교가 배달말로 유창하게 흐르고, 찬송가의 가락이 배달 사람들의 정서를 그대로 전파하였으니 우리말 우리글의 수호의 공을 기독교에 인정하여야 마땅하다 하노라.

④ 한글의 과학스런 가치를 인정하였다. J.S. 께일로 비롯하여 여러 선교사들은 한글의 과학스런 훌륭한 글자임을 역설하였다. 그네들의 연구는 한글의 갑어치를 널리 세계에 소개할 뿐 아니라 완고한 한국의 한학자들에게도 이를 긍정하게 하였으며 일반 민중에게 이 글의 효용을 깨치게 하였다. … 주시경 스승도 기독교에서 차린 새 교육기관 배재 학당에서 공부하다가 우리말 우리글의 가치를 감득하고서 그 연구에 손대어 평생 일관하게 이에 전력하여 … 요컨대 한글과 배달말의 과학스런 연구, 애족적인 선전, 애국적인 수호에 기독교의 공덕은 영세로 잊지 못할 것이다.

⑤ 배달의 말글을 널리 세계에 전파하였다. 선교사들이 우리 나라에서 발행하는 두 세 가지의 잡지에 발표된 그네들의 한국에 관한 연구 논문은 한글을 널리 세계에 소개하였으며, 또 그네들이 엮은 사전과 지은 말본 책들은 배달말을 세계에 소개하는 공덕을 길이었다.

⑥ "한글만 쓰기"의 기운을 조성하였다. 만주서 뒤친 로스의 성경전서나 일본서 뒤친 이수정의 신약 성경이나 다 한가지로 한글만 쓰기로 되었으니 기독교의 성경 사업이 근본부터 "한글만 쓰기" 운동의 앞잡이가 된 셈이다.

크, 그리고 그 서적 안에 내재된 국어학적 특성 등을 중점적으로 관찰하였다. 그러나 기독 선교사의 국어와 한글에 대한 인식과 그 전개 양상에 대해서는 관련 글이 파편적으로 인용된 바가 있어도 한자리에 모아 종합적이고 구체적으로 논의된 바는 없다.

이에 이 글에서는 우선 갑오개혁 전후, 초기 기독 선교사로 제한하되 한국어와 한글에 대해 객관적이고 과학적인 연구 성과를 지닌 선교사로 한정하여 그들의 한국어와 한글에 대한 언어 의식을 살펴보고, 이어서 갑오개혁 직후 국내 지식인의 자국어와 자국문자에 대한 인식 내용을 비교 검토하고자 한다. 두 사이의 인식 내용을 비교 검토한다면 그 영향 관계가 어떠한지를 추정할 수 있을 것이다. 따라서 2장에서는 초기 기독 선교사들의 한국어와 한글에 대한 언어 의식을 검토하고, 3장에서는 갑오개혁 직후 자국어와 자국문자에 대한 인식 전개를 검토하기로 한다. 결론에서는 2장과 3장의 내용을 중심으로 그 언어 인식을 비교 검토하여 정리하도록 하겠다.

2. 초기 기독 선교사의 한국어와 한글의 발견

이 글에서 초기 기독 선교사라 함은 한국 선교 1세대라 할 수 있는 개신교 선교사로서 한국 선교를 처음으로 시도한 귀츨라프부터 갑오개혁 전후 시기에 활동했던 개신교 선교사를 말하는데 여기에서는 한국어와 한글 관련 연구에 왕성하게 활동한 귀츨라프, 로스, 언더우드, 게일, 헐버트를 중심으로 살펴보고자 한다. 귀츨라프와 로스는 주로 중국에서 활동한 선교사인데 귀츨라프는 로드 애머스트호가 고대도 섬에 정박해 있는 동안 전도 활동하면서 주기도문을 최초로 한글로 번역하였고 1832년 「Remarks on the Corean Language」를 발표하였다.[04] 로스는 스코틀랜드 연합장로교회United Presbyterian Church에서 1872년에 만주로 파송되었고, 만주에서 최초의 한글성경번역과 출판, 그리고 한국어 학습서 간행을 주도하였으며 이후 한글 성경 번역 연구에도 많은 영향을 미쳤다.[05] 주지하는 바와 같이 언더우드, 게일, 헐버트 선교사는 갑오개혁 전

---

04 귀츨라프는 독일 출신의 네덜란드 선교사로 중국에서 선교한 루터교 목사인데, 그는 영국 동인도 회사의 용선 로드 애머스트(Lord Amberst)호에 승선하여 1832년 7월 17일(음력 6월 20일) 태안의 고대도 섬에 정박한 우리나라 최초의 기독교 선교사라 할 수 있다(오현기 2011). 애머스트호의 정박한 사실은 『순조실록』 32권(순조 32년 7월 21일(음력) 을축 5번째 기사문)에 실려 있다. 관련 내용을 제시하면 아래와 같다.

자문(咨文)에 이르기를, "도광(道光) 12년 7월 초4일 수군 우후(水軍虞候) 김형수(金瑩綬), 홍주 목사(洪州牧使) 이민회(李敏會) 등의 첩정(牒呈)을 첨부한 공충도 관찰사(公忠道觀察使) 홍희근(洪羲瑾), 수사(水使) 이재형(李載亨)이 인차(鱗次)로 치계(馳啓)한 바에 의하면, 본년 6월 26일 유시(酉時) 경에 이양선(異樣船) 1척이 본주(本州) 고대도(古代島)의 안항(安港)에 정박하였는데, 듣기에 매우 놀라운 일이라서 역학(譯學) 오계순(吳繼淳)을 차송하고 본 지방관 홍주 목사 이민회와 수군 우후 김형수로 하여금 배가 정박한 곳으로 달려가서 합동으로 문정(問情)하게 하였더니, 언어가 통하지 않아 문자를 대신 사용하여 이곳에 오게 된 동기를 상세히 힐문하였는 바, 그들 대답에 '우리들은 모두 영길리국 난돈(蘭墩)과 흔도사단(忻都斯担) 땅에 사는 사람들로서 선주(船主)는 호하미(胡夏米)인데, 서양포(西洋布) · 기자포(碁子布) · 대니(大呢) · 우단초(羽緞綃) · 뉴자(紐子) · 도자(刀子) · 전도(剪刀) · 요도(腰刀) · 납촉(蠟燭) · 등대(燈臺) · 등롱(燈籠) · 유리기(琉璃器) · 시진표(時辰表) · 천리경(千里鏡) 등의 물품을 가지고 귀국의 소산물을 사려고 본년 2월 20일 배에 올라 본월 26일에 이곳에 왔으니, 귀국의 대왕에게 전계(轉啓)하여 우호(友好)를 맺어 교역하게 해주기를 바란다.' 고 운운하였습니다."(道光十二年七月初四日, 據公忠道觀察使洪羲瑾, 水使李載亨, 鱗次馳啓, 備水軍虞候金瑩綬, 洪州牧使李敏會呈稱, 本年六月二十六日酉時量, 異樣船一隻, 到泊於本州古代島安港, 聞甚驚駭, 就差譯學吳繼淳, 該地方官洪州牧使李敏會, 水軍虞候金瑩綬, 馳詣船泊處, 眼同問情, 語言不通, 替用文字, 詳詰來由, 則回稱 '俺們俱是英吉利國、蘭墩、忻都斯担地人, 船主胡 夏米, 要以西洋布、碁子布、大呢、羽緞綃、鈕子、刀子、剪刀、腰刀、蠟燭、燈臺、燈籠、琉璃器、時辰表、千里鏡等貨, 和買貴國所產物件, 本年二月二十日騎船, 本月二十六日到此, 乞轉啓貴國大王, 設誼交易' 云云)〈국사편찬위 조선왕조실록 인용〉

05 로스 목사는 1876-1887년 매킨타이어(Rev, John MacIntyre) 목사와 의주 출신 서상륜, 이응찬, 백홍준 등의 도움으로 개신교 신약 성경을 한국어로 번역하였다. 1882년에 『예수셩교 누가복음젼셔』, 1883년에 『예수셩교셩셔누가복음뎨쟈힝젹』(누가복음젼서 개정, '데쟈힝젹'을 묶어 만듦),1887년에 그동안 번역한 단권의 성경을 한 권으로 묶어 『예수셩교 젼셔』를 간행하였다. 개신교 최초의 신약성경이다. 한편, 1876

후에 한국에서 활동한 대표적인 개신교 선교사이면서[06] 이들은 한국어학자라 할 만큼 한국어 연구는 물론 한국어 교재, 대조어사전, 한국어 성경 번역 발간, 교육 사업에 전념한 대표적인 학자들이다.

이에 이 장에서는 귀츨라프가 1832년에 『Chinese Repository』에 기고한 「Remarks on the Corean Language」[07]와, 로스의 『Corean Primer』(1877)와 『Korean Speech』(1882), 언더우드의 『한영문법韓英文法』(An Introduction to the Korean Spoken Language/1890), 『한영ᄌᆞ뎐韓英字典』(A Concise Dictionary of the Korean Language in two parts Korean·English & English·Korean)(1890), 게일의 『ᄉᆞ과지남辭課指南』(The Korean Grammatical Forms/1894), 헐버트가 기고한 「The Korean Language」(1889)와 최초의 한글 전용 교과서인 『ᄉᆞ민필지』(1889) 등을 중심으로 한국어와 한글에 대한 인식 내용을 살펴보기로 하겠다.

전통적으로 조선 사회는 이중 문자 체계, 즉 한자와 한글이 공존하는 이중 문자 시대이었다. 정확히 말하면 한자와 한글이 위계 구도를 이

년 고려문에서 만난 의주 상인 이응찬의 도움을 받아 1877년 한국어 교재인 『Corean Primer』를 발간하였고 이후 이 교재를 수정 보완하여 1882년 『Korean Speech』를 발간하였다. 그의 언어 연구 역량은 매우 탁월하였으며 이를 바탕으로 한 한국어 교재와 한글 성경 번역은 당시 선교사는 물론 언어 연구자에게 많은 영향을 미쳤을 것이다. 특히, Corean Primer』은 서양인이 펴낸 최초의 한국어 교재이면서 최초의 가로쓰기 문헌이고, 또한 순한글체로 구성되어 있으며 띄어쓰기가 이루어져 있어 국어의 인식과 사용 양상에 참고되는 자료이다.

06 1882년 조미수호통상조약 체결 이후 1884년 미감리회 선교사 맥클레이(Robert S. Maclay)가 고종에게 교육과 의료 사업에 대한 재가를 받고 본격적으로 개신교 선교사들이 입국하였다. 1884년 의료 선교사 알렌(Horace N. Allen), 1885년 장로교 선교사 언더우드, 감리교 선교사 아펜셀러(Henry G. Appenzeller), 1886년 헐버트, 1888년 게일 등이 입국하기 시작하였다.

07 19세기 초반 한국어 관련 서양 선교사의 기록으로는 중국에서 활동했던 모리슨(Robert Morrison)이 기고한 「The Corean Syllabary」, 메드허스트(W. H. Medhurst)가 1835년에 간행한 『朝鮮偉國字彙』 등이 있으나 자모와 어휘 등을 간략히 소개하는 정도에 그치고 있어 국어와 한글의 인식 내용을 찾아보기 어렵다. 그러나 서양인들에게 조선어의 언어와 한글에 대한 정보를 처음으로 제공하는 자료라는 점에서는 매우 중요한 가치를 지니고 있다.

루고 있는 이중 문자 시대라 하겠다. 언어적으로 다이글로시아diglossia양상을 보인 시기이므로[08] 한문과 한글(언문)은 '雅·俗의 관계', '眞文과 諺文의 관계'의 구도를 이루고 있었다.[09] 계층적으로 한문은 지적 활동을 비롯한 공적 문서 교류나 의사 전달 문자로 사용되어 주로 상층부가 사용하였고, 한글(혹은 언문)은 사적 영역에 국한하여 여성이나 일반 백성이 사용하였다. 이러한 문자의 위계 구도는 사실상 근대 어문 개혁 이전까지 지속되었다 할 수 있다.

그런데 이러한 이중 언어 위계 구도에 대해 초기 선교사들은 객관적이고 비판적인 인식을 전개하기 시작하였다. 그럼. 우선 귀츨라프의 「Remarks on the Corean Language」에 드러난 인식부터 살펴보자. 귀츨라프는 "The civilization and literature of the greater part of eastern Asia originated in China." 문장으로 시작하면서 동아시아 국가의 대부분이 중국의 문명과 문학을 받아들이고 중국의 문자와 언어에 동화된 사실을 밝히고 있다. 그러한 현실에서 한국도 동아시아의 여러 나라와 동일한 상황에 있음을 관찰하였다. 아래는 귀츨라프(1832: 276-77)의 내용이다.

(1) Thus, though the spoken languages of the nations by whom Chinese characters were adopted, at first widely differed from the Chinese, yet they gradually became assimilated,

(2) To encourage the study thereof, it has been made

08 박순함(1997ㄱ, ㄴ)에 따르면 다이글로시아는 한 언어 사회 안에서 둘 이상의 변이어가 그 위상을 달리하며 사용되는 언어 구조를 말하는데 상·하위로 우열의 사회적 인식이 뒤따르며 기능적으로도 제각기 달리 활용되는 특징을 보인다.

09 이현희(2014) 참고.

> a duty, incumbent on all who aspire to literary honors, and thereby to office in the government, to know that language thoroughly. This seems to be no less the case in Corea, than in the other Chinese language nations.

위 (1), (2)에서와 같이 귀츨라프는 한국을 비롯한 여러 국가들이 중국의 문자를 수용한 사실과, 한자를 수용한 국가들의 언어가 중국과 크게 달랐지만 점차 동화된 사실, 그리고 한자가 해당 국가들의 공식적 언어로서 위상을 갖고 있는 사실을 설명하고 있다.[10] 동아시아의 국가들의 이중 언어 구도와, 중국어와 한자의 영향을 정확히 파악하여 그 언어적 상황을 드러낸 것이다.

한편, 귀츨라프는 언어의 위계 구도에서 한글이 특수성을 아래와 같이 설명하였다.

> (3) Thought the majority of the inhabitants know how to read the Chinese written language, they have, nevertheless, for greater convenience, adopted an alphabet sited peculiarly to their own tongue, similar in theory to the Japanese syllabic system.

위 (3)에서는 대다수의 한국 사람들이 'Chinese written language'을 알고 있지만 편의성을 위해서 한글을 채택하여 사용하고 있음을 설

10 한자의 수용과 음성 언어의 차이를 설명하는 과정에서 언어와 문자의 구분과 그 영향 관계를 기술하고 있다는 점에서 최초의 국어의 과학적 관찰이라는 평가를 받기도 한다(김민수 · 고영근 1979/2008).

명하고 있다. 즉 한글을 사용하는 이유를 자국문자나 문자적 위상 인식 때문이 아닌 사용의 편의성 때문이라고 생각한 것이다.

귀츨라프가 파악한 이중 언어 구도는 이후 다른 선교사들의 글에서도 확인된다. 아래는 로스(1877: 3)와 언더우드(1890:5)의 내용이다.

(4) And in comparing the two little books it will be discovered what a remarkable proportion of Chinese words has become incorporated with the Corean language, supplying defects, displacing some words and used alongside of others, <u>like Latin and Saxon in English, Chinese being the Latin of the Coreans</u>, through which their learning has been acquired.

(5) In the writing of Korean, two forms of character are used, <u>the native Ernmun and the Chinese</u>. … In all official correspondence, philosophical books, and in fact in nearly all books of real value, the Chinese character is used, the native Ernmun being relegated to a few trashy love stories and fairy tales.(언더우드 1890:4)

<u>Chinese may be called the Latin of Korea.</u> It is more polite and scholarly to use *'Latinized'* Korean ; but among merchants, middle classes, and in common daily conversation this not used : the learner does not hear it, hence the difficulty.

위 (4)는 로스 선교사가 한국어와 중국어의 관계를 기술한 부분인데, 로스 선교사는 한국어에 중국 한자어가 많이 섞여 있으며 중국어가 한국어의 결여된 자리를 제공하거나 대체하거나 한국어와 함께 쓰이는 일이 있음을 설명하면서 중국어와 한국어의 관계를 라틴어와 색슨어의 관계로 설명하고 있는 점이 특징적이다. 즉, 한국의 이중 언어의 위계 구도를 라틴어와 섹슨어 관계로 파악한 것이다.

위 (5)는 언더우드의 『한영문법』에 실린 내용이다. 한자는 공식 서신이나 학문 서적 등에 사용되지만 한글은 사적인 부분에만 사용되고 있는 이중 문자 구도를 파악하였는데 이를 바탕으로 중국어(혹은 한자)가 한국어의 라틴어로 불릴 수 있음을 기술하였다. 귀츨라프나 로스, 언더우드의 기술 내용이 유사하다.

한편, 게일과 헐버트는 이러한 이중 언어 구도에 대해서 비판적 시각을 적극적으로 드러내었다.

> (6) 이들 특권층은 한자에 대해서 굉장한 매력을 느끼고 있는 것 같다. 이 한자는 사상을 전달하는 것이라기보다도 숭배의 대상으로 되어 있는 듯하다.[11](게일 1898)

> (7) 슬프다 죠션 언문이 즁국 글ᄉᄌᆞ에 비ᄒᆞ야 크게 요긴ᄒᆞᆫ 것마는 사ᄅᆞᆷ들이 긴ᄒᆞᆫ 줄노 아지 아니ᄒᆞ고 도로혀 업수히 넉이니 엇지 앗갑지 아니리오(헐버트 1889:2)

게일이나 헐버트는 한자를 존숭하고 한글(언문)을 경시하는 지식사회를 비난하고 있는데 이러한 인식은 “they mostly treat slightingly any writing in their native tongue believing that Chinese is the

11 J.S. 게일 지음/신복룡 역주(1999: 220)

only language for a scholar."처럼 로스의 서신에서도 확인된다.[12] 당시 조선의 전통적인 문자 인식을 고려할 때 이러한 비판적 태도는 매우 파격적이고 혁신적인 태도가 아닐 수 없다. 전통적 문자 인식의 해체를 넘어 새로운 문자 시대를 이루고자 하는 비판 의식이 서양 선교사를 통해서 적극적으로 드러나기 시작한 것이다.[13] 갑오개혁 직후 한국어와 한글에 대한 지식인의 여러 기고문에서도 이러한 이중 언어의 위계 구도의 비판적 시각이 드러나기 시작한 것도 이와 무관하지 않을 것이다.

한편, 이들 서양 선교사들의 한국어와 한글의 대한 인식 과정에서 번역 용어도 주목할 만하다. 당시 선교사들은 한국어와 한글을 'Corean language', 'Corean alphabet'(혹은 'Corean letter')으로 번역하여 기술하였다. 이 'Corean language', 'Corean alphabet'은 언어와 문자를 국가와 관계하여 국가 단위를 배경으로 한 객관적 개념 표현이면서도 중국어와 한자Chinese language, Chinese characters와 객관적으로 구별되는 표현이다. 이러한 번역 용어의 인식은 서양 선교사 입장에서는 매우 당연한 것이었겠지만 중국에 예속된 전통 사회 관점에서 개별 국가의 언어와 문자로서의 이 번역 용어는 여간 낯선 일이 아닐 수 없다. 전통 사회에서 우리 언어는 '조선어'로 불려지기보다는 '방언', '방음', '향언', '이어' 등으로 일컬어졌고 훈민성음 창제 이후 한글은 '언문', '언서', '암클' 등으로 일컬어져서 그 명칭에서 언어와 국가, 민족의 관계에 대한 인식은 찾아보기 어려웠기 때문이다. 이러한 인식 사회에서 'Corean language', 'Corean alphabet'이 언어를 국가와 관계하여 자국어와 자국문자에 대한 자각을

12 로스의 서신은 대한성서공회에서 출간한 옥성득·이만열 편역(2004)에 원문과 번역본이 실려 있고 이 내용은 1883년 7월 22일 서신의 내용으로 옥성득·이만열 편역(2004: 83)에 있다.

13 당시 전통적인 문자 인식을 해체하고자 하는 목소리에 우려를 나타내는 글도 확인할 수 있다.
새로 ᄒᆞᆫ 학부 대신 신긔션 씨가 샹쇼ᄒᆞ엿ᄂᆞᆫᄃᆡ…국문을 쓰ᄂᆞᆫ 일은 사ᄅᆞᆷ을 변ᄒᆞ여 즘승을 ᄆᆞᆫ드ᄂᆞᆫ 것이요 죵ᄉᆞ를 망ᄒᆞ고 쳥국 글을 폐ᄒᆞᄂᆞᆫ〈독립신문(1986) 1권26호 잡보〉

불러일으켜 주는 계기가 되었을 것으로 추정된다.[14]

자국어와 자국문자에 대한 자각과 관련하여 언더우드와 헐버트는 주목하지 않을 수 없다. 이들의 한글에 대한 애정은 여러 연구에서도 밝혀진 바 있는데 언더우드의 번역 용어에서도 그 사실이 확인된다. 언더우드는, 위 (5)처럼, 한글을 'native Ernmun'으로 번역하였고 헐버트는 『ᄉᆞ민필지』에서 한글(언문)을 '본국 글'로 기술하였다. 언더우드는 "the native Ernmun and the Chinese."처럼 'native Ernmun'과 'Chinese.'를 대조적으로 표현하여 언문이 자국문자임을 명시하였고, 헐버트는 "죠션 언문은 본국 글ㅅ뿐더러 션ᄇᆡ와 ᄇᆡᆨ셩과 남녀가 널니 보고"에서 언문을 '본국 글'로 표현하여 언더우드와 동일한 인식을 드러내고 있다. 비록 서양 선교사들의 지칭어일 뿐이라고 치부할 수도 있겠지만 전통적인 한자 중심의 문자관 속에서 '언문'(한글)이 자국문자라는 생각은 갑오개혁이 시행되기 전인 당시 분위기에서는 파격적인 인식이 아닐 수 없다. 이러한 언어 인식은 그리 오래지 않아 고종의 국문칙령에서 공표되어 현실 언어 정책에 등장하였다는 점에서 주목할 필요가 있다.

아울러, 서양 선교사들이 한글의 우수성을 설명한 내용도 주목할 필요가 있다. 이들은 한글의 구조적 간략성과 문자적 완전성, 그리고 한글의 효용성을 구체적으로 전개하였다. 귀츨라프(1832)에서는 한글을 아주 편리하며 발음을 잘 드러내는 문자로 인식하였고 "The formation of the alphabetic characters is extremely simple but at the same time very ingenious."와 같이 한글의 형식(혹은 구성)은 간단하지만

---

14 자국어와 자국문자에 대한 인식과 관련하여 송민(2015: 18-23)에서는 외국과의 통상 조약 내용을 통해서 조정 관리들의 인식 과정을 살폈는데, 그는 외국과의 통상 조약 중 1888년 음력 7월 12일 조(朝)·아(俄) 육로통상장정(俄陸路通商章程)의 '俄國文語', '朝鮮文字話語'에 주목하여 조약문에 언어와 문자를 명시적으로 드러낸 것으로 보고 이는 조선의 관리들이 외교무대를 통하여 자국어와 자국문자에 대한 자각을 조금씩이나마 가지기 시작한 증거일 수 있다고 하였다.

매우 독창적이라고 설명하였다. 이러한 문자의 인식은 로스의 『Korean Speech』(1882: 4-5)에서 구체적으로 드러나 있다.

(8) As will be observed a long line and a short, placed in varying positions, represent all the vowels, the consonants being equally simple. the Korean alphabet is to be treated as we treat that of the Germans and Russians or the ancient Greek

(9) The Corean alphabet is phonetic, and so beautifully simple that all men, women and children of years of understanding can read it: for being phonetic it is necessary only to learn the alphabet to be able to read any book printed in that alphabet.

위 (8)에서 로스는 한글은 긴 선과 짧은 선으로 모음과 자음을 나타내는 아주 단순한 구조를 취한 문자라는 사실과, (9)에서는 표음문자로서 그 체계가 매우 간략해서 문자만 배우면 한글로 표기된 모든 책을 읽을 수 있다고 기술하였다. 한글의 구조적 간략성과 그에 따른 효용성을 설명한 것이다.

이러한 한글의 간략성은 헐버트에서 한 단계 더 발전된 인식으로 전개되었다. 헐버트는 "The Korean Language"(1889)에서 한글이 최고의 표음문자의 자질을 가지고 있음을 설명하였다.[15]

15 헐버트(1889)년의 기고문 "The Korean Language"는 2009년 헐버트의 손자(Bruce W. Hulbert)가 헐버트박사기념사업회에 기증한 것으로 1889년 뉴욕 트리뷴 칼럼에 실린 글이다. 헐버트/김동진 옮김(2016: 220~227)에 번역본이 실려 있고 원문은 동

(10) The Korean alphabet has been compared with the Sanskrit, but it will appear, upon examination, that the Korean is, to say the least, fully equal to that language in the qualities which go to make up a perfect alphabet. … That is, there must be just enough characters to express all sounds without ambiguity. … The Korean alphabet has not its equal for simplicity in the construction of its letters. The vowels are, with one exception, made either by a short horizontal line, or a perpendicular one, or a union of the two.

위 (10)에서와 같이, 헐버트는 모든 소리를 모호함 없이 표현할 수 있는 최소의 글자 수로 최대의 표현력을 발휘하는 것이 가장 완벽한 문자가 갖추어야 할 조건이라고 하면서 한글이 그 조건을 갖추고 있는 완벽한 문자라고 하였다. 다시 말해 한글에 필적할 만한 글자 체계를 갖춘 문자는 없다는 것이다. 또한, 로스의 (9) 설명과 유사하게, 모음 하나만 제외하면 짧은 가로선과 세로선, 또는 둘의 결합으로 문자가 만들어지는 원리를 설명하면서 한글의 구조적 간략성을 구체적으로 설명하였다.

한글의 우수성은 게일의 『Korean in Transition』(1909)에서도 드러나 있는데 게일은 한글이 세계에서 제일 간단한 글자이지만 결코 쓰이지 않고 멸시만 당하고 있으며 오늘날까지 이 신비롭도록 단순한 언어를 배타적으로 사용하지 않은 것은 놀라운 일이 아닐 수 없다고 하면서 성서와 기독교 서적을 위해 준비된 채 자기의 날이 오기를 기다리고 있다고 하였다. 아울러 조선에서는 읽기는 거의 보편적이며 전혀 교육받지 못한

아일보(2018.10.15) "모든 소리 표기하는 완벽한 문자" 기사에 덧붙여 있다.

사람들도 한 달 남짓으로 언문을 깨우쳐서 성경을 읽게 되는 상황을 설명하였다. 한글의 편리성과 효율성을 성경 번역과 성경 전도 관점에서 바라보았다.

구조적 간략성을 지니면서도 모든 소리를 정확히 드러낼 수 있는 한글은 그 효용성 측면에서도 더욱 강조되었다. 로스는 「THE COREAN LANGUAGE」[16]에서 "Their alphabet is so simple that half an hour's study is sufficient to master it; and as, like Pitman's Phonography, it is employed phonetically, it is universally known and used by men, women and children."으로 한글의 효용성을 설명하고 있다. 즉 한글은 매우 간략해서 30분만 공부하면 익힐 수 있으며 남성과 여성, 어린이에게 널려 알려져 사용되고 있음을 설명하였다. 헐버트도 『ᄉᆞ민필지』 서문에서 언문이 본국 글이며 선비와 백성士民, 남녀가 널리 보고 알기 쉽다고 기술하였다.

(11) 또 ᄉᆡᆼ각건대 즁국 글ㅅᄌᆞ로는 모든 사ᄅᆞᆷ이 ᄲᆞᆯ니 알며 널니 볼 수가 업고 죠션 언문은 본국 글ㅅᄲᅮᆫ더러 션ᄇᆡ와 ᄇᆡᆨ셩과 남녀가 널니 보고 알기 쉬오니 슬프다 죠션 언문이 즁국 글ㅅᄌᆞ에 비ᄒᆞ야 ᄏᆞ게 요긴ᄒᆞ것마는 사ᄅᆞᆷ들이 긴ᄒᆞᆫ 줄노 아지 아니ᄒᆞ고 도로혀 업수히 넉이니 엇지 앗갑지 아니리오 이러므로 외국 용우ᄒᆞᆫ 인물이 죠션 말과 언문ㅅ법에 익지 못ᄒᆞᆫ 거스로 붓그러움을 니저 ᄇᆞ리고 특별히 언문으로써 텬하 각국디도와 이 문목견ᄒᆞᆫ 풍긔를 대강 긔록할ᄉᆡ 몬져 ᄯᅡ덩이와 풍우박뢰의 엇더ᄒᆞᆷ과 ᄎᆞ례로 각국을 말ᄉᆞᆷᄒᆞ니 ᄌᆞ세히 보시면 각국 일을 대총은 알 거시오

16 이 글은 『The China Review』 Vol. Ⅳ(395~403)에 실려 있다.

이 한글의 효용성을 바탕으로 한글 전용의 당위성을 제시한 주장도 확인된다. 아래는 로스의 서신 내용이다.[17]

(12) 1880.6.23. (로스 목사가 라이트 박사에게)
The Corean alphabet is phonetic, and so beautifully simple that all men, women and children of years of understanding can read it; for being phonetic it is necessary only to learn the alphabet to be able to read any book printed in that alphabet. The importance of the Bible translation into such a language of from 12 to 15 million of people cannot be overestimated.

위 (12) 서신에서 로스 목사는 한글은 매우 간단해서 모든 남녀노소가 읽을 수 있으며 자모만 배우면 어떤 책이든 읽을 수 있으므로 1,200만 명 내지 1,500만 명이 사용하는 언어로 성경을 번역하는 것은 매우 중요한 일임을 설명하고 있다. 한글로 성경을 번역해야 함을 드러낸 것이다.

마지막으로 언더우드가 『한영문법』에서 문법과 표기법에 대해 그 원리를 아는 한국인이 매우 드문 사정을 기술한 내용을 제시해 둔다.

(13) Koreans who have any accurate knowledge of the rules of grammar and the methods of spelling are rare, and native teachers in the true sense of the word cannot be found.

17 로스의 서신은 옥석득 · 이만열 편역(2004)에 원문과 번역문이 함께 실려 있다.

한국어 문법과 표기가 정립되지 않은 당시의 상황을 여실히 보여주는 내용으로, 당시 한국의 지식인들은 한국어와 한글에 대한 인식이 정립되지 않은 상황이어서 한국어 문법과 표기의 정비가 매우 미흡한 상황을 보여준다. 표기와 문법 규범에 대한 인식은 국문 칙령과 함께 본격적으로 정립하기 시작되었으나 갑오개혁 전후에 서양 선교사들의 대조어 사전과 문법서, 교재가 본격적으로 발행되기 시작하였다.

지금까지의 내용을 정리하면, 초기 기독교 선교사들의 한국어와 한글에 대한 인식 전개 내용은 다음과 같다. 첫째, 한국어와 중국어, 한글과 한자(한문)를 이중 언어의 위계 구도로 인식하였다. 둘째, 한글과 한자의 이중 문자 위계 구도를 비판적으로 인식하였다. 한자를 존숭하고 한글을 경시하는 전통적인 문자 인식을 비판적으로 바라본 것이다. 셋째, 한국어와 한글을 'Corean language', 'Corean alphabet'(혹은 'Corean letter')로 번역하여 언어와 문자를 국가와 관계하여 국가 단위를 배경으로 한 객관적 개념 표현을 사용하였다. 이러한 개념 표현은 전통적으로 예속된 관계에서 벗어나 자국어와 자국문자를 인식하는 계기가 되었을 것으로 추정되는데 헐버트와 언더우드는 한글(언문)native Ernmun을 본국의 글자로 지칭하였다는 점에서 주목된다. 넷째, 한글의 구조적 간략성과 문자적 완전성, 효용성 인식이 전개되었다. 한글은 표음문자로서 구조적으로 매우 간략한 형식으로 만들어졌지만 모든 소리를 명확히 담아낼 수 있는 완벽한 글자이며, 배우기 쉽고 쓰기 쉬운 문자라는 인식이 나타났다. 이 인식은 급기야 한글 전용 사용에 대한 인식으로 발전되었다.

3. 갑오개혁 전 · 후 자국어 및 한글의 자각

자국어 및 자국문자로서의 자각, 이른바 근대적 언어 인식은 고종의 국문 칙령 전후에 본격적으로 드러나기 시작하였다는 점에서 갑오개혁 전후를 근대적 언어 의식의 형성기라 할 수 있다. 자주 독립 국가의 표방으로서 '국문'의 위상을 재정립하여 그 정치적 의미가 부각된 시점이므로 그 의미는 매우 크다고 하겠다. 여기에서는 갑오개혁 전후에 간행된 주요 자료 중에 새로운 언어 인식이 드러난 자료들, 우리나라 최초의 주간 신문인 『漢城周報』의 기고문 「論學政第三」(1886년02월15일), 최초의 민간 신문인 『독립신문』 창간호(1896년4월7일) 논설문, 지석영의 「국문론」(『대조선독립협회회보』(1896년11월30일)) 리봉운(1897)의 『국문정리』, 주시경의 「국문론」(『독립신문』(1897년04월22일)), 최초의 국어 문법서인 유길준의 『朝鮮文典』 등을 살펴볼 것이다.

우리나라 최초의 주간 신문이자 관서 신문인 『漢城周報』는 통리아문의 박문국에서 『漢城旬報』의 복간 형식으로 창간하여 발행한 신문으로 최초로 국한문 혼용체, 순한글체가 사용되었다는 점에서 주목을 받았는데 이 신문의 기고문「論學政第三」(1886년02월15일)에서 자국어와 자국문자로서 '언문'의 의미를 찾아볼 수 있어 그 의미는 더욱 크다 하겠다. 아래는 '論學政第三'의 기사 일부이다.

(14) 凡歐洲大中小學校皆敎以本國文字言語事物無有所沮而其文以二十六字母相連相生分合成聲與我國諺文毫無珠以異之敎 … 然我國設立學校亦當以諺文敎習學生自孔孟聖賢之書以至歐殖貨之術皆用諺文繙譯之敎 … 西語曰朝鮮有邦文比於東洋各國尤爲簡便若朝鮮士民利用邦文咸得其宜

劕其政學政必冠於東洋云

위 (14)의 자료에서 우선 눈에 띄는 것은 '本國文字言語' 표현이다. 유럽의 대학·중학·소학에서 모두 본국의 문자와 언어로 교육한다는 내용을 기술한 부분인데 이때 '本國'의 '文字言語'는 자국어와 자국문자를 나타내는 표현으로 당시 서양 교육 시스템을 접한 지식인에게 이 자국어와 자국문자의 개념은 어느 정도 자각이 일어났던 것으로 보인다. 이러한 자각은 위 (14)의 '我國諺文'의 기술에서도 확인된다. 이 '我國諺文'은 서양의 문자 체계가 우리나라의 한글과 같다는 내용을 언급하는 과정에서 기술한 것으로 자국문자로서 '언문'諺文을 인식한 사실을 알 수 있다. 공적인 문서에서는 최초의 자국문자 인식이 아닐까 한다.

한편, 송민(2015)에서는 조정 차원에서 국어의 자각은 공문서 개혁으로 이루어졌다고 하면서 조정의 관원들은 외교문서에서 자국어와 자국문자에 대해 자각하는 계기가 되었을 것이라고 하였다. 그 외교문서 중에서는 1888년 음력 7월 13일 조朝·아俄 육로통상장정의 '俄國文語', '朝鮮文字話語'를 주목하였다. 그렇다면 위 (14) 자료가 동문학同文學(관립외국어학교)의 신문발행 업무를 담당하기 위해 설치된 박문국에서 발행한 사실을 고려할 때 이 시점에 발전적인 언어 자각의 계기가 본격적으로 시작되었을 것으로 추정된다.

이어서 위 (14) 기사는 언문으로 초학자들을 교습시켜야 한다고 주장하였다. 2-3개월이면 즉시 책도 읽고 지을 수 있고 이 글자로 모든 서적을 기술하면 통독의 노력을 들이지 않아도 의리義理를 분명히 이해할 수 있으므로 이 언문으로 학생들을 교습教習하고 공맹孔孟부터 유럽의 식화술殖貨術까지 번역하여 가르쳐야 한다고 피력하고 있다. 아울러 마지막 부분에서 서양 사람들의 말을 인용하면서까지 한글 사용의 필요성을 언급한 것도 주목된다. 동양 각국의 글자 가운데 더욱 간편하므로 만약 조선의 사민士民들이 그 나라의 글자를 이용하여 모두 그 편의함을 체득한다면 정치와 학정學政이 틀림없이 동양에서 으뜸이 될 것이라는 서양 사람들의 말을 인용하여 한글 전용의 필요성을 언급한 것이다.

위 기사에서는 한문 한자를 비판적으로 혹은 우리 한글과 대등한 관계로 본 기술은 찾아보기 어렵지만, 한글에 대한 자각은 점차 강화되는 양상을 띤다. 한문과 한글의 위계 구도의 재정립의 인식, 즉 한문을 존숭하는 태도를 비판적으로 바라보면서 한문을 다른 나라의 글이라는 인식이 드러나기 시작한 것이다. 아래는 『독립신문』 창간호(1896.4.7.) 논설문 내용의 일부이다.

> (15) 각국에셔ᄂᆞᆫ 사ᄅᆞᆷ들이 남녀 무론하고 본국 국문을 몬저 ᄇᆡ화 능통ᄒᆞᆫ 후에야 외국 글을 ᄇᆡ오ᄂᆞᆫ 법인ᄃᆡ 죠션셔ᄂᆞᆫ 죠션 국문을 아니 ᄇᆡ오드ᄅᆡ도 한문만 공부ᄒᆞᄂᆞᆫ ᄭᆞ닭에 국문을 잘 아ᄂᆞᆫ 사ᄅᆞᆷ이 드물미라”

위 (15) 창간호에서는 한글을 ‘죠션 국문’으로 명시하여 자국문자 인식을 분명히 드러내고 있는데 여기에서는 한문과 한글의 대조 양상도 주목된다. ‘죠션 국문’은 ‘본국 국문’과 대응하고, ‘한문’은 ‘외국 글’과 대응하여, ‘본국 국문’과 ‘외국 글’, ‘죠션 국문’과 ‘한문’이 대조 관계를 이루고 있다. 즉 전통적인 이중 문자의 위계 구도에서 벗어나 ‘국문’과 ‘한문’을 대등한 관계 구도로 재정립한 언어 인식이 드러나 있다.

이와 같은 언어 구도는 리봉운의 『국문셩리』 서문에서도 드러나 있다.

> (16) 죠션 사ᄅᆞᆷ은 ᄂᆞᆷ의 나라 글ᄆᆞᆫ 슌샹ᄒᆞ고 본국 글은 아죠 리치를 알지 못하니 졀통ᄒᆞᆫ지라 셰죵조ᄭᅴ옵셔 언문을 ᄆᆞᆫ드셧것ᄆᆞᄂᆞᆫ ᄌᆞ고로 국문 학교와 션싱이 업셔 리치와

> 규범을 ᄀᆞᄅᆞ치며 ᄇᆡ호지 못ᄒᆞ고 입ᄆᆞᆫ 놀녀 가갸거겨 ᄒᆞ야 음ᄆᆞᆫ 입에 올녀 안다 ᄒᆞᄃᆡ 음도 분명히 모ᄅᆞ니 ᄒᆞᆫ심ᄒᆞᆫ지라〈리봉운, 『국문정리』(1897) 서문〉

위 (16)에서 'ᄂᆞᆷ의 나라 글'은 당시 사회적 상황을 고려할 때 한문을 가리키고 "본국 글"은 언문(한글)을 가리키는 것으로 해석된다. 이때 언문(한글)을 '본국 글'로 명시한 것은, 헐버트 선교사가 기술한 것과 동일한 표현으로, 한글(언문)이 자국문자임을 명시적으로 표현하면서 동시에 'ᄂᆞᆷ의 나라 글'(한문)과 대립 관계를 형성하여 한글(언문)과 한문의 위상 구도를 재정립한 인식으로 풀이된다. '진문과 언문', '雅·俗'의 관계에서 벗어난 새로운 언어 자각이라 하겠다. 적어도 한글 창제 이후 미증유의 사건이라 할 만큼 혁신적 자각으로 평가된다.

자국어와 자국문자에 대한 인식은 주시경의 「국문론」(『독립신문』(1897년04월22일))에서 구체화되고 객관화되었다. 아래 주시경의 「국문론」을 살펴보자.

> (17) 사ᄅᆞᆷ들 샤ᄂᆞᆫ 싸 덩이 우희 다셧 큰 부쥬 안에 잇ᄂᆞᆫ 나라들이 졔각금 본토말들이 잇고 졔각금 본국 글ᄌᆞ들이 잇서셔 각기 말과 일을 긔록ᄒᆞ고 혹간 말과 글ᄌᆞ가 남의 나라와 ᄀᆞᆺ흔 나라도 잇ᄂᆞᆫᄃᆡ 그즁에 말ᄒᆞᄂᆞᆫ 음ᄃᆡ로 일을 긔록ᄒᆞ야 표ᄒᆞᄂᆞᆫ 글ᄌᆞ도 잇고 무ᄉᆞᆷ 말은 무ᄉᆞᆷ 표라고 그려 놋ᄂᆞᆫ 글ᄌᆞ도 잇ᄂᆞᆫ지라 …

주시경은 위 「국문론」에서 제각기 본토 말과 본국의 문자가 있다 하여 말과 글자를 구분하고, 글자 중에는 말하는 음대로 일을 기록하여 표하는 것도 글자(표음문자)도 있고 무슨 말은 무슨 표라고 그려 놓는 글자(표의문자)가 있음을 명시하고, 이를 근거로 조선의 글자는 표음 문자로서 글자 수가 적고 문리가 있어서 배우기 쉬운 글자라고 논하였다. 즉 주시경은 국가마다 자국문자가 있으며 문자는 표기하는 대상에 따라 분류되는, 다시 말하면 위계 구도가 아닌 객관적인 문자 분류를 바탕으로 한글과 한자의 문자적 특성을 설명하였다.

한편, 위 (16) 리봉운의 『국문정리』에서는, (14)과 (15)보다 한 단계 나아간, 새로운 언어 인식이 확인된다. 말과 글, 즉 언어와 문자의 구별과 그를 바탕으로 한 언어 규범의 정립 인식이 나타나 있다. 위 (16)의 "입문 놀녀 가갸거겨 ᄒᆞ야 음문 입에 올녀 안다 ᄒᆞᄃᆡ 음도 분명히 모ᄅᆞ니 ᄒᆞᆫ심ᄒᆞᆫ지라"은 자국어의 인식이 조금씩이나마 가지기 시작했음을 보여주는 것으로 생각된다. 또한, 자국어의 이치와 규범이 정립이 시급한 현실임을 보여주는 내용을 담고 있어서 자국어와 자국문자의 규범 정립 인식을 보여주는 것이라 하겠다.[18]

아래 지석영의 「국문론」(『대조선독립협회회보』 논설(1896.11.30)에서도 언어와 문자의 관계 인식, 그리고 언어 이치, 규범에 대한 인식이 드러나 있다.

(18) 우리 나라 사ᄅᆞᆷ은 말을 ᄒᆞ되 분명이 긔록ᄒᆞᆯ 슈 업고 국문이 잇스되 젼일ᄒᆞ게 힝ᄒᆞ지 못ᄒᆞ야 귀즁ᄒᆞᆫ 줄을 모르니 가히 탄식ᄒᆞ리로다 귀즁ᄒᆞ게 넉이지 아니ᄒᆞᆷ은 젼일ᄒᆞ

18 독립신문(1897.03.09.)의 '광고'글에 리봉운이 언문 옥편을 만든 사실이 기록되어 있다. 그 내용을 아래 제시해 둔다.

국문국
리봉운이라 ᄒᆞᄂᆞᆫ 션ᄇᆡ가 학부 관허를 인ᄒᆞ야 언문 옥편을 ᄆᆞᄃᆞ러 발힝ᄒᆞ게 ᄒᆞ엿시ᄃᆡ 언문에 리치를 쇼샹히 알게 ᄒᆞ고 이젼에 언문 내인 ᄉᆞ젹도 ᄌᆞ셔히 내엿고 다른 리치도 ᄇᆡ홀 거시 만ᄒᆞ니 ᄯᅩ 동몽도 학습ᄒᆞᆯ 거시오 각 학교에셔도 학습ᄒᆞᆯ 만ᄒᆞ니 제군ᄌᆞᄂᆞᆫ 사셔 보시려거던 동셔 두다리 아ᄅᆡ 어의동 병문 국문국으로 오시옵 한 삼월 십이일게 힝치 못홈이오 젼일ᄒᆞ게 힝치 못홈은 어음을 분명이 긔록홀 슈 업ᄂᆞᆫ 연고ㅣ러라 … 이 법이 널니 힝ᄒᆞ면 비단 어음을 긔록ᄒᆞ기 분명ᄒᆞ야 인민이 새로히 귀즁ᄒᆞ게 넉일 ᄲᅮᆫ 아니라 대성인ᄭᅴ옵셔 글ᄌᆞ ᄆᆞᆫ드신 본의를 다시 ᄇᆞᆰ히어셔 독립ᄒᆞᄂᆞᆫ 나라에 확실ᄒᆞᆫ 긔초가 되리로라

지석영은 위 (18)의 "우리 나라 사ᄅᆞᆷ은 말을 ᄒᆞ되 분명이 긔록홀 슈 업고 국문이 잇스되", "이 법이 널니 힝ᄒᆞ면 비단 어음을 긔록ᄒᆞ기 분명ᄒᆞ야"와 같이 언어와 문자를 구분하고, 이어서 국문(한글)이 있지만 잘 사용하지 못하여 어음을 분명하게 기록할 수 없는 상황을 탄식하며 한글로 말소리(성조)를 분명히 기록할 수 있는 법을 설명하고 있다.

한편, 申海永의 '漢文字와 國文字의 損益如何'(『대조선독립협회회보』 잡저(1897.6.30)에서는 학문과 언어, 문자와의 관계를 통해서 문자의 두 종류(표의문자와 표음문자)를 설명하면서 한자와 한글의 대등한 관계를 언급한 점이 특징적이고, 아울러 조선이나 일본, 청국, 페르시아, 타이는 독립하였으나 문명에 이르지 못하는 이유가 한문을 신뢰하고 자국 국문을 천히 여기는 데에 있음을 논하였다.

(19) 學問은 一人의 私有홀 거실ᄲᅮᆫ 否라. 萬人의 同由ᄒᆞ야 利用홀 거시니라. … 言語와 文字ᄂᆞᆫ 兩個 種이 아니라 頭上에 太陽을 指ᄒᆞ고 其 理를 會得홈은 智識이오 其 理를 說明홈은 言語요 其 理를 記載홈은 文字니 言語 文字ᄂᆞᆫ 一塊物中同分子性質이로다. … 此 際ᄂᆞᆫ 歐西 諸國이 鼎立ᄒᆞ야 自國言語로 此를 依ᄒᆞ야 哲學 代數學 理化學을 創出ᄒᆞ고 英國(잉그리쓰)詩聖(지요사)와 伊太利 詩仙(단테)ᄀᆞᆺ흔 人物이 輩出ᄒᆞ이라. … 다만 朝鮮 日本 支那(淸國)波斯(벳루샤)暹羅(사이암)五國이 獨立ᄒᆞ얏스

ᄂᆞ 홈쎄 文明妙味에 竝進치 못ᄒᆞ니 其 源由ᄂᆞᆫ 漢文象字를 信用ᄒᆞ고 自國國文을 賤히 너기야 尊古卑今에 弊習으로 宗教束縛을 不脫ᄒᆞᄂᆞᆫ 一點에 不外ᄒᆞ도다.

위 (19)에서는 '언어'와 '문자'를 명시적으로 표현하여 그 관계를 설명하고, 그 내용을 바탕으로 '자국언어'와 '자국국문'의 개념을 설정한 것은 앞선 주시경의「국문론」의 진술과 유사한데 이 글에서는 조선과 일본, 청국, 페르시아, 사이암(타이) 다섯 개의 국가가 독립하였으나 한문상자를 신용하고 자국국문을 천히 여겨서 과거의 폐습에서 벗어나지 못하는 현실을 지적하는 점이 특징적이다.

앞서 리봉운의 어문 규범의 정립 인식이 드러난 내용을 설명하였는데 이 규범은 유길준의『朝鮮文典』(1897~1902)에서 최초로 시도된다. 언어와 문자의 구별을 바탕으로 저술한 이 책은 우리나라 최초의 국어 문법서이다.[19] 아래는『朝鮮文典』序의 내용이다.

(20) 凡人이 耳가 有ᄒᆞ야써 聽聲ᄒᆞ며 目이 有ᄒᆞ야써 視ᄒᆞ고 又其視聽ᄒᆞᄂᆞᆫ 바ᄂᆞᆫ 腦에 感ᄒᆞ야 思想을 構成ᄒᆞᆫ則 其思想은 聲音及狀體로써 發現ᄒᆞᄂᆞ니 聲音은 卽 言語며 狀體ᄂᆞᆫ 卽 文字로ᄃᆡ 又 文字ᄂᆞᆫ 其實이 聲音의 符標며 言語의 形迹이라

위 (20)에서와 같이, 유길준도 먼저 성음聲音과 문자를 구분하여 문전을 저술하였다. 언어와 문자를 구분한 사고는 언어 연구의 기초가 되

19 유길준의『朝鮮文典』은 여러 이본이 존재하는데 그 중에서 표지에 '當要更訂 未定草'이라고 적혀 있는 필사본이 초고인 가장본(家藏本)으로 일본 망명 기간(1896~1907)에 작성된 것으로 알려져 있다. 이 필사본은『역대한국문법대계』(第1部 第1冊)에 실려 있다.

기 때문에 당시 문전을 저술하기 위해서 이 언어와 문자의 기능을 살피는 일은 당연한 수순이라 하겠다.

마지막으로 언문, 곧 한글의 가치를 자각한 언어 인식을 살펴보고자 한다. 앞서 검토한 『漢城周報』(論學政第三/1886년02월15일) 기사문의 "西語曰朝鮮有邦文比於東洋各國尤爲簡便若朝鮮士民利用邦文咸得其宜則其政學政必冠於東洋云"은 서양 사람들이 한글은 매우 어떤 언어보다 문자가 간략하여 사민士民이 그 편의함을 얻으면 정치와 학문에서 동양에서 으뜸이 될 수 있다고 한 말을 인용한 것으로 저자는 한글의 효용성을 간접적으로 드러내고 있다. 물론 앞의 문장에서 한글은 유럽의 문자처럼 음소문자여서 가난하여 학자금을 지출할 수 없는 사람이라도 1개월만 배워도 사용하는 데 구애되지 않음을 기술하여 한글의 가치를 드러내었다. 이 한글의 효용성은 초기 『독립신문』 창간호(1896.4.7.) 논설문에서도 확인된다.

> (21) 죠션 국문ᄒᆞ고 한문ᄒᆞ고 비교ᄒᆞ여 보면 죠션국문이 한문보다 얼마가 나흔 거시 무어신고 ᄒᆞ니 첫ᄌᆡᄂᆞᆫ ᄇᆡ호기가 쉬흔이 됴흔 글이요 둘ᄌᆡᄂᆞᆫ 이글이 죠션글이니 죠션 인민들이 알어셔 ᄇᆡᆨᄉᆞ을 한문 ᄃᆡ신 국문으로 써야 상하귀쳔이 모도 보고 알어보기가 쉬흘 터이라 한문만 늘 써 버릇ᄒᆞ고 국문은 폐ᄒᆞᆫ 까ᄃᆞᆰ에 국문으로 건 죠션 인민이 도로혀 잘 아러보지 못ᄒᆞ고 한문을 잘 알아보니 그게 엇지 한심치 아니ᄒᆞ리요

위 (21)은 한글을 한문과 비교하면서 한글은 배우기 쉬운 글자라고 설명하면서 상하귀천 막론하고 모든 사람이 알아볼 수 있는 글자의 효용성을 언급하였는데 이는 아래 〈세종실록〉의 내용을 연상케 한다.

(22) 이제 언문으로 그 말을 직접 써서 읽어 듣게 하면, 비록 지극히 어리석은 사람일지라도 모두 다 쉽게 알아들어서 억울함을 품을 자가 없을 것이라.今以諺文直書其言, 讀使聽之, 則雖至愚之人, 悉皆易曉而無抱屈者〈세종실록 103권, 세종 26년 2월 20일〉

한글이 한문보다 더 간편해서 배우기 쉽고, 모든 백성이 다 읽어 알아볼 수 있는 문자라는 인식은 주시경의 「국문론」(『독립신문』(1897년04월22일)에서 그 내용을 구체적으로 확인할 수 있으며 더 발전된 인식도 찾아볼 수 있다.

(23) ᄯᅩ 이 두 ᄀᆞ지 글ᄌᆞ들 즁에 ᄇᆡ호기와 쓰기에 어렵고 쉬은 거슬 비교 ᄒᆞ야 말ᄒᆞ면 음을 죠차 쓰게 ᄆᆞᆫ드ᄂᆞᆫ 글ᄌᆞᄂᆞᆫ ᄌᆞ모 (모음 이른 거슨 쇼ᄅᆡ가 나가ᄂᆞᆫ 거시요 ᄌᆞ음 이른 거슨 쇼ᄅᆡᄂᆞᆫ 아니 나가되 모음을 합ᄒᆞ면 모음의 도음을 인ᄒᆞ야 분간이 잇게 쇼ᄅᆡ가 나 가ᄂᆞᆫ 거시라) 음에 분간 되ᄂᆞᆫ 것ᄆᆞᆫ 각각 표 ᄒᆞ야 ᄆᆞᆫ드러 노흐면 그 후에ᄂᆞᆫ 말을 ᄒᆞᄂᆞᆫ 음이 도라 가ᄂᆞᆫ ᄃᆡ로 ᄯᅡ라 모하 쓰나니 이러 홈으로 ᄌᆞ연히 글ᄌᆞ 슈가 젹고 문리가 잇서 ᄇᆡ호기가 쉬으며 글ᄌᆞ가 몃시 못 되ᄂᆞᆫ 고로 획수를 젹게 ᄆᆞᆫ드러 쓰기도 쉬으니 이러케 글ᄌᆞ들을 ᄆᆞᆫ드러 쓰ᄂᆞᆫ 거슨 참 의ᄉᆞ와 규모와 학문이 잇ᄂᆞᆫ 일이요 무ᄉᆞᆷ 말은 무ᄉᆞᆷ 표라고 그려 놋ᄂᆞᆫ 거슨 … 디 ᄇᆡ호쟈 ᄒᆞ면 몃 해 동안 ᄋᆡ를 써야 ᄒᆞ겟고 ᄯᅩ 획수들이 ᄆᆞᆫᄒᆞᆫ 고로 쓰기가 더듸고 거북 홀ᄲᅮᆫ더러 이 그림들의 엇더ᄒᆞᆫ 거시 일홈진 말 표인지 움작이ᄂᆞᆫ 말 표인지 형용ᄒᆞᄂᆞᆫ 말 표인지 암ᄆᆞᆫ 보아도 알 수가 업고 ᄯᅩ 이져 바리기가 쉬으니 이ᄂᆞᆫ ᄣᅢ를 공연히 허비ᄒᆞ고 ᄋᆡ를 공연히 쓰쟈 ᄒᆞᄂᆞᆫ 거시니 참 디각이 업고

> 미련 ᄒᆞ기가 짝이 업ᄂᆞᆫ 일이라 … 격식과 문리가 더 잇서 ᄇᆡ호기가 더욱 쉬으니 우리 ᄉᆡᆼ각에ᄂᆞᆫ 죠션 글ᄌᆞ가 셰계에 뎨일 조코 학문이 잇ᄂᆞᆫ 글ᄌᆞ로 녁히노라

위 (23)에서와 같이 주시경은 '표음문자'와 '표의문자'의 특성을 소개하고 이어서 두 글자 중에 배우기와 쓰기에 어렵고 쉬운 것을 비교하면서 표음문자가 특성상 글자 수가 적고 모음과 자음을 합하여 쓰는 문리가 있어서 배우기와 쓰기가 쉽다고 설명하고 있다. 반면에 표의문자는 그 수가 몇만 개가 되고 획수가 많은 까닭에 오랜 시간 배워도 잊어버리기가 쉽고 쓰기도 매우 어려운 데도 때를 공연히 허비하고 애를 공연히 쓰자 하는 것은 지각이 없고 미련하기 짝이 없다고 하였다. 즉, 표음문자로서 한글은 매우 간략하며 그로 인해서 배우기 쉽고 쓰기가 편리함을 말하고 있다.

이어서 표음문자인 한글의 표의문자인 한문보다 더 배우고 쓰기에 쉬운 언어 자각에 이어서 우리나라 한글이 표음문자 중에서도 자모음을 합하여 쓰는 한글이 더 유조하고 규모가 있어서(격식과 문리가 더 있어서) 우리 한글이 세계 제일 좋고 학문이 있는 글자라는 인식으로 전개하였다. 즉 한글의 표기 체계가 단순하면서도 모든 소리를 변별적으로 드러낼 수 있으며 격식과 문리가 있는 세계 제일의 문자라고 주장하였다. 이러한 인식은 앞서 검토한 헐버트의 한글 인식과 유사하다. 훌륭한 문자는 간단해야 하고 소리의 미묘한 차이를 정확히 혼란 없이 표현할 수 있어야 하며 표음문자 체계의 모든 장점이 한글에 녹아 있다고 말한 헐버트의 인식이 주시경의 「국문론」에 들어 있다.

지금까지의 내용을 정리하자면, 갑오개혁의 시대적 인식 즉 탈중화의 시대적 인식에 따라 자국어와 자국문자는 자주독립국가의 표상으로서 새롭게 정립되었다. 그 초기 과정에 언어 의식은 네 가지로 나타나는

데, 그 첫째는 자국어와 자국문자의 자각이다. 물론 언어와 민족, 국가의 관계에 대한 이념화가 확립되지는 않았다 할지라도 전근대적 언어 의식에서 벗어나 보편적인 근대 언어 의식(언어와 민족, 국가의 관계 인식)의 초석이 되는 언어 의식을 보여준 것으로 생각된다. 둘째는 언문(한글)과 한문의 위계 구도의 재정립 인식이다. 전통적으로 한문과 한글(언문)은 '雅·俗의 관계', '眞文과 諺文의 관계'의 구도를 이루고 있었으나 한문을 '놈의 나라 글', '외국 글'로 표현하고, 한글을 '아국언문', '죠션 국문', '본국 국문', '본국 글'로 구분하여 대등한 관계에서 한글과 한문을 개별 문자로 인식하였을 뿐 아니라 문자의 분류적 관점에서도 한글과 한문을 '발음문자'(표음문자), '상자'(표의문자)로 구별하여 인식한 점도 특징적이다. 셋째는 자국어의 규범 정립 인식이다. 자국어의 문법이 정립되지 않아 바르게 발음하지 못하는 점을 한탄하며 규범 정립에 대한 인식을 전개하였다. 그 첫번째 결과물이 유길준의 『朝鮮文典』이라 하겠다. 마지막은 한글의 가치에 대한 인식이다. 한글은 표음문자이며 표음문자가 문명사회에 적합한 문자임을 드러내고, 표음문자 중에서도 제일임을 드러내고, 이어서 한글과 한문을 비교하여 한글의 효용성을 드러내었다. 주시경은 한글은 글자 수가 적지만 모든 소리를 담을 수 있으며 자모를 합하여 표기하므로 글자의 격식과 문리가 있어 배우고 쓰기에 편리한 글자임을 제시하였다. 나아가 문명사회를 이루는 데 가장 적합한 글자로서 한글은 표음 문자 중에서도 표기의 문리가 있어 가장 우수한 문자라는 언어 의식으로 전개하였다.

4. 맺음말

이 글에서는 근대 이행기 초기 기독 선교사들의 한국어와 한글에 대한 인식이 어떻게 전개되었는지, 그리고 그 인식 내용이 근대 갑오개혁 전후 자국어 및 자국문자 인식에 어떻게 관계하는지를 밝히고자 하였다. 한국 선교 1세대라 할 수 있는 귀츨라프, 로스, 언더우드, 게일, 헐버트를 중심으로 그들의 한국어와 한글 인식을 검토하였고, 이어서 갑오개혁 전후 자국어와 자국문자에 대한 인식이 드러난 『漢城周報』의 기고문 「論學政第三」(1886년02월15일), 최초의 민간 신문인 『독립신문』 창간호(1896년4월7일) 논설문, 지석영의 「국문론」(『대조선독립협회회보』(1896년11월30일)) 리봉운(1897)의 『국문정리』, 주시경의 「국문론」(『독립신문』(1897년04월22일)), 최초의 국어 문법서인 유길준의 『朝鮮文典』 등에 나타난 언어 인식을 살펴보았다.

살펴본 결과, 초기 기독 선교사의 한국어와 한글 인식은 네 가지로 정리된다. 첫째는 한국어와 중국어, 한글과 한자(한문)의 위계 구도 인식이고, 둘째는 한글과 한자의 이중 문자 위계 구도에 대한 비판적 인식이다. 셋째는 한국어와 한글의 번역 표현을 통한 언어와 국가의 객관적 인식이다. 넷째는 한글의 구조적 간략성과 문자적 완전성, 효용성에 대한 인식이다.

이러한 한국어와 한글에 대한 인식은 갑오개혁 전후, 『漢城周報』(論學政第三/1886년02월15일), 최초의 민간 신문인 『독립신문』 창간호(1896년4월7일) 논설문, 지석영의 「국문론」(『대조선독립협회회보』(1896년11월30일)) 리봉운(1897)의 『국문정리』, 주시경의 「국문론」(『독립신문』(1897년04월22일)), 최초의 국어 문법서인 유길준의 『朝鮮文典』 등에서도 확인되는데 우선은 자국어와 자국문자의 인식에서 언어의 위계 구도에 대한 비판 의식, 한글의 구조적 간략성과 완전성, 효용성이 차례로 드러난다. 대체로 초기 선교사들의 한국어와 한글 인식을 따르되 보다 강조되고 체계적으로 기술되는 양상을 확인할 수 있다. 최초의 한글전용체가 확인된 신문 『漢城周報』(論學政第三/1886년02월15일)에서 자국어와 자국문자에 대한 인식, 한글의 문자 체계의 간략성과 효용성을 최초로 확인할 수 있다. 한글과 한문의 위계 구도에 대한 비판적 인식은 『독립신문』 창간호(1896년4월7일) 논설문, 지석영의 「국문론」(『대조선독립협회회보』(1896년11월30일)) 리봉운(1897)의 『국문정리』에서 본격적으로 전개되었다. 아울러 주시경의 「국문론」(『독립신문』(1897년04월22일))에서는 한글의 문자적 특성과 그 우수성이 구체적으로 한자와 비교하여 설명하였으며 申海永의 '漢文字와 國文字의 損益如何'(『대조선독립협회회보』 잡저(1897.6.30)에서는 학문과 언어, 문자와의 관계를 통해서 문자의 두 종류(표의문자와 표음문자)를 설명하였다. 이어서 조선이나 일본, 청국, 페르시아, 타이는 독립하였으나 문명에 이르지 못하는 이유가 한문을 신뢰하고 자국 국문을 천히 여기는 데에 있음을 논하였다. 한글의 우수성에 대해서는 우리 학자들이 더 구체적으로 기술하였고 그 당위성에 대해서도 체계적으로 설명하였다 하겠다.

초기 개신교 선교사들의 교육이 한국 근현대화에 끼친 영향

오주철

초기 개신교 선교사들의 교육이 한국 근현대화에 끼친 영향

—

오 주 철

1. 머리말

이 글은 초기 개신교 내한선교사들이 선교의 직·간접적인 매개로 판단하고 추진했던 교육이 한국의 근현대화에 어떠한 영향을 미쳤는지를 살펴보는 데 그 의의가 있다고 할 것이다. 오랫동안 '은자의 나라'Hermit Nation[01]라고 불렸던 이 땅에 개신교가 들어온 것은 조선이 서구 세계를 향해 개방하는 과정에서였다. 다시 말해서 이 땅의 개신교는 한국 근현대사의 출발점이라고 할 수 있는 개항과 동시에 들어왔다고 할 수가 있다. 그리고 개신교 선교사가 조선에 정식으로 입국할 수 있었던 것은 1882년 '조미수호통상조약朝美修好通商條約'을 체결한 후 조선정부가 미국 선교사의 입국을 허용하면서였다.[02]

당시 오랜 유교적 바탕에서 과거시험을 보기 위해 사서오경을 비롯한 유교의 경전을 중심으로 향교와 서당에서 이루어지던 교육이 주류를

01 한국은 1882년까지 서구 국가들과의 모든 종류의 교섭을 지속적으로 거부해 왔기 때문에 '은자의 나라'(Hermit Nation)라고 불려졌다(해리 로즈, 『미국 북장로교 한국선교회사』, 최재건 옮김, 연세대학교출판부, 2009, 1쪽).

02 '조미수호통상조약'에서 조선 정부가 미국 정부에 요청한 것은 의사와 교사였다.

이루고 있었으며, 각 마을에는 향교와 서당이 있어서 글 읽는 소리가 끊이지를 않았다.[03] 따라서 게일(James S. Gale, 奇一, 1863-1937) 선교사는 "중국인은 장사술에 밝고, 일본인은 무술을 숭상하는데 반하여 한국인은 교육을 숭상하고 있다."[04]고 보았듯이 내한선교사들이 이해를 했던 한국인들은 교육열이 대단히 높다는 것이었다. 이와 같은 한국인들에 대한 이해를 바탕으로 내한선교사들이 복음의 불모지였던 한국에서 선교를 함에 있어서 중요한 수단으로 활용했던 것이 교육사업과 의료사업이었다. 그리고 선교사들에 의한 교육과 의료사업은 우리나라의 근현대문화를 형성하는 데 중요한 역할을 담당하였다. 즉 내한선교사들의 활동은 오랜 유교적 바탕에서 전통적이고 폐쇄적이었던 이 땅에 국제사회를 보는 인식을 넓혀주었고, 나아가 전근대적인 문화를 극복하여 서구 중심의 새로운 문화를 수용하는 데 상당한 영향을 미쳤던 것이 사실이다.

19세기 말에 이 땅에 들어와서 활동했던 개신교 내한선교사들에 의한 교육은 유교를 근간으로 한 봉건적 바탕에 세워진 국민의 의식구조를 개조시켰을 뿐 아니라 우리의 근현대 문화를 형성하는 데 있어서 중요한 매개적 역할을 감당하였던 것이다. 내한선교사들은 교육을 매개로 하여 민중들에게 복음을 전하는 동시에 학교를 설립하고 여러 성경교육을 통해 지도자들을 양육하여 교회를 세웠다. 그런 점에서 선교사들에 의한 교육이 한국의 근현대사에서 끼친 영향은 이루 헤아릴 수 없이 다양하다고 할 것이다. 즉 선교사들에 의해 전해진 개신교는 우리 사회에 바른 인간관과 우주관을 가르쳐 주었고, 평등사상과 사물에 대한 과학

---

03 구한말의 교육은 고등교육기관으로서 서울에 성균관이 있었고, 중등교육기관으로서 서울에 사학(四學)과 지방에 향교(鄕校)가 있었으며, 초등교육기관으로 각 지방에 서당(書堂)이 있었을 뿐이다. 물론 이는 오늘날의 교육체계와 같이 연결된 것이 아니고 각각 독립된 교육기관이었다(손인수, 「舊韓末 新敎育의 受容과 그 葛藤事項에 對하여(1876-1910)」, 『교육논집』 Vol.4 No.1, 연세대학교 교육대학원, 1971, 40쪽).

04 James S. Gale, Korean in transition (서울: 한빛문고, 1983), 136-146쪽.

적 인식과 서구적인 합리이론을 소개해 주었다.[05] 뿐만 아니라 언문諺文으로 취급받던 한글의 실질적인 상용화를 통해 한글을 깨치게 하고 한글을 통해 지식을 얻게 해 주었다. 따라서 이 글에서 본 연구자는 초기 개신교 선교사들이 효과적인 선교활동의 수단으로 활용했던 교육활동이 한국 사회의 근현대화에 어떠한 영향을 주었는가를 고찰하는 데 그 목적을 두었다. 이를 위해 본 연구자는 먼저 구한말의 시대적 상황을 살펴보고, 초기 내한 선교사들이 추진했던 학교의 설립을 통한 교육의 과정들에 대해 살펴볼 것이다. 여기에서 학교의 설립을 통한 교육의 과정은 미국 감리교 출신의 아펜젤러(Henry Gerhard Appenzeller, 亞篇薛羅, 1858-1902) 선교사가 주도했던 '배재학당'과 메리 스크랜턴(Mary Fletcher Benton Scranton, 1832-1909) 여사가 주도했던 최초의 여성학교인 '이화학당', 미국 장로교 출신의 언더우드(Horace Grant Underwood, 元杜尤, 1859-1916) 선교사가 주도했던 소위 '언더우드 학당'을 중심으로 살펴볼 것이다. 그런 후에 내한선교사들에 의해 주도되었던 교육이 한국의 근현대화에 어떤 영향을 주었는지에 대해 살펴볼 것이다.

2. 구한말의 시대적 상황

19세기 말의 구한말은 심각한 내우외환內憂外患의 위기를 맞아 급격히 요동을 치던 때였다. 즉, 안으로는 세도정치에 의한 정치가 부패하면서 나라의 기강이 무너지고, 삼남지방의 계속적인 흉작에 더하여 부패한

05 이상규, 「기독교는 한국에 어떤 영향을 주었을까?」『부경교회사연구』 제37호, 부산경남기독교역사연구회, 2012, 21-32쪽.

관료들의 횡포에 민중들은 시달리다 못해 집을 버리고 유랑걸식을 해야만 했던 참으로 암울한 시기였다. 그런가 하면 밖으로는 중국과 러시아, 일본 등의 열강국들이 조선에서의 자신들의 영향력을 확대하기 위한 기회를 노리면서 국가의 존망이 흔들리던 때이기도 했다. 이러한 대내외적인 상황은 조선정부로서는 고민하지 않을 수 없었다. 무엇보다 이러한 어려운 상황 가운데서 당시 조선에는 국제적 상황을 의식하여 개항을 놓고, 외국과의 통상을 반대하고 기존의 체제를 고수하면서 열강들의 침략에 대응하고자 했던 '위정척사파衛正斥邪派'와 일본을 비롯하여 서구 열강국들과의 개방을 통해 부국강병을 지향했던 '개화파開化派'가 첨예하게 대립하고 있었다. 이들은 당시 조선이 직면해 있는 역사적 위기 상황을 해결하기 위한 동일한 목적을 가지고 있었지만, 그 방법은 '척사'와 '개화'라는 각기 다른 두 방향으로 나누어졌던 것이다.

이와 같은 혼돈스러운 상황에서 1876년 일본의 강압적인 위협으로 맺어진 '강화도조약江華島條約'은 서구 열강들과 조약을 맺는 계기를 만들었다. 그리하여 1882년에 미국을 선두로 영국과 독일, 1884년에는 이탈리아와 러시아, 1886년에는 프랑스와 조약을 맺게 되었다. 그 결과 조선은 굳게 닫혀 있던 쇄국의 긴 빗장을 열면서 서구 지식의 유입과 함께 근대교육 및 개화의 새로운 물결이 밀어닥치게 된 것이다. 그러나 강화도조약은 "정치, 경제, 군사면으로는 열강세력의 각축장이 되었고, 문화적으로는 구체제의 모든 문물제도를 뒤흔드는 문화충격의 피지장波止場이 되었다."[06]

한편, 1882년 미국과 조약을 체결한 이후 보빙사報聘使로 미국을 비롯한 서구 세계를 견학하고 귀국한 민영익(閔泳翊, 1860-1914)을 중심으로 한

06 한국정신문화연구원 교육연구실편, 『한국교육연구 제1집』, 정순목, 「제1부 한국개화교육의 사상과 전개」, 경기도 성남시: 한국정신문화연구원, 1980, 14-15쪽.

소장 개화파들은 새로운 학교 및 교육제도의 도입을 건의하였다. 당시 이들이 미국에 방문했을 때 열차 안에서 민영익을 만났던 가우처(Dr. John F. Goucher, 1845-1922) 박사는 미국 감리교 선교부에 한국선교를 권유하는 편지를 보내는 동시에 일본에서 선교를 하고 있던 맥클레이(R. S. MacLay, 1824-1907)에게 한국을 방문하여 한국 선교의 가능성을 타진하게 하였다. 전문을 받은 맥클레이는 1884년 6월 24일에 서울에 도착하여 1882년 일본에서 친숙하게 지낸 바 있는 김옥균(金玉均, 1851-1894)을 만나 고종에게 선교 요청 서한을 전달하게 된다.[07] 그리고 다음날 김옥균은 고종에게 "한국에서 선교부가 병원과 학교 사업을 시작할 수 있다"는 내용의 허락을 받았다.[08]

뿐만 아니라 갑신정변의 실패로 일본에 망명을 하고 있었던 박영효(朴泳孝, 1861-1939)가 조선의 의료선교사로 파송을 받았지만 정국이 불안정하다는 이유로 일본에 머물고 있었던 스크랜턴(William Benton Scranton, 施蘭敦, 1856-1922)을 만나 그의 한국어 선생이 되었다.[09] 그 때 박영효는 스크랜턴에게 다음과 같은 말을 했다고 한다.

> 선교사들이 한국에서 할 일은 얼마든지 있습니다. (중략) 우리 국민이 지금 필요로 하는 것은 교육과 기독교입니다. 선교사들과 또 선교사들이 세운 학교를 통해서 우리 국민

---

07 김옥균은 불교 신자였지만 조선의 개화를 염원하며 기독교의 조선 선교를 적극적으로 추진했던 인물이다.

08 유동식, 『한국감리교회의 역사 I』, 서울: 도서출판 KMC, 2009, 36-39쪽.

09 조선에서 갑신정변이 일어났던 1885년 12월 4일, 미국의 뉴욕(New York) 시에서는 조선의 의료선교사로 임명을 받은 스크랜턴이 목사 안수를 받았다. 그리고 스크랜턴 부부와 그의 어머니 메리 스크랜턴(Mrs. Mary F. Scranton, 당시 53세), 아펜젤러 부부 등 5명의 선교사 일행이 1885년 2월 3일 샌프란시스코에서 아라빅호(號)(The S. S. Arabic)를 타고 출항하여 2월 27일 일본에 도착하였다. 그러나 그들은 조선에서의 상황이 불안정하다는 소식을 듣고 일본에 체류하고 있었다.

을 교육하고 향상시켜 주어야 합니다.[10]

위의 글에서 볼 수 있듯이 당시 뜻 있는 사람들은 국내외적으로 심각한 위기에 처해 있던 국가를 다시 일으키는 방법으로 서구화된 교육의 도입을 바라고 있었다. 그리고 이와 같은 여망餘望 가운데 1884년 9월에 중국 상하이에서 선교를 하던 알렌(Horace Newton Allen, 安連, 1858-1932)이 입국하는 것을 비롯하여, 1885년 4월 5일에 언더우드와 아펜젤러 선교사가, 같은 해 5월 1일에는 스크랜턴, 6월 21일에는 헤론(J. W. Heron, 蕙論, 1856-1890) 선교사 등 다수의 선교사들이 입국하게 되었다.

그러나 조미수호조약을 계기로 이처럼 선교사들이 내한했지만 선교의 자유가 있었던 것은 아니었다. 조선정부가 미국과 조약을 체결하면서 허가한 것은 선교사업이 아니라 의료사업과 교육사업이었기 때문이다. 당시 대부분의 관리와 조선인들은 기독교에 대한 거부감이 강하였다. 그 이유는 당시 선교사들이 조상숭배와 일부다처제를 반대한 일[11]과 정치적 문제에서 중립을 지킨 일, 그리고 기독교인의 자녀와 비기독교인의 결혼을 금한 일, 높은 도덕규율과 주일성수를 고집하는 일들은 일반 백성들로 하여금 기독교에 대해 부정적인 견해를 갖게 하는 또 다른 요인이기도 하였다.[12] 따라서 선교사들이 입국한 후에도 당시 미국의 공사 푸트

---

10 민경배, 『한국의 기독교회사』, 서울: 대한기독교서회, 1968, 54-55쪽.

11 당시 사회는 일부일처제였지만 부유한 사람들이 본처 외에 첩을 두거나, 부인이 남아(南兒)를 낳지 못할 경우 제사를 지낼 아들을 얻는다는 구실로 첩을 두는 축첩제가 널리 용인되고 있었다. 때문에 당시 웬만한 양반이나 돈이 좀 있는 사람들은 축첩을 두고 있었다.

12 해리 로즈, 88쪽; 당시 천주교는 1887년 서울 시내의 고지대(지금의 명동)에 땅을 매입하고 왕궁을 내려다볼 정도로 웅장한 대성당을 건축하였다(현, 명동성당). 이에 고종은 성당의 위치가 궁전보다 높기 때문에 왕실의 존엄이 깎인다고 해서 그 건축의 중단을 요구했다. 그럼에도 불구하고 건축을 강행함으로 인해 조선 정부에서는 전교(傳敎) 금지령을 내렸었다(황재범, 오주철, 『한국개신교회사』, 서울: 한들출판사, 2015, 159쪽).

(Lucius Harwood Foote, 福德, 1826-1913)는 선교사들이 조선 정부의 눈에 거스르는 선교행위를 할까 염려를 해야만 했었다. 이에 대해 푸트는 미국 정부에 다음과 같이 보고를 했다.

> 선교사들이 조선에 들어오게 되면 본인은 개별적으로 만나 교리를 전파하는 따위의 경솔한 태도는 취하지 말라고 계속하여 부탁하였습니다. 그들 또한 조선에서 의료사업이나 교육사업을 하고 싶다는 뜻을 표명하였습니다.[13]

선교사들에 의한 선교와 학교 설립의 자유가 허락된 계기는 1886년에 프랑스와 맺은 조불통상수호조약朝佛通商修好條約의 내용에 의해서이다. 즉 조불통상수호조약에는 앞서 체결된 미국·영국·독일 등의 조약과는 다른 내용이 포함되어 있었다. 그것은 제9조 2항에 "프랑스인이 조선의 언어문자를 학습 또는 교회教誨할 수 있도록 그들의 신분을 보호, 상조相助해 양국의 우의를 돈독하게"[14] 한다는 내용이다. 그런데 여기서 문제가 되었던 것은 '학습 혹은 교회언어문자教誨言語文字'에서 '교회教誨'라는 두 글자를 첨가했다는 점이다. 얼핏 보면 학습만이 아니라 '교회教誨'할 수도 있다는 것이지만, 이 두 글자가 그들을 위해서는 후일 포교의 수단을 승인받는 것이라고 해석되었기 때문이다. 이것과 관련해서 처음에 조선정부는 내한선교사들의 학교경영을 묵인하다가 1888년에 이르러서는 조약상 명문이 없다는 이유로 미국 공사에게 다음과 같이 통고를 하였다.[15]

---

13 이광린, 「초기의 배재학당」, 『개화파와 개화사상』, 서울: 일조각, 1989, 95쪽.

14 한국민족문화대백과사전, http://encykorea.aks.ac.kr/Contents/Item/E0051837. 2022년 11월 13일 검색.

15 조규남, 「19세기말 개신교 전래의 교육적 인식」, 『교육논총』 Vol.8, 전주대학교 교육문제연구소, 1993, 27쪽; 당시 조선이 미국과 조약을 체결하려던 명분은 동도서기의 논리였다. 즉 서양의 도인 기독교에 대해서는 철저히 금지하며, 이용후생에 도움이 되는 기술문명을 도입하자는 것이다. 미국과 조약을 체결하면서 조선정부가 우려했던

조·미조약에는 각종 학교를 개설하여 종교의 전포를 허락한 조문이 없다. 따라서 정부는 우리 국민에게 기독교의 전도를 허인할 수 없으니 귀 국민에게 고하여 차금법을 준수토록 해주기 바란다.[16]

위와 같은 조선정부의 통고에 대하여 미국측은 "조불조약에 규정한 바로 미루어 포교할 권리가 있음을 주장하지 않을 수 없다"고 주장함으로써 결국 조선정부는 '교회教誨' 두 글자로 선교의 자유를 허락하지 않을 수가 없었다. 그리하여 선교사들의 학교교육을 통한 간접 선교의 문이 열리게 되었지만, 조선정부가 선교사들에게 정식으로 선교의 명분을 준 것은 언더우드 선교사가 입국한 지 13년 2개월만인 1898년 6월 10일에 조선정부가 선교의 명분, 다시 말하면 '因傳教事'로 호조護照[17]를 스왈론 선교사(W. L Swallon, 蘇安論, 1859-1954)에게 발행하면서였다.[18] 미국 선교사들은 의료와 교육사업을 통한 간접선교를 기반으로 하여 기독교를 전파하기 위해 조선에 입국하였다. 그리고 1884년 4월 5일에 내한했던 언더우드와 아펜젤러[19]는 교육사업을 위해 파송된 최초의 공식 내한선교사였다.

것은 기독교가 조선에 전파되는 것이었다. 그리하여 조약 체결에 실무를 담당하였던 김윤식을 비롯한 관리들은 조약문에 기독교 포교 금지령을 명문화하려고 노력하였다. 그러나 미국과의 조약체결을 중재하던 청은 조약체결을 성사시키기 위하여 방해가 될 듯한 조항을 넣으려는 조선측의 의도를 중간에서 막아 기독교 포교 금지의 조항은 삽입될 수 없었다. 그럼에도 기독교의 전파를 금하는 정책에는 변함이 없었다(이광린, 「개화파의 개신교관」, 『한국개화사상연구』, 서울: 일조각, 1990, 200-209쪽).

16 한국정신문화연구원 교육연구실편, 771-772쪽.

17 여기에서 '호조'는 당시 개항지 이외의 지역을 여행하는 외국 거주인들에게 발행하였던 일종의 여행허가장이었다.

18 대한예수교장로회한국교회백주년준비위원회 사료분과위원회, 「대한예수교장로회백년사」(서울: 보진재, 1984), 53.

19 아펜젤러는 사범학교를 졸업하고 독일개혁교회에서 운영하는 프랭클린 앤 마셜대학에 입학하여 재학 중 학비를 조달하기 위해 19세의 나이로 교단에 선 후 약 5년간 공립학교에서 교사로 일한 바 있다. 류방란, 「개화기 배재학당의 교육과정 운영」, 『교육사학연구』 제8집, 교육사학회, 1998, 168쪽.

3. 내한선교사들의 교육사업

조선정부는 미국 및 서구 여러 나라와 통상조약을 체결한 후 해관사를 설치하고 전신, 전기 등 새로운 설비를 도입함에 따라 영어해득자가 필요하였다. 그리하여 고종은 성균관 및 향교에 신분의 차별 없이 누구나 입학할 수 있도록 하면서 아래로부터의 개혁 요구를 수용하려고 하였다. 그렇지만 극도로 부패해 있었던 관리들은 개혁을 충분히 실행하는 데 상당한 장애가 되었다. 당시의 과거제는 더 이상 공정하게 시행되지도 않았다. 따라서 개항 이후 새로 설치된 시설 및 설비는 가난하고 능력 있는 자들이 관직에 나아갈 수 있는 통로를 제공하였다. 정부에서는 영어해득자 양성을 위하여 '동문학'(同文學, 1883)을 설립하였으며, 한편으로는 현직 관리 및 소장 유생들에게 외교교섭의 역량을 키우기 위하여 '육영공원'(育英公院, 1886)을 설립하였다. 그러나 "육영공원은 구래舊來의 특권을 찾고, 새 사회에 적응성이 없는 일반 고관의 자제들만 입학시켰으므로 이 기관을 통해 새 문화를 받아들이기는 매우 힘들었다."[20] 더구나 육영공원을 관리하는 관리들이 새로운 교육에 대한 이해가 전혀 없었기 때문에 학생들의 결석을 방관하였고, 운영비를 횡령하는 일들이 일어나기도 하였다. 이 문제로 인하여 성과를 거두지 못하게 됨을 알게 되자 길모어(G. W. Gilmore, 吉毛, 1858-1933)를 선두로 미국 교사들이 사임을 하거나 귀국함으로 인해 마침내 1894년에 육영공원이 폐지되고 말았다.[21]

---

20 이광린, 「육영공원의 설치와 그 변천에 대하여」『동방학지』 제6집, 연세대학교 국학연구원, 1963. 1, 121쪽; 당시 육영공원에서의 강의는 영어로 하였으며 교과서도 영어로 된 것을 채용하였다. 그리고 가르쳤던 교과내용은 「학습차제」(學習次第)라 하여 처음에는 책읽기와 글쓰기로부터 출발하여 차츰 수학, 자연과학, 역사, 지리, 정치학 등을 배웠다(Ibid., 112쪽).

21 Ibid., 121쪽; 육영공원이 폐지된 또 다른 이유는 육영공원의 학생들은 이미 수준 높은 전통교육을 받았으며, 현직에 있거나 고관의 자제들이었기 때문에 관직에 나아가

1) 아펜젤러의 배재학당

그런데 육영공원이 세워지기 이전에 1885년에 한국 근대학교의 원조라 할 수 있는 광혜원(廣惠院, 연세대학교 의과대학 전신, 1885)과 배재학당(培材學堂, 1885), 여학교의 시초始初가 된 이화학당(梨花學堂, 1886), 그리고 한국 최초의 고아학교(孤兒學校, 경신중고등학교 전신, 1886)를 비롯하여 많은 학교들이 내한선교사들에 의해 세워졌다. 선교사들은 학교를 선교의 발판으로 삼아 이 땅에 기독교를 전파하고 서구식 교육을 통해 기독교 지식인을 양성하고자 하였다. 무엇보다 당시 과거제가 유명무실화된 상황에서 관직에 나아갈 수 있는 빠른 방법이 영어를 습득하는 길이었다. 이에 대해 아펜젤러는 당시 조선인들의 영어교습 욕구를 다음과 같이 보고하고 있다.

> 조선인들은 영어교습에 대단히 열심이다. 영어를 조금만 알아도 더 나은 자리에 올라갈 수 있는 디딤돌이 된다고 여전히 여기고 있다. 조선인에게 "왜 영어를 공부하느냐?"고 물으면, 한결같이 "관직에 나아가기 위해서다"라고 답한다.[22]

이러한 인식의 바탕에서 스크랜턴으로부터 서양의학을 배우려던 조선인 조수 이겸나李謙羅와 고영필高永弼을 소개받은 아펜젤러는 1885년 8월 3일 영어교습을 시작하였다. 그리고 며칠 후 조선정부에서 운영하고 있는 영어훈련기관인 동문학에서 불만을 품고 이탈한 몇 명의 학생들이 아펜젤러를 찾아왔다. 이들에게 알파벳을 가르치며 자신의 교육사업과 선교사업에 대한 희망을 가지고 있던 아펜젤러는 1886년에 고종으로부

기 위해 영어를 배우는 것이 필수적이지 않았다. 따라서 육영공원의 학생들은 설립 초기와는 달리 영어와 서양의 교과를 배우는 데 열심이지 않았다(류방란, 178쪽).

22 M. E. Report, 1886, 267쪽; 류방란, 172쪽에서 재인용.

터 학교 설립을 허락 받고, 1887년에 "좋은 일꾼을 많이 길러내라"는 의미로 '배재학당'이라는 교명을 하사 받게 되었다.[23] 무엇보다 배재학당이 조선인 학생을 모집할 수 있었던 실질적인 이유는 동문학이 폐쇄된 이후 정부에서 필요한 통역관을 배재학당 학생 중에서 충원하였기 때문이다. 당시 조선정부는 육영공원이 폐지되면서 학생들을 배재학당에 보내어 영어교육을 위탁하였다.[24] 아펜젤러의 기억에 의하면 1895년까지 배재학당 학생 중 정부에 고용된 학생은 33명이 되었다.[25] 그러니까 배재학당의 학생들은 주로 영어를 배워 관직에 나아가려던 젊은이들이었던 것이다.

배재학당의 출발이 영어를 가르치는 것이었지만, 그렇다고 해서 단순히 영어만을 가르치지는 않았다. 학생들은 영어를 배우고, 때에 따라 지리와 산학, 화학, 의학과 같은 과목도 추가했다. 그리고 1894년부터는 한문 및 언문과諺文科도 설치하였다. 특히 1894년 7월부터 시행된 갑오개혁은 과거제를 폐지하고 학제 개혁 등을 추진하면서 조선인들은 새로운 관리 임용제도에 관심을 가지게 되었다. 그것은 이제까지 해 왔던 유학 경전을 바탕으로 한 강경講經, 제술製述 등의 시험이 아니라 국문國文, 한문漢文, 산술算術, 내외정략內外政略, 외국사정外國事情, 내정사무內政事務 등의 시험과목이었다.[26] 당시 조선인들은 여전히 오랜 유교적 전통의 교육 가치를 존중하였지만, 관직에 나가기 위해서는 새로운 지식을 습득할 수밖에 없었고, 그리하여 배재학당을 찾게 되었던 것이다.

---

23 아펜젤러가 정부로부터 학교를 공식적으로 인정을 받았던 것은 당시 아펜젤러가 가르치는 영어학교가 선교학교라는 소문으로 학생들이 동요되었기 때문이다. 천주교의 박해를 기억하고 있는 조선인들은 기독교로의 개종은 곧 죽음과 직결되는 것으로 간주하였다. 이에 아펜젤러는 학생들의 동요와 불신을 수습하는 과정에서 정부로부터 공식적으로 학교를 인정받게 되었던 것이다. 그리하여 그는 외아문과 교섭하여 1887년 2월 21일에 학교의 이름과 이름을 새긴 현판을 받았다(Ibid., 175쪽).

24 조선정부가 재정지원을 하면서 배재학당에 학생들을 위탁교육 했던 기간은 1895년 2월부터 1901년 8월까지 6년 6개월이었다. Ibid., 181쪽.

25 이만열 편, 『아펜젤러-한국에 온 첫 선교사』, 서울: 연세대학교 출판부, 1985, 373쪽.

26 송병기 외, 『한말근대법령자료집 I』, 서울: 대한민국 국회도서관, 1970, 31쪽.

배재학당에서 실시된 교육과정을 살펴보면 다음과 같다.

1888-1889년[27] 〈표1〉

1) 예비과정부	1학기	영어: 독본 1권, 한문, 언문
	2학기	영어: 독본 2권, 철자, 한문, 언문
2) 교양과정부	1학년	영어: 기초문법, 산수초보, 독본 3권, 4권, 철자, 쓰기 및 노래부르기, 한문, 언문
	2학년	영문법, 산수(10진법), 일반과학, 독본 5권, 철자, 번역, 쓰기 및 노래부르기, 한문, 어문
	3학년	영문법, 영작문, 산수, 한문, 언문, 일반과학, 지식의 계통 어원학, 미술, 노래부르기

1894년[28] 〈표2〉

수업은 세 언어, 즉 언문, 한문, 영어로 한다. 감리교 교리문답은 한글로 가르친다. 몇 학생은 그 책을 모두 암기한다. 유교경전도 한문으로 가르친다. 이것은 교육과정의 가장 두드러진 부분이다. 영어로는 일반분야, 즉 고대사, 물리학, 화학, 정치경제학, 노래, 성경 등을 가르친다.

1901년[29] 〈표3〉

올해 다음과 같은 교과목이 추가되었다. 일반사, 기하, 국제법, 정치경제학 등. 상급생들은 이 과목을 매우 열심히 공부한다. 앞의 두 과목은 올해 거의 마쳤고, 뒤의 두 과목은 내년에 공부할 것이다.

---

27 이만열편, 332쪽.

28 M. E. Report, 1894.

29 M. E. Report, 1901, 54쪽.

위의 교과목들을 살펴보면, 주된 과목이 영어였음을 알 수 있다. 이유는 학생들이 영어를 배워서 관직에 나가고자 배재학당에 입학했기 때문이다. 한때 아펜젤러가 영어를 폐지하려고 했을 때 학생들의 수가 현저히 감소했던 것도 그와 같은 이유 때문이었던 것이다. 그럼에도 배재학당에서는 전통 교과인 한문과 언문이 중시되었음을 알 수 있다. 사실 한문은 향교를 비롯한 서당과 같은 전통 교육기관에서 이미 실시하고 있었다. 그럼에도 1888-1889년간 배재학당에서 "중국고전이 가장 중요한 위치를 차지하고 있으며, 모든 학생이 의무적으로 중국고전 과목을 공부하여야 한다."[30]고 보고될 만큼 한문은 중요시되었다. 이러한 경향은 배재학당 뿐 아니라 당시 선교사 계통의 학교에서 한문을 중요하게 가르치는 것이 일반적이었다. 내한선교사들이 이처럼 학교 교육에서 한문을 중요시했던 것은 조선인들에게 유학 경전은 교육을 받은 사람이라면 마땅히 공부하여야 할 내용이었다. 즉 당시 조선 사회에서 지식인이라면 마땅히 유학적 소양을 갖추어야 했던 것이다. 따라서 비록 영어를 배우기 위해 배재학당에 들어왔지만 조선 사회에서 지식인으로 인정받기 위해서는 조선 사회의 지식인의 기준을 충족시켜야 했던 것이다. 당시 조선에서 한문의 소양이 부족하면 학자축에 들지 못했다. 그런 점에서 아펜젤러를 비롯한 내한선교사들은 교과목에서 한문과 언문을 무시할 수 없었을 것이다.

이 점에 있어서 기포드(Daniel L. Gifford, 奇普, 1861-1900) 선교사는 다음과 같이 이야기하고 있다.

> 한문고전을 공부하는 것은 서양에서 학생들이 라틴어와 그리스어로 고전을 배우는 것과 같은 교육적 가치를 지닌다.

30 이만열 편, 331쪽.

(중략) 한국말 한에는 상당 정도 중국의 고사성어가 붙박혀 있으므로, 먼저 한문에 숙달되지 않고는 한국말을 완전히 알았다고 말할 수 없다.[31]

위와 같은 이유로 인해 유교의 경서가 배척해야 할 이단으로 인식하고 있었던 선교사들이었지만 전통교육과 기독교 교육 사이에서 고민하지 않을 수가 없었던 것이다. 그리하여 찾아낸 해결책이 유학 경전에서 한문을 분리하는 것이었다. 선교사들은 전통교육을 받은 사람은 한문으로 된 성경이나 한문으로 번역된 서양서적을 읽을 수 있다는 점에서 한문이 기독교나 서양 지식을 흡수할 수 있는 중요한 매체임을 알았다. 따라서 배재학당에서는 유학 경서를 한문으로 된 기독교 서적이나 서양의 지식을 한역한 서적, 한글로 된 기독교 서적으로 교체해 나갔다. 즉 기독교계 학교에서의 한문교육은 유학적 지식에 접근하기 위한 것이 아니라 기독교적 지식, 혹은 유학적 가치관을 벗어나는 지식에 접근하기 위한 수단으로 전환시켜 나갔던 것이다.[32] 이러한 교육적 배경에서 선교사들은 내중선교사들에 의해 저술된 한문으로 된 다양한 기독교 서적들을 보급하였다.

배재학당에서의 대부분의 조선인들은 단지 영어를 배워 관직에 나아가는 데 관심을 가졌지만, 아펜젤러는 배재학당의 목적을 1892년 연례보

31 Daniel L. Gifford, "Education in the Capital of Korea," *The Korea Repository*, Vol. 3, 1896, 282쪽.

32 실제로 이수정(李樹廷, 1842-1886)이나 노춘경(盧春京) 등은 이미 전통교육을 받은 유생들로 그들이 지니고 있는 유학적 소양을 바탕으로 기독교로 개종하였다. 그리고 배재학당의 교사였던 탁사 최병헌(濯斯 崔炳憲, 1858-1927년)은 유학적 지식을 충분히 갖추었으나 누차 과거에 낙방하면서 사회모순을 절감하다가 우연한 기회에 배재학당 존스(George Heber Jones, 趙元時, 1867-1919) 선교사의 어학 선생이 되어 『天道溯源』, 『自西徂東』, 『萬國通鑑』 등 한역서를 읽고 후에 기독교로 개종하였다. 이덕주, 『한국 그리스도인들의 개종이야기』, 서울: 전망사, 1990, 99-110쪽; 류방란, 189쪽.

고에서 '교양인의 양성'이라고 밝혔다. 그는 학교 설립 초기부터 교양교육에 기반하여 기독교를 전파하고자 하였다. 그리하여 그는 산수, 기하, 일반과학, 지식의 계통, 어원학 등의 과목을 개설하였다. 그리고 1896년에 미국에서 귀국한 서재필(徐載弼, 1864-1951)은 배재학당에서 1년 동안 서양의 지리, 역사, 정치 등을 가르쳤는데, 특히 그는 서구 민주정치를 소개해 줌으로써 학생들로 하여금 서구 시민사회를 이해하는 데 많은 도움을 주기도 하였다.[33] 나아가 배재학당에서는 체조를 가르쳤으며, 청년운동인 협성회를 조직하여 운영하였다. 이승만(李承晩, 1875-1965)과 서재필을 중심으로 1896년 11월 30일에 배재학당 안에서 조직된 협성회는 한국에서의 청년운동의 효시라고 할 것이다. 협성회는 매주 토요일 오후에 토론회를 개최하였는데, 당시 학생들은 서양식으로 진행하는 토론회에 익숙하지 않았다. 이에 서재필은 자신이 미국에 유학하면서 보고 배웠던 민주주의적인 회의 절차와 규칙을 소개하였으며, 그 내용을 담은 『만국회의 통상규칙』을 발행하여 보급하기도 하였다. 당시 협성회의 토론회 주제는 사회개혁과 관련된 문제들이었는데, 다음은 협성회에서 다루었던 토론회 주제들이다.

1. 국문과 한문을 석거 쓰미 가홈
2. 학도들은 양복을 입음이 가홈
3. 안ᄒᆡ ᄌᆞ미와 ᄯᆞᆯ을 각죵 학문으로 교육ᄒᆞᆷ이 가홈
5. 녀인들을 ᄂᆡ외 식히지 아님이 가홈
7. 우리나라 종교를 예수교로 ᄒᆞᆷ이 가홈
8. 노비를 쇽량ᄒᆞᆷ이 가홈
9. 우리나라 털로 놋ᄂᆞᆫ 것을 외국 사ᄅᆞᆷ의게 허급지 아님이 가홈
17. ᄉᆞ농공샹 학교를 세워 인민을 교육ᄒᆞᆷ이 가홈

33 윤성렬, 「배재학당19」, 『중앙일보』, 1977. 2. 24.

24. 우리나라에셔 샹하 의원을 셜립흠이 졍치샹에 급션무로 결졍홈[34]

2) 메리 스크랜턴의 이화학당

내한선교사들에 의한 교육은 전통적인 가부장제의 봉건적 사회 구조 속에서 일방적 희생자였던 여성들의 삶에 거대한 변화의 물결을 일으켰는데, 그 중심에 있었던 대표적 인물이 스크랜턴 선교사의 모친인 메리 스크랜턴 여사이다. 독실한 기독교 가정환경에서 성장한 그녀는 남편(W. Scranton)과 사별하고 미국감리교 해외여선교회의 임원으로 일해오던 중, 아들 스크랜턴이 1884년 10월 조선 파견 선교사로 임명되자 당시 고령의 나이인 52세임에도 불구하고 미국 감리교 해외여선교회의 첫 조선 여성 선교사로 파송을 받아 내한하였다.[35]

메리 스크랜턴은 *Heathen Woman's Friend*에 실린 그레이시J. T. Gracey 부인의 "조선의 여성The Women of Korea" 등을 통해 조선의 존재와 조선 여성이 겪고 있는 처지를 익히 알고 있었다. 이 논문은 1882년에 뉴욕에서 출판되어 11만부가 판매된 윌리엄 E. 그리피스(William E. Griffis, 1843-1928)의 『은자의 나라, 조선』(*Corea, the Hermit Nation*)의 "조선 여성의 지위와 일상생활"을 부분 요약한 것이었다. 여기에서 조선 여성들은 이름조차 없는 비참한 존재로 묘사되었다.[36] 이 글을 통해 조선 여싱의 불우한 처지를 알고 있었던 메리 스크랜턴은 조선 여성들의 인권을 향상시키기 위

34 「협성회회보」, 1898. 1. 1, 8쪽.

35 이화100년사 편찬위원회, 『이화 100년사』, 서울: 이화여자대학교출판부, 1994, 41-42쪽.

36 Ibid., 32-33쪽.

해서는 무엇보다 여성들을 위한 교육이 중요하다는 사실을 절감했다. 안방과 부엌에 유폐되어 있는 조선 여성들이 교육을 받지 못하는 한 조선의 발전도 불가능하다고 생각했던 것이다.[37] 그리하여 그녀는 1885년 10월 정동에 열아홉 채의 초가집과 버려진 땅을 사서 학교를 세웠다.

그러나 지금까지의 오랜 역사에서 철저하게 집 안에서만의 삶을 살아야 했던 여성들을 학교라는 집 바깥의 공간으로 나오게 하는 일은 참으로 어려운 일이었다. 한 마디로 당시 조선 사회에서 여성이 학교에서 배운다는 것은 해괴망측한 일로 간주되었다. 뿐만 아니라 서양 선교사들을 보고 서양 도깨비洋鬼子라고 생각해서 선교사들이 가까이 가기만 하면 아이들이 소리를 지르고 울면서 달아났던, 서양인을 배척하려는 상황에서 여학생을 모집한다는 것은 거의 불가능에 가까웠다. 때문에 가난한 집의 아이들을 모아서 숙식과 책, 의복까지 제공하며 공부를 시켰다. 그리고 1886년 6월이 되어서야 정식으로 학생들이 등교하기 시작하였는데, 그해 말에 학생이 7명이 되었다. 1887년 2월 중순경 메리 스크랜턴의 조선 여성들에 대한 사역에 감동을 받은 명성왕후(明成王后, 1851-1895)로부터 "배꽃과 같이 순결하고 아름다우며, 또 배 맛 같이 시원하고 좋은 열매를 맺으라"는 뜻으로 '이화학당'이라는 교명을 하사 받았다.

메리 스크랜턴은 이화학당의 교육 목적과 방침을 다음과 같이 말하고 있다.

> 우리의 목표는 한국 소녀들로 하여금 우리 외국 사람들의 생활, 의복, 환경에 맞도록 변화시키는 데 있지 않다. 우리는 한국인을 보다 나은 한국인으로 만드는 데 만족한다. 우리는 한국적인 것에 긍지를 갖는 한국인이 되기를 희망한다.

---

37 양현혜, 「메리 스크랜튼의 여성 교육활동과 개화기 한국 '여성주의 의식'의 태동」, 『한국교회사학회지』 제42집, 한국교회사학회, 2015: 143-146쪽.

나아가서 그리스도의 교훈을 통하여 완전무결한 한국인을 만들고자 희망하는 바이다.[38]

이에 대해 길모어(G. W. Gilmore, 吉毛, 1858-1933) 선교사는 교육방침을 부언하여 "한국 여아를 그들이 생활을 영위하여야 하는 조건 밑에서 모범적 주부로 만드는 동시에, 그들의 친척과 동료 사이에 기독교의 선교자가 되도록 만드는 데 있다."[39]라고 했다. 이화학당이 나라에서 인정하고 보호하는 기관인 것이 확인되자 가난한 부모들은 안심하고 딸을 학교에 맡겼다. 그 결과 1887년 여름에 학생 수가 11명으로 늘었고, 45명을 수용할 수 있는 기숙사와 교무실까지 완성한 1887년 말에는 학생 18명이 기숙사 생활을 하면서 교육을 받게 되었다.[40] 한편, 학교가 활기를 띠면서 메리 스크랜턴은 장래 여성병원을 담당할 '여성 의사'를 보내달라고 선교부에 요청하였다. 그리하여 1887년 10월에 교사로 로드와일러(L. C. Rothweiler, 1853-1921)와 여의사 하워드(M. Howard, 1858-1932)가 파송되어 내한했다. 그리고 1888년 10월에 이화학당 아래쪽에 별도로 한옥 건물을 마련하고 보구여관保救女館이라는 한국 최초의 여성 전용병원을 설립함으로써 근대적 여성 의료기관 설립에도 중요한 매개자 역할을 하였다.[41]

여선교사들은 처음에 학생들에게 특별한 교육을 제공하지는 않았다. 단지 일상적인 가정생활을 통하여 기독교적 생활을 익히도록 하였다. 1908년부터는 조선인 교사가 소녀들에게 한글을 가르쳤고, 선교사들은 영어와 산수 등 일반교과와 주기도문, 찬송가와 기도 등 기초적인 성경공부를 시켰다. 1888년경 학생들이 늘어나 선교사들만으로 학생을

38 The Gospel in All Land, 1888, 373쪽. 이화100년사 편찬위원회, 78쪽.

39 G. W. Gilmore, *Korea from its Capital*, Philadelphia: The Presbyterian Board of publication, 1892, 300쪽.

40 양현혜, 149쪽.

41 Ibid., 149-150쪽.

가르치고 생활지도를 하기가 어려워지자 1889년 4월에 최초로 한국인 여교사 이경숙(李慶淑, 1851-1930)을 채용하였다. 충성도 홍주에서 가난한 선비의 딸로 태어났던 이경숙은 메리 스크랜턴의 비서를 겸하면서 학당에서 한글과 한문을 가르쳤고, 학생 생활을 지도하였다.[42]

한편, 교과담당 교사는 외국 선교사와 선교사 부인 등을 중심으로 이루어졌다. 1890년 10월에 내한한 벵겔(Margaret Bengel, 1869-1962)은 처음으로 학생들에게 노래와 기악, 체조, 영어를 가르쳤다. 그리고 벵겔과 같이 내한한 셔우드(Rosetta Sherwood, 許乙, 1865-1951)는 학생들에게 생리학과 약물학을 가르쳤다. 이때 강의를 들었던 김점동(金點童, 박에스더, 1876-1910)[43]은 미국에 유학하여 각고의 노력 끝에 4년만에 의과대학을 졸업했고, 한국 최초의 여성 의사가 되었다. 이화학당은 보통 오전 공부가 끝나고 점심시간에 15분 정도 짧은 예배를 드렸다.[44] 초창기 예배의 특징은 시간이 짧은 대신에 매일의 예배가 학교생활의 일부가 되었다는 데 있다. 1910-1925년까지 교사의 수요에 따라 과목이 변경되기도 하였는데, 초기에는 성경, 영어, 수학, 과학, 교육, 체육, 음악, 미술, 한문을 가르쳤으며, 1913년에는 일본어, 위생학, 천문학, 윤리학, 지질학이, 1916년에는 가사, 1918년에는 요리 등이 추가되었다. 한문을 제외하면 미국 선생들이 모두 영어로 진행하여 소통과 국제사회에서 자신의 의견 피력을 중요시하되 음악교육을 통해 개인의 심성은 물론 교회 전도에 도움이 되는 학문도 지향되었다.[45]

메리 스크랜턴은 이화학당의 교육이 궤도에 오르자 1891년에 학당직을 로드와일러에게 물려주고 활동범위를 넓혀 전도활동과 여학교 설

---

42 鄭忠良, 『이화80년사』, 서울: 이화여자대학교, 1966, 49쪽.

43 본명은 '김점동'이고, '에스더'는 감리교회에서 받은 세례명이며, '박'은 결혼한 뒤에 따른 남편의 성이다.

44 이화90년사 편찬위원회, 『이화 90년사』, 서울: 이화여자고등학교, 1976, 69쪽.

45 정해중, 「미국 북감리교 여성해외선교부와 이화학당 대학과」, 『여성학논집』 第36집 2호, 이화여자대학교 한국여성연구원, 2019, 17-18쪽.

립에 전념하였다. 그녀는 1894년에 아들 스크랜턴 선교사와 더불어 남대문 지역에 전도하여 상동교회를 세우고, 1895년에는 가난한 상동지역의 어린 소녀들을 위해 매일학교Day School로서 공옥여학교功玉女學校를 상동교회 부속으로 세웠다. 나아가 이화학당 출신의 교사를 중심으로 1897년부터 종로여학교, 동대문여학교, 연화봉여학교, 마포여학교, 아현여학교, 공덕리여학교, 서강여학교, 용두리여학교 등 이화부속매일학교를 세움으로써 우리나라 초등교육에 지대한 영향을 미쳤다.[46] 그리고 선교사들에 의해 1895년에 정신여학교와 일신여학교(부산), 1896년에 숭현여학교(평양), 1897년에 영화학교(인천), 1903년에 숭의학교(평양), 루씨학교(원산), 정명학교(목포), 1904년에 호수돈학교(개성), 진성여학교(원산) 등이 세워졌다.[47]

3) 언더우드의 언더우드 학당

한편, 앞서 아펜젤러 선교사와 같이 애초에 교사의 자격으로 입국했던 언더우드는 실제로 제중원에서 물리와 화학을 가르치며 활동을 시작했다.[48] 내한하면서 이미 독자적으로 학교에 대한 계획을 품고 있었던 그는 내한한지 3개월째 되는 1885년 7월 6일에 미국 북장로교 선교부의 총무인 엘린우드(F. F. Ellinwood, 1826-1908) 박사에게 보낸 서신에서 "매일 아침 저에게 찾아오는 소년들이 몇 명 있는데 저는 그 소년들에게 영어를 가르치려 하고 있습니다."[49]라고 보고하고 있다. 그리고 이듬해인 1886

46 이화100년사 편찬위원회, 82-84쪽.
47 정해중, 14쪽.
48 언더우드가 한국에서 가진 공식적인 첫 직함은 '제중원 교사'였다.
49 언더우드, 『언더우드 목사의 선교편지』, 김인수 옮김, 서울: 장로회신학대학교출판부,

년 1월부터 고아원 설립에 대한 구체적인 계획을 가졌다. 그는 이 사실을 1월 20일자 엘린우드 박사에게 보낸 선교보고서에서 "학교 교육사업을 위해 조만간 무슨 일을 하지 않는다면 우리 사역의 앞길이 열릴 것이라 말할 수 없다고 생각합니다."[50]라고 자신의 계획을 밝히고 있다. 무엇보다 그는 서울에 있는 고아들을 가르쳐서 한국을 위한 기독교 지도자로 양성하는 방법을 놓고 엘린우드 박사에게 다음과 같이 보고를 하고 있다.

> 서울에 고아가 되어 곤궁한 처지에 있는 집 없는 아이들, 사생아들이 대단히 많다는 사실에 저는 주목하고 있습니다. 그 아이들을 받아들여 옷을 입혀주고, 음식을 먹여주며, 진리의 길 안에서 훈련받게 해 줄 수 있을 것이고, 구주를 사랑하도록 가르쳐 줄 수 있을 겁니다.[51]

위의 내용에서 볼 수 있듯이 언더우드는 고아원을 통해 한국 교회의 지도자를 양성하려는 계획을 가지고 있었다. 나아가 고아나 극빈자 아동들을 수용해서 기술을 가르치는 일종의 기술학교 형태를 구상하기도 하였다. 그리하여 1886년 5월 11일에 정동에 있는 자신의 사택 옆의 한옥을 구입하여 수리하고 정부의 허가를 받아 학생 1명으로 정식 문을 열었다. 최초의 학생은 천민 출신의 고아였는데, 이것이 소위 "언더우드 학당"이라고도 불리는 "고아원 학교"였다. 그는 고아원을 하층민 계층의 자녀들을 위한 '일일학교'와 연계하여 운영하려는 계획을 세웠다.[52] 그리

2006, 38쪽.

50 Ibid., 45쪽.

51 Ibid., 46쪽.

52 언더우드 학당의 학생들이 대부분 고아들이었던 것은 언더우드가 엘린우드에게 보낸 서신에서 밝혔듯이 서울에 고아들이 많았을 뿐 아니라, 양반들이 서양인을 배척하는 당시의 상황에서 서양인이 경영하는 학교를 외면했기 때문이다.

고 아이들에게 한글을 읽는 것과 영어로 말하는 것을 배우게 하고, 산수와 지리, 역사도 가르칠 계획을 세웠다. 초기 고아원에 관하여 언더우드의 부인 릴리어스 언더우드(Lillias Sterling Horton Underwood, 1851-1921)의 보고에 의하면, 새벽 5시 반에 기상하여 방을 청소하고, 정리하고 8시까지 한문 공부를 한 다음, 외국인 교사와 함께 아침 기도회를 갖고, 그 후에 아침을 먹고 나서 암송 위주의 영어 공부, 성경 공부로 오전 일과를 끝냈다. 오후에는 수업, 놀이 및 한문공부로 하루의 학과 생활을 끝냈다.[53] 이 학교는 후에 "예수교학당"(1891), "민로아학당"(1893), "구세학당" 등으로 불리다가 1905년에 "경신학당"으로 정착하여 오늘의 "경신중고등학교"의 모체가 되었다. 학교의 이름이 이렇게 여러 번 바뀐 것은 그만큼 우여곡절이 많았음을 알려준다. 실제 이 학교는 1890년대 말에 동료 선교사들의 몰이해와 반대로 3년간 폐쇄되기도 했다.[54]

교육에 관한 언더우드의 관심은 초중등교육에서 고등교육으로 이어졌는데, 그것은 모든 교파들이 협력하여 서울에 연합대학을 세우는 것이었다. 그러나 그의 계획은 평양의 숭실학교 대학부로 족하다는 이유로 마펫(Samuel A. Moffett, 馬布三悅, 1864-1939)을 비롯한 평양의 장로교 선교사들의 반대에 부딪혀 어려움을 겪어야만 했었다. 그렇지만 캐나다 출신의 의사로서 1893년 6월에 내한한 올리버 R. 에비슨(Oliver R. Avison, 魚丕信, 1860-1956) 선교사는 브라운 총무에게 장문의 편지를 보내 장로교와 감리교의

---

53 Lillias S. H. Underwood, "Korea," *Missionary Review of the World*, Nov. 1890, 942-43쪽.

54 1897년 10월에 열린 선교사 연례회의에서 선교부 총무인 로버트 E. 스피어(Robert E. Speer)의 주도로 다음과 같은 4가지의 이유로 이 학교를 폐쇄하기로 결의하였다. 즉 복음 전도사역이 절대적으로 긴박한 점, 토착 기독교인들에게 고등교육이 그다지 필요하지 않다는 점, 당시까지 학교의 평판이 만족스럽지 못한 점, 학교를 담당하기에 적절한 자질을 가진 사람이 부족한 점이다(해리 로즈, 『미국 북장로교 한국 선교회사』, 118쪽); 그러나 이 학교가 폐쇄된 본질적인 이유는 서울지회와 평양지회의 대립구도에서 비롯되었으며, 이들의 대립관계는 나중에 서울에 대학을 설립하는 문제로까지 지속되었다. 그리고 이 학교는 폐쇄된 후에 서대문교회 보통학교로 흡수되었다.

연합대학을 서울에 설립하여야 하는 이유를 설명하였다.[55] 이후 언더우드의 인내와 브라운 총무의 지도력을 통해 많은 오해와 반대를 물리치고 1915년 4월 15일 서울 YMCA에서 경신학교 대학부 조선기독교대학이 개교되었다. 그러나 1916년 10월 12일 언더우드가 미국에서 갑자기 사망하면서 에비슨이 대학설립과 운영에 대한 모든 책임을 한 몸에 져야만 했다. 언더우드는 대학을 시작하기 전부터 최고의 학자들을 초빙하여 학생들을 가르치게 하려고 계획하고 있었는데, 에비슨이 그의 뜻을 받들어 당시 최고의 학자들을 교수로 초빙하였다. 또한 교육과정은 기독교 교육과 조선어 교육에 중점을 두어 기독교 정신에 바탕을 둔 민족교육을 실시하고자 하였다.[56]

그런데 당시 각각 독자적이었던 연희전문과 세브란스의학전문이 추진하는 설립 이념이 서로 같았을 뿐 아니라 두 학교의 이사들도 서로 중첩되었던 상황에서 발전을 위해서는 두 학교가 통합해야 한다는 의견들이 대두되었다. 따라서 일련의 통합 운동을 거쳐 1933년 10월에 연희전문학교에서는 세브란스의학전문학교에 신축 부지를 대여할 것을 결정하였고, 세브란스의학전문학교 역시 그 해에 양교에서 에비슨 합동관을 건립할 것을 승인하였다. 그러나 연희와 세브란스의 통합은 24년 후에 실현되어 연세대학교의 탄생을 보게 되었다.[57]

한편, 일본의 강압에 의해 외교권을 강탈당하는 을사늑약乙巳勒約이 체결된 1905년을 전후한 시기에는 "우리가 살 길은 교육뿐"이라는 인식과 함께 교육열이 고조되면서 기독교계통의 근대학교가 많이 설립되었음을 볼 수 있다. 1910년 2월의 총독부 통계에 의하면 기독교계통의 학

55 최재건, 『언더우드의 대학설립』, 서울: 연세대학교 출판문화원, 2012, 232쪽.

56 올리버 R. 에비슨, 『올리버 R. 에비슨이 지켜본 근대 한국 42년, 1893-1935, 上』, 박형우 편집, 서울: 청년의사, 2010, 379-380쪽.

57 연세대학교백년사 편찬위원회 편집, 『연세대학교 백년사: 1885-1985, 1: 연세통사, 상』, 서울: 연세대학교 출판부, 1985, 222쪽.

교가 796개교(장로교계 501개교, 감리교계 158개교, 성공회계 4개교, 안식교계 2개교, 천주교계 46개교, 각 교파 합동 1개교, 교파 미상 84개교)에 이르고 있다.[58]

4. 내한선교사들의 교육이 한국의 근현대화에 끼친 영향

개항과 함께 시작된 한국의 근대 교육은 1905년 을사늑약을 전후하여 자주권이 상실되고 국력이 쇠퇴됨에 따라 민족적 위기를 통감한 선각자들에 의해 국권회복과 자주독립을 이룩하기 위한 민족운동의 일환으로 전개되었다. 그 중에서도 개화기 선교사들에 의해 세워진 학교는 일제의 침략에 대한 배일사상을 고취시킴으로써 한국 근현대교육사에 있어서 중요한 역할을 담당하였다. 내한선교사들에 의해 세워진 이들 학교는 일종의 개화운동의 사명을 갖고 서구의 근대문화를 이 땅에 수용하는 데 선구적이었을 뿐 아니라 민족문화를 각성케 하여 한국의 근현대화에 많은 영향을 미쳤다. 따라서 여기에서는 내한선교사들의 교육이 한국의 근현대화에 어떠한 영향을 미쳤는지에 대해 살펴보려고 한다.

1) 여성의 사회적 지위와 인권 신장

내한선교사들이 이 땅에 들어와서 보고 느낀 것 가운데 다소 충격적

---

58 정영희, 「한국 개화기 종교계의 교육운동 연구」, 박사학위논문, 단국대학교 대학원, 1991, 136쪽.

인 문화현상은 조선 여성들에 대한 처우였다. 젊음을 빼앗겨버리는 조선의 여성들을 딱하게 여겼던 아펜젤러의 눈에 비친 조선 여성은 현재 자신들이 알고 있는 의미에서의 소녀시절을 전혀 가질 수 없었다고 하면서 다음과 같이 말했다.

> 조선의 소녀들은 8-9세가 될 때까지는 공기와 빛에 노출되어 살아간다. 그러나 그 이후에는 평생 동안 완전히 죄수처럼 갇혀 지낸다. 오직 소년들만이 교육을 받을 뿐이다.[59]

만주에서 성경을 한글로 번역하는 등 한국 선교에 선구적 역할을 했던 존 로스(John Ross, 羅約翰, 1842-1915년) 선교사는 1880년에 쓴 그의 저서 『조선의 역사』History of Corea에서 조선 여성은 이름조차 없고 '부인'과 '어머니'라는 것 외에는 아무런 지위도 없다면서 조선 여성들이 처한 불우한 처지를 소개했다.[60] 사실 오랫동안 조선에서의 여성은 한 남성의 딸, 아내, 어머니일 뿐 스스로 인격을 가진 존재가 아니었다. 아펜젤러가 부산에 도착했을 때 직접 보고 경험한 것은 건강한 남성들은 아무것도 하지 않고 빈둥거리는 반면에, 국가의 냉담한 정책에 짓눌린 듯한 얼굴을 한 여성들은 모든 일, 특히 게으른 남성들의 옷가지를 빠는 짐스러운 일들로 분주하게 사는 모습이었다. 그리고 여성들은 외국인이 다가갈 때는 그들의 추한 얼굴을 돌렸다. 아펜젤러는 조선 여성들이 그렇게 살아가는 이유가 오랜 유교적 풍습에서 기인한 것이라면서 다음과 같이 말했다.

---

59 William Elliot Griffis, 『아펜젤러』, 이만열 옮김, 서울: 한국기독학생회출판부, 2015, 134쪽.

60 양현혜, 「메리 스크랜튼의 여성 교육 활동과 개화기 한국 '여성주의 의식'의 태동」, 144쪽.

> 유교가 한국에 어떠한 영향을 주었느냐에 대한 가장 좋은 대답은 이 여성들의 얼굴이다. 눅눅하고 침울하며 가까이하기 어려운 이 얼굴들은 이 나라의 잔학과 비통의 역사를 말해준다. 오랜 세월에 걸친 억압이 그 얼굴에 낙인 찍혀 있는 것이다.[61]

위의 글에서 볼 수 있듯이 당시 내한선교사들의 눈에 비친 여성들의 모습은 "빈번한 구타와 과부 보쌈으로 알려진 납치, 인신매매, 고된 노동과 종속, 무학無學으로 인한 무지 등으로 미신에 억눌린 모습이었으며, 결혼 후 가족을 위한 고된 노동과 남편에게 종속된 삶"[62]이었다. 특히 전통 유교사회에서 가부장적 국가 통치 질서의 근간은 가족질서이고, 가족질서는 여성의 규문단속에서 시작되었다.[63] 따라서 유교적 사회질서가 통용되던 구한말은 천존지비(天尊地卑, 윗사람만 받들고 아랫사람은 천하게 여긴다는 뜻), 남존여비(男尊女卑, 남성은 존귀하고 여성은 비천하다는 뜻으로, 사회적 지위 및 권리 면에서 남자를 우위에 두고 여자를 열위(劣位)에 둔 문화적 관행을 표현한 용어)의 음양원리를 기반으로 내외법, 삼종지도(三從之道, 결혼하기 전에는 아버지를, 결혼해서는 남편을, 남편이 죽으면 자식을 따라야 한다는 뜻), 칠거지악, 남녀칠세부동석과 같은 유교적 여성행동규범을 국가가 가르쳤다. 나아가 재가금지법 등을 법제화하였을 뿐 아니라 동시에 열녀표창과 같은 포상정책을 병행함으로써 여성교화를 효과적으로 수행하였다. 그 결과 여성은 철저히 통제되었고, 나아가 그러한 규범을 여성 스스로 내면화하여 오랜 역사에서 남존여비적인 사회기

---

61 William Elliot Griffis, 116쪽.

62 홍인표, 『여성과 한국교회』, 서울: 기독교문서선교회, 2019, 20쪽.

63 '규문단속'은 여성들이 일상생활 속에서 받아야만 했던 많은 규제를 말한다. 가령, 여성들의 복장 규제와 남녀 간의 접촉 금지, 사랑채에 온 손님을 엿보지 말 것과 외부사람이 아녀자의 모습을 보지 못하게 하는 등 여러 규제를 통해 여성들의 인권을 억압하였다.

풍을 세우게 되었다.[64] 당시 여성들은 단지 여성이라는 이유 하나로 가정의 중요한 결정에서 소외되었으며, 남성의 불의한 요구와 결정에도 예외는 없었다. 남성들이 있는 자리에서 여성은 침묵을 강요받았다. 이러한 경향은 천민 계층보다 유교적 관습을 중요시하는 양반 계층으로 갈수록 더욱 두드러졌다.

메리 스크랜턴을 비롯한 내한선교사들은 이 땅에 복음을 전함에 있어 500년의 조선사회를 지배해 왔던 유교적 문화 내지 의식에 짓눌려왔던 여성에 대한 교육이 시급함을 인지했다. 1893년 제1회 선교사공의회宣教師公議會에서 결정한 선교정책도 "부인들을 개종시키는 일과 그리스도교 신자인 소녀들을 교육하는 데 특별히 힘쓸 것, 이는 가정의 주부가 후손들의 양육에 주요한 영향을 미치기 때문이다."[65]라며 여성 교육의 시급함을 역설했다. 그리하여 개종자도 적었고, 교육할 대상자인 여학생을 구하는 것도 쉽지 않았지만 여성들의 사회적 지위와 인권 신장을 위한 첫 번째 조건은 여성 교육에 있다고 판단한 선교사들, 특히 여선교사들은 한국 여성들을 향한 헌신을 멈추지 않았다. 그리고 이화학당을 비롯한 여학교에서의 교육은 여성들의 의식을 획기적으로 변화시키는 계기가 되었다.

그런데 실제 여성 교육을 담당하였던 곳은 학교뿐만 아니라 교회학교도 있었다. 성경을 읽기 위해 한글 읽기와 쓰기를 배우고 글을 읽게 된 중년의 여성들은 자신들의 권리를 주장하였으며, 딸을 학교에 보내 개명시키고자 하는 어머니들이 늘어났다. 나아가 전문적인 여성인력을 배출하는 산실로 자리매김을 하였고, 여성들의 사회활동을 확대하는 계

---

64 조경원, 「개화기 여성교육론의 양상 분석」, 『교육과학연구』 제28집, 이화여자대학교 교육과학연구소, 1998, 25쪽.

65 김형목, 「근대여성교육 선구자 스크랜턴 부인과 이화학당」, 『사학』 129호, 대한사립학교장회(구 대한사립중고등학교장회), 2011, 92쪽.

기를 만들었다. 더구나 당시 내외법에 따라 집 밖 출입이 엄격하게 제한되고, 삼종지도를 따라 종속적 삶을 살던 여성들에게 여학교는 남성과 더불어 평등하게 교육받고 여성의 삶의 공간 자체를 외부세계로 확장시키는 일대 변혁을 가져왔다. 선교사들은 교육을 통하여 집안에 있던 여성들을 집 밖으로 나올 수 있게 했으며, 여성들의 인권을 신장시키는 데 크게 영향을 미쳤다. 이와 같은 사실은 기독교에 비판적이었던 춘원 이광수(春園 李光洙, 1892-1950)가 잘 말해주고 있다.

> 같이 교회당에 출석하야 같이 찬송을 부르게 됨에 따라 하나님 앞에 동등한 여자라는 사상을 얻게 됨은 야소교의 덕이외다. 그녀는 남자와 같이 교회직원의 선거권이 있고, 남자와 평등하게 교회를 유지하는 의무를 담당하오. 교인명부에는 여자도 남자와 같이 일개인의 자격을 유有하오.[66]

당시 인간으로서의 존재감이 없었던 여성들은 교회와 학교에서 성경을 배우면서 인간의 존엄성을 알게 되었을 뿐 아니라 자신의 숨겨진 재능과 잠재력을 확인하였다. 그리고 그렇게 깨우쳐진 여성들이 한국의 근현대화를 이루는 데 중요한 역할을 감당하였던 것은 부인하지 못할 역사적 사실이다.

2) 신분의 평등화

유교를 국가지배 이념으로 삼았던 조선 500년의 역사는 엄격한 신

66 이광수, 「야소교의 조선에 준 은혜」, 『청춘』, 1917, 7쪽.

분제도를 낳았다. 그리고 모든 생활체계는 신분위계질서에 의해 구속을 받았다. 곧 사람들의 위세, 사회적 관계, 공적인 의무, 심지어 직업까지도 타고난 신분에 따라 결정되었다. 이러한 신분은 위에서부터 크게 양반兩班, 중인中人, 상민常民, 천민賤民의 네 등급으로 나뉘어져 있었다. 위의 세 집단은 제일 낮은 천민과 대비하여 양민良民으로 지칭되었다. 천민은 다시 칠반공천七般公賤과 팔반사천八般私賤으로 나뉘어졌다.[67] 이들 천민들은 엄격한 신분제 사회인 조선사회에서 체제 속으로 편입될 수 없었던 서얼庶孼, 첩의 자식이나 소작농민, 심지어 노비보다도 더 낮은 인간 축에 끼지 못하는 존재들이었다.

그런데 이와 같은 엄격한 사회 신분질서에 서서히 변화가 일어났는데, 그것은 바로 내한선교사들이 주도한 기독교적 복음에 바탕을 둔 교육의 영향이었다. 성경은 복음을 받아들이고 교회 공동체에 참여한 모든 사람들을 차별 없이 형제요 자매라고 부른다. 따라서 당시 기독교는 양반과 민중 계층이 함께 할 수 없는 것을 함께 할 수 있는 자리로 만들었으며, 서로가 그리스도 안에서 교제를 나누게 되었다. 그리하여 기독교는 민중들에게 '인간화의 종교', '사람을 대접하는 종교'로 받아들여졌다. 무엇보다 선교사들이 주도하는 학교에서는 하나님 앞에서 모든 사람이 평등하다는 의식을 가르쳤으며, 그것을 생활에서 몸소 실천하였다. 앞서 살펴보았던 언더우드가 처음에 세웠던 '언더우드 학당'에서 가르쳤던 대부분의 학생들도 고아와 사생아들이었다. 그리고 이화학당의 초기 학생들도 가난한 천민의 아이들이었다.

선교사들의 교육의 혜택을 받고 신분을 타파한 대표적인 인물로 백정 박성춘(朴成春, 1862-1933)과 그의 아들 박서양(朴瑞陽, 1885-1940)을 들 수 있

67 신종한, 「근대 신분제도의 변동과 일상생활의 재편」, 『동양학』 제47집, 단국대학교 동양학연구원, 2010. 2, 213-214쪽.

다. 당시 백정은 아무리 돈이 많아도 기와집에 살 수 없었고, 명주옷을 입지도 못하고, 망건도 쓰지를 못했다. 외출 시에 상투도 틀지 않고 평량자平凉子, 패랭이를 써서 자신의 신분을 알려주어야 했다. 백정은 호구조사 때 제외되었으며, 죽으면 상여를 사용할 수 없었고, 묘를 쓸 때도 떼를 입히지 못하였다. 한 마디로, 인간으로서 마땅히 받아야 할 사람 대접을 받지 못했다. 박서양의 아버지 박성춘은 백정 출신으로 무어(Samuel F.Moore, 牟三悅, 1860-1906) 선교사의 전도를 받아 1911년에 한국 최초의 백정 출신 장로가 되었다. 박성춘은 전국을 다니며 백정신분해방을 외쳤으며, 당시 1만 여명의 동료 백정들에게 복음을 전하기도 하였다. 박성춘과 무어 선교사의 노력으로 1896년 3월에 백정들도 호적에 올려지도록 하는 왕의 윤허가 내려지고, 5월 13일에 실질적인 백정의 신분해방이 이루어졌다. 그리고 그의 아들 박서양은 백정의 아들이라는 천한 신분이었으나 의료 선교사 에비슨의 도움으로 세브란스의학교에 입학하여 1908년 제1회 졸업생이 되었다. 그리고 민족교육기관인 '숭신학교'를 설립하고, 후에 만주에 가서 독립운동단체였던 대한국민회의 군사령부에서 군의관을 맡아 의료지원을 책임지기도 하였다. 이처럼 내한선교사들에 의해 주도된 서구식 교육은 모든 사람들에게 기회의 균등을 제공하면서 결코 무너지지 않을 것만 같았던 철벽과 같은 신분제를 무너뜨리고 모두가 평등하다는 의식을 심어주었다. 그리고 학교에서의 교육은 그들의 사회에서의 위치를 상승시키는 결과를 가져오기도 하였다.

3) 민주주의의 형성

구한말의 정치·사회적 구조는 전제주의專制主義적 봉건사회를 벗어나지 못했다. 이러한 상황에서 서구 민주주의 사회에서 교육을 받고 자랐던 선교사들은 서구적 교육을 통해 기존의 재래종교들과 대조적으로 신앙의 자유를 강조하면서 은연중에 자유와 더불어 민중들의 권리를 신장하므로 민주주의를 형성하는 데 중요한 역할을 하였다. 구한말 언론의 자유가 거의 없던 시기에 선교사들은 개인의 신앙 표현을 강조함으로써 그들의 민주주의적 삶의 방식을 신장시켰던 것이다.[68]

특별히 내한선교사들의 교육이 한국의 민주주의 발전에 기여한 것에 대해서는 대표적으로 서재필과 이승만을 중심으로 한 배재학당에서의 협성회조직과 그 활동에서 찾을 수 있다. 미국 유학을 마치고 귀국한 서재필은 미국 사회에서의 경험을 통해 민주주의의 사고를 가지고 배재학당에서 1년간 만국지리, 역사, 국회제도와 민주주의를 비롯한 정치학의 일반 지식과 서구문화, 세계정세에 대해 강의를 했었다. 이때 이승만이 재학생으로 그의 강의를 들으면서 개인의 자유와 민주주의를 배웠고, 민주주의에 관심을 가지게 되었다.[69] 그리하여 앞서 밝혔듯이 배재학당에서 조직한 협성회를 통해 매주 토요일 오후에 토론회를 갖는 가운데 토론문화를 배우며, 민주주의를 훈련하게 되었다. 서재필은 당시 서양식 토론에 익숙하지 않았던 학생들을 위하여 서구에서 통용되는 회의 절차 및 규칙을 소개하였는데, 그것은 서구 의회제도를 모방한 것이었다. 당시 토론회 주제 가운데 "우리나라에시 상하의원을 설립하는 것이 정치상에 급선무로 결정함"이라는 주제에서도 이 사실을 확인할 수 있다. 그러므로 토론회는 회원들에게 서구 의회제도에 대한 실습이나 이해 정도를 심화시키는 것을 목표로 하였다. 그리고 이것이 독립협회와 협성회의 회원들이 참여하는 만민공동회로 발전했던 것이다. 따라서 오랜 역사에서 한

---

68 황재범, 「초기 한국 개신교회가 한국 민주주의 문화의 형성에 끼친 영향」, 『신학사상』 159집, 한신대학교 신학사상연구소, 2012. 겨울, 162쪽.

69 이은선, 「한국 근대문화 형성과 기독교」, 『교회와법』 8권2호, 안양대학교, 2022. 2, 33쪽.

번도 민주주의를 경험하지 못했던 이 땅에 민주주의를 이식하고, 그 민주주의가 자리를 잡는 데 중요한 매개적 역할을 한 것이 바로 내한선교사들에 의해 주도되었던 교육이었다.

4) 자본주의 가치관의 형성

당시 조선인들을 지배하고 있었던 유교적 가치관은 노동을 천시하였다. 육체적 노동은 대체적으로 천한 신분의 사람들이나 하는 것이라고 여겼던 것이다. 그와 같은 의식구조를 가지고 있었던 상황에서 내한선교사들이 이 땅에 들어와서 학교를 설립하면서 가장 어려웠던 것은 학생들을 모집하는 것이었다. 때문에 초기에는 고아와 사생아, 그리고 가난한 아이들을 모아서 가르쳐야만 했다. 그리고 재정적인 어려움의 문제를 해결하고자 가난한 학생들이 자립하여 공부할 수 있는 길을 제공하려고 하였다. 그리하여 배재학당은 공업부를 설치하여 학생들에게 근대직업교육을 시켰다. 이화학당과 언더우드가 세운 학교에서도 이러한 직업교육이 시행되었다. 이화학당에서는 여성들의 실과과목인 가사 시간에 배운 양재기술을 이용하여 교과 외 과목으로 작품을 만들어 판매하여 학비를 마련하도록 하였다. 숭실학교에서도 빈곤한 학생을 위하여 교과 외 과정으로 자조사업부를 설치하고 초기에는 정원가꾸기, 건축노동, 제본노동 등을 실시하였다. 이러한 활동을 통해 여성의 근로의식과 자립정신, 새로운 직업의식의 확립에 기여했을 것이다.[70]

선교사들의 학교에서의 직업과 노동에 관한 교육은 육체적 노동을

70 홍덕창, 「기독교가 한국 개화기의 실업교육에 미친 영향」, 『총신대학교 논문집』 제8집, 總神大學校, 1989, 77-78쪽.

천시하는 의식을 개혁하고, 보다 유능한 기독교적 민주시민을 양성하여 사회에서의 기술 인력을 육성하였다. 따라서 내한선교사들이 학교에서 실시했던 실업교육을 비롯하여 다양한 경제활동은 학생들에게 자본주의의 가치관을 형성하는 데 중요한 역할을 했다고 보아야 할 것이다.

5) 한글의 상용화와 발전

내한선교사들은 며칠 만에 배울 수 있고 읽을 수 있는 세계에서 가장 쉽고 간단한 글자인 한글의 우수성에 새삼 놀라고 있었다. 그럼에도 불구하고, 한글이 '언문'諺文으로 천시당하고 지식계층이 중국 문자를 쓰고 있는 것을 보고 또 한 번 놀라지 않을 수 없었다. 당시 한자 중심의 유교적 전통 사회였던 한국은 대부분의 책들이 오직 중국어로만 출판되었다. 지식계층은 한글이 "여자들도 배울 수 있을" 만큼 너무나 쉬운 까닭에 멸시했던 것이다. 그렇지만 선교사들은 기독교를 전파함에 있어 무식한 남자들과 여자들, 그리고 어린이들과 같은 일반 대중들을 독자로 상정하여 모두가 쉽게 읽고 쓸 수 있는 한글로 기독교 문서 및 서적들을 인쇄하여 보급하기로 결단을 내렸다.[71]

따라서 선교사들은 복음을 전파하기 위해 제일 먼저 성경을 한글로 번역하였고, 다양한 기독교 관련 서적들과 서양 서적들을 한글로 번역하여 출판하였다. 그리고 교회는 물론이거니와 모든 학교에서 한글을 사용하도록 했다. 선교사들의 이러한 결단은 기독교 문서로 민중계층에 쉽게 접촉하는 놀라운 결과를 가져다주었을 뿐 아니라 한글이 글이라는

---

71 오주철, 「한국 최초의 대중적 교리서인 『그리스도문답』 연구」, 『동서신학』 제5호, 동서신학연구소, 2022, 47쪽.

인식을 갖고 자리를 잡는 데 중요한 역할을 했다. 이것은 가히 '혁명적인 불멸의 업적'이 아닐 수 없다. 이에 대해 곽안련(Charlse A. Clark, 1878-1961) 선교사는 400여년 동안 감추었던 언문이 지금에야 행사한다고 하였다.[72] 그리고 한글학자 최현배(崔鉉培, 1894-1970)는 한글 때문에 기독교가 살고, 기독교 때문에 한글이 살게 되었다고 평가하였다.[73]

5. 맺음말

개항과 함께 이 땅에 들어온 개신교 선교사들에 의해 설립된 학교는 가난하고 억눌린 사람들에게 개방되었다. 선교사들이 학교를 설립한 목적은 교육을 통해 기독교 문화를 확장시킬 뿐 아니라 기독교 지도자를 양성시키려는 데 있었다. 또한 선교사를 통해서 마을마다 교회가 설립되면 한국교회 교인들은 그 교회 부설기관으로 사립학교를 운영하였다. 학교마다 성경을 가르치는 일은 필수적이었으며, 매일 실시하는 채플도 이들에게는 필수였다. 처음에는 학생들을 모집하기가 어려워 대부분 고아나 사생아들이었지만, 기독교 문화가 점차로 한국인 사이에서 인정받게 되자 자녀들을 서서히 개신교 학교에 보내는 일이 많아지기 시작했다. 또한 개신교 학교에서 교육받는 과정에서 올바른 민족관이 확립되었으며, 성경을 배우는 과정에서 이스라엘 백성이 하나님의 인도하심을 받아 해방되어 가는 과정을 역력히 눈으로 볼 수 있었다. 이러한 일들은

72 곽안련, 『장로회사전휘집』(서울: 조선야소교서회, 1918), 12쪽.

73 최현배, 「기독교와 한글」, 『神學論壇』 제7집, 연세대학교 신과대학(연합신학대학원), 1962, 51-76쪽.

1919년 3월 1일 독립운동을 통해서 확인할 수 있는 기회가 되기도 했다.

이처럼 내한선교사들에 의해 보급된 서구식 교육은 서양의 진보된 문화가 조선에 소개되는 통로가 되어 오늘의 한국 근현대화에 상당한 기여를 하였다. 특히 선교사들의 교육활동은 배재, 이화, 경신학교들을 비롯한 많은 학교들이 세워지면서 고등교육기관으로까지 발전하여 한국의 근현대적인 지식인들을 육성하는 데 지대한 영향을 미쳤다. 내한선교사들은 교회와 학교를 통해 가르치면서 한글의 보급과 남녀평등, 천민의 신분해방 등에 기여하였다. 나아가 선교사들에 의해 전파된 기독교와 교육을 통한 가르침은 우리나라 정치 경제의 근본이 되는 자유민주주의와 자본주의의 발전에도 크게 기여하였다. 무엇보다 자본주의가 발전하기 위해서는 직업에 대한 차별의식을 타파하고 노동이 소중한 것이라는 의식이 확립되어야 한다. 따라서 학생들을 모집하기가 어려워 가난한 학생들에게 숙식과 의복 등을 제공하면서 학생들이 일을 하게 함으로써 노동의 소중함과 자본주의 의식을 고취하였다.

물론 내한선교사들에 의한 교육사업이 긍정적인 평가만을 받고 있는 것은 아니다. 즉 초기 내한선교사들에 의한 교육은 문화제국주의의 소산이라고 비판하는 연구도 있다. 이 관점에 의하면 개항기에 서구 열강들의 경제적 침략과 더불어 선교사들이 입국하여 조선인에게 전통문화에 대한 열등감과 서구문화에 대한 우월감을 심어주는 결과를 초래하였다는 것이다.[74] 이들은 한국의 근대교육이 외생적 요인에 의하여 발전되었다는 것을 부정하고 조선 사회 내부에서의 근대교육의 맹아가 있었으며, 이것이 근대교육으로 발전하였다고 보고 있는 것이다. 그러나 이러한 주장은 민족주의적 사관에 입각하여 선교사들의 업적을 무조건 무시

---

74 김인회, 『교육과 민중문화』 (서울: 한길사, 1980); 정재걸, 「한국근대교육의 기점에 관한 연구」, 『교육사학연구』 제2, 3권 (1990. 2): 103-120쪽; 류방란, 「개화기 배재학당의 교육과정 운영」, 『교육사학연구』 제8권 (1998. 7): 162쪽에서 재인용.

하고 폄훼하려는 시도에서 비롯되었다고 보지 않을 수가 없다. 물론 선교사들이 서구 열강들의 제국주의를 등에 업고 이 땅에 들어온 것이 사실이고, 또한 그들이 이 땅에서 행하였던 일들 가운데 다소 불편한 부분이 없지 않아 있었던 것도 사실이다. 그러나 그렇다고 할지라도 고향과 집을 떠나 낯선 이국 땅에서 쏟은 그들의 헌신적인 활동으로 인해 한국의 근현대화에 긍정적인 영향을 미쳤던 부분에 대해서는 공히 인정하고 받아들여야 할 것이다.

애니 베어드 소설 연구

– 〈유한당사씨언행록〉과의 비교를 중심으로

김동욱

애니 베어드 소설 연구
-〈유한당사씨언행록〉과의 비교를 중심으로

김 동 욱

1. 머리말

이 글은 전통적인 고전소설의 관점에 비추어 볼 때 선교사 애니 로리 아담스 베어드(Annie Laurie Adams Baird, 1864-1916, 이하 애니 베어드)가 쓴 소설 〈샛별전〉, 〈고영규전〉, 〈부부의 모본〉, 〈장자노인론〉이 어떠한 새로운 특징을 지니고 그 소설사적 의의는 무엇인지에 대해 알아보는 것을 목적으로 한다. 이를 위해 고전소설 〈유한당사씨언행록〉을 비교의 대상으로 삼아 애니 베어드 소설이 기존의 고전소설에 비해 지니는 특징을 알아보고, 그 의의를 탐색해 볼 것이다.

애니 베어드는 미 북장로교 선교사이자 숭실학당 설립자인 윌리엄 베어드(W. M. Baird, 1862-1931)의 부인으로, 1891년 남편과 함께 부산, 대구, 서울 등지에서 선교에 힘쓰다가 1897년부터는 평양으로 사역지를 옮겼다. 1905년 대한예수교서회에서 『샛별젼』Story of Sait Pyel을 간행하였고, 1906년에는 『쟝자로인론』, 1911년에는 『고영규전』과 『부부의 모본』을 합본한 소설집을 간행하였다.[01] 다만 이들을 창작한 시기는 1895년에

01 이 글에서는 다음 책자에 실린 원문과 현대어역을 참고했으며, 지금부터는 〈샛별전〉,

서 1897년 경으로 출간연대보다 앞섰던 것으로 추측된다.[02] 이들은 모두 기독교의 교리를 담은 전도용 소설이면서 한글로 창작되었고 주인공도 조선인으로 되어 있다. 애니 베어드의 선교와 문학 활동에 대해서는 이미 다수의 선행연구가 제출되어 있다.[03]

애니 베어드의 소설이 나온 1900~1910년대는 신소설[04]을 비롯하여 근대적인 문학과 소설이 형성되어 가던 시기이다. 애니 베어드의 소설은

〈고영규전〉, 〈부부의 모본〉, 〈장자노인론〉처럼 작품 제목만 표기한다. 숭실대학교 한국기독교박물관 학예팀 역, 『싯별젼』, 숭실대학교 출판국, 2014; 한명근 외, 『고영규젼』, 숭실대학교 출판국, 2014; 장경남, 오지석 역, 『구한말 선교사 애니 베어드의 한글 선교소설』, 보고사, 2021.

02 허순우, 「대속과 구원의 메시지를 담은 전도지 〈장자노인론〉」, 『동아시아고대학』 62, 동아시아고대학회, 2021, 177~205쪽; 장경남, 오지석 역, 위의 책, 118~120쪽. 허순우는 1898년 3월에 발행된 『The Korean Repository』의 "Literature Department" 기사에 1897년에 간행된 애니 베어드의 『쟝자로인론』 소개가 있다는 점을 근거로 1897년에 〈장자노인론〉이 출간되었다고 지적했다. 한편 장경남의 해설에서도 〈고영규전〉과 〈샛별전〉이 각각 1895년과 1896년에 출간되었다고 했으나 근거는 제시하지 않았다.

03 김경완, 「고영규전 연구」, 『온지논총』 1, 온지학회, 1995, 421~263쪽; 이길연, 「근대적 자아의 확립과 가정상의 모색 - 〈고영규전〉과 〈부부의 모본〉을 중심으로」, 『평화학연구』 2, 한국평화연구학회, 2004, 304~325쪽; 오지석, 「한국교회 초기 혼인관(婚姻觀)에 대한 연구 - 애니 베어드(Annie L. Baird)의 고영규젼(高永規傳) (Two Short Stories)를 중심으로」, 『기독교사회윤리』 12, 한국기독교사회윤리학회, 2006, 75~96쪽; 유혜영, 「기독교와 한국사상의 근대성-고영규전에 나타난 결혼관을 중심으로」, 『관악어문연구』 35, 서울대학교 국어국문학과, 2010, 221~245쪽; 민대홍, 「기독교의 문화 변혁으로 본 애니 베어드의 소설 연구」, 숭실대학교 석사학위논문, 2011, 1~212쪽; 곽승숙, 「애니 베어드 신소설 연구 - 〈고영규전〉과 〈부부의 모본〉을 중심으로」, 『한국문학이론과 비평』 63, 한국문학이론과 비평학회, 2014, 139~159쪽; 서신혜, 「〈고영규전〉의 서술 방식과 창작 기법에 관한 연구」, 『동아시아문화연구』 56, 한양대학교 동아시아문화연구소, 2014, 135~160쪽; 차봉준, 「근대 전환기 기독교 소설과 메타모포시스 - 애니 베어드의 선교문서를 중심으로」, 『리터러시연구』 12-2, 한국리터러시학회, 2021, 329~352쪽; 허순우, 「19세기 말 애니 베어드의 문서선교에 대한 관심과 〈샛별전〉」, 『한국고전연구』 52, 한국고전연구학회, 2021, 203~234쪽; 허순우, 「근대 전환기 개신교 선교문서 속 '죽음' 이야기의 양상과 그 의미 - 애니 베어드의 선교문서를 중심으로」, 『한국학연구』 82, 부산대학교 한국학연구소, 2022, 117~152쪽.

04 김태준, 『증보 조선소설사』, 학예사, 1939, 267쪽. 김태준의 『조선소설사』에서는 조선의 소설(구소설)과 춘원 이후의 현소설 사이에 과정적으로 존재한 것이 '신소설' 시대라고 설명했다.

여러 서사 장르 중에서도 전통적인 고전소설과 가장 거리가 가깝다. 작품의 전반적인 형태와 문체가 고전소설의 그것과 흡사하며, 독자들 또한 애니 베어드의 소설을 고전소설과 비슷한 읽을거리로 인식하였을 것으로 보인다. 애니 베어드의 소설에 대한 여러 선행연구 역시 고전소설과의 관련성을 언급하고 있다.[05] 애니 베어드의 소설은 고전소설에서 현대소설로 넘어가는 과도기에 창작되었고, 고전소설과 외적으로는 유사한 형태로 제작되었으면서도 내적으로는 상당히 큰 차이를 보인다는 점에서 그 내용적 특징을 보다 명확히 살펴볼 필요가 있다. 전통적인 고전소설의 관점에 비추어 볼 때 애니 베어드의 소설이 어떠한 새로운 특징을 지니는지, 그리고 그 의의는 무엇인지에 대해 살펴보는 작업은 나름의 의의가 있다고 생각된다.

2. 애니 베어드 소설의 특징

이 글은 애니 베어드의 소설과 비교할 고전소설 작품으로 〈유한당사씨언행록〉을 선택했다. 그 이유는, 이 작품이 고전소설 중에서 가장 애니 베어드의 소설과 비슷한 유형에 속하는 작품이라고 생각되기 때문이다.

---

05 허순우, 「전환기 문학 「샛별전」의 글쓰기 특징과 의의」, 『이화어문논집』 55, 이화어문학회, 2021, 29~60쪽; 자넷윤선리, 「미국 선교사 애니 베어드 소설의 문화 번역 양상 연구」, 『어문론총』 90, 한국문학언어학회, 2021, 91~115쪽; 차봉준, 앞의 글, 335~339쪽. 허순우는 애니 베어드의 소설에서 고전소설로부터 차용한 외형적인 요소들을 밝히고, 작품의 특징을 "고전소설과 선교문서 형식의 융합"으로 들었다. 자넷윤선리 또한 〈샛별전〉이 구활자 고소설의 형식적 특징을 재현하고 있다고 지적했으며, 차봉준은 애니 베어드가 당시 민중들이 친숙하게 여겼던 '고대소설의 서사문법'을 활용했다고 논했다.

애니 베어드의 소설은 기독교 사상에 가장 부합하는 인물을 그려냈다. 〈샛별전〉은 홍경대 부부의 집에 들어온 샛별이라는 여자아이가 기독교의 교리에 대해 주변 사람들에게 알려주어 선교에 힘쓰다 마지막에 병에 걸려 죽는 이야기이다. 〈고영규전〉은 고영규가 딸만 셋 낳은 아내를 무시하고 집을 떠나 방탕한 생활을 하다가 기독교를 접하고 회개하여 집에 돌아와 성실한 신자가 되는 이야기이다. 〈부부의 모본〉은 기독교를 믿는 두 남녀가 부부가 되어 서로를 사랑하고 아끼는, 기독교의 모범적인 부부상을 그린 작품이다. 〈장자노인론〉은 어느 부잣집 노인이 동네 사람들을 불러 모아 자신의 재산을 아낌없이 베푸는, 기독교 사상에 충실한 이야기이다. 애니 베어드의 소설 〈샛별전〉, 〈고영규전〉, 〈부부의 모본〉, 〈장자노인론〉은 군담소설, 판소리계 소설, 가문소설, 전기소설 등 고전소설의 주요 유형 중 어느 유형과도 부합하지 않는다.[06]

〈유한당사씨언행록〉은 허구의 인물 유한당 사씨의 여러 일화들을 모아놓은 소설 작품으로, 조선 후기 양반 가문에서 이상적으로 여겼을 여성 인물의 모습을 그려놓고 있다.[07] 〈유한당사씨언행록〉의 개략적인 줄거리는 다음과 같다. 유한당은 대대로 학문을 숭상하고 가법이 훌륭한 집안에서 태어났다. 어려서부터 총명했을 뿐 아니라 학문을 좋아해 매일 아침 일찍 부모님께 문안드린 후에는 종일토록 학문에 침잠하였다. 일고

---

06 조선 시대 가장 큰 인기를 끌었던 유형은 군담소설이고, 상층 사대부 가문에서는 가장권의 승계와 부부 사이의 쟁총을 다룬 가문소설 유형의 소설을 주로 향유하였다. 〈춘향전〉을 필두로 하는 판소리계 소설과, 문인들에 의해서 주로 향유된 애정전기소설 또한 소설사에서 중요하게 취급된다. 이들 유형은 모두 애니 베어드의 소설과 이질적이어서 비교가 쉽지 않다.

07 〈유한당사씨언행록〉은 중세문명권에 보편적으로 존재하던 성자전(聖者傳)에서 유래한 소설로 볼 수 있다. 중세문명권에는 문명권마다 보편종교가 존재하고, 보편종교에는 교조전(敎祖傳)과 성자전이 존재한다. 교조전은 종교를 창건한 사람인 '교조'의 전기다. 교조의 가르침을 현실에서 구현해 낸 인물들은 '성인' 또는 '성자'라고 할 수 있는데, 〈유한당사씨언행록〉은 조선 시대 유교 이념에 부합하는 이상적인 여성인물을 주인공으로 삼았다는 점에서 유교의 성자전과 성격이 흡사한 소설이라고 할 수 있다.

여덟 살 때부터 학문의 수준이 장성한 남자들을 뛰어넘었고, '왕여어王餘魚' 일화가 나오는 아홉 살 무렵에는 박학함이 뭇 선비들을 압도하는 경지에 이른다. 혼인 후에는 시부모님을 효로 모시고, 제사를 정성스럽게 지내며, 비복들을 인의로 대하여 일가친척의 칭송하는 소리가 자자하였다. 남편에게는 절용을 통한 치산을 건의해 가문의 재산을 늘리고, 늘어난 재산으로 의고義庫를 설치해 시부모가 선행을 베풀 수 있게 한다. 유한당은 일곱 아들을 비롯해 손자와 손녀, 증손자와 증손녀들에게 여러 경서와 고전을 직접 가르친다. 자손들이 묻고, 유한당이 답하는 일화들을 통해 유한당의 박학다식함이 잘 드러난다. 노년의 유한당은 손녀와 손부 등을 이끌고 집안의 만수원과 수월정을 유람하기도 하고, 가족들이 모인 자리에서 시를 읊기도 한다. 작품의 마지막에는 유한당의 장자 일봉의 환갑잔치가 열린다. 시아버지 두 상서가 살아 있으니, 삼대가 환갑을 맞는 보기 드문 경사인 것이다. 잔치에는 두 상서의 후손 천여 명을 비롯하여 일가친척 수천 명이 모였다. 두 상서의 사위 태학사 위천경이 「수연서壽宴序」를 지어 두 상서 집안의 복록을 기록하는 것으로 작품은 끝을 맺는다. 〈유한당사씨언행록〉의 성격에 대해서는 '윤리서'나 '문답식 백과사전'으로 보는 연구도 있었으나, 최근에는 소설적 성격에 주목한 연구가 제출되었다.[08]

애니 베어드의 소설과 〈유한당사씨언행록〉은 기독교 윤리와 유교 윤리라는 상이한 윤리를 지향함에도 불구하고 서술 기법적으로 매우 유사한 부분이 있어 독특하다. 첫째, 소설이면서도 교훈과 계도의 목적을

08 이지영, 「『유한당사씨언행록』을 통해 본 조선시대 여성지성의 의식과 지향」, 『한국고전여성문학연구』 28, 한국고전여성문학회, 2014, 67쪽; 서경희, 「규훈소설의 성립 배경과 특성에 관한 연구」, 『온지논총』 47, 온지학회, 2016, 69~101쪽; 김동욱, 「〈유한당사씨언행록〉 연구」, 진단학보 134, 진단학회, 2020, 326쪽. 이지영은 〈유한당사씨언행록〉을 문답식 백과사전으로 보았다. 서경희는 '규훈소설'로 보았으며, 김동욱 역시 소설의 하나일 가능성을 제시하였다

강하게 띠고 있다. 애니 베어드의 소설은 기독교 교리에 충실한 소설로서 기독교 선교를 목적으로 창작된 소설이다. 〈유한당사씨언행록〉은 유교 이념에 충실한 작품으로서 『내훈』, 『계녀서』 등과 같이 당시 부녀자들에게 교훈적인 텍스트로서 읽혔다. 둘째, 이념 또는 종교적인 주제가 서사를 지배하고 있다. 애니 베어드의 〈샛별전〉은 기독교 선교를 위해 애쓰다가 병에 걸려 죽은 순교자 샛별이의 모습을 그렸고, 〈고영규전〉의 고영규는 회개한 신앙인의 모습을 보여준다. 〈장자노인론〉은 기독교의 가르침을 그대로 소설화한 것이고, 〈부부의 모본〉은 기독교에서 이상적으로 여기는 부부의 모습을 소설화했다. 〈유한당사씨언행록〉 역시 유한당의 일생을 서사로 서술함으로써 조선시대의 모범적인 여성상을 제시했다. 셋째, 두 작품 모두 여성 지식인과 깊은 관련을 맺고 있다. 애니 베어드는 여성 지식인이라고 볼 수 있으며, 유한당은 비록 허구의 인물이지만 작품 속에서는 당대 최고의 여성 지식인으로 그려져 있다.[09] 이러한 점을 종합해 볼 때, 애니 베어드의 소설은 기독교의 선교를 염두에 둔 일종의 종교소설이며, 〈유한당사씨언행록〉은 조선 시대의 지배 이념인 유교에 충실한 작품이라는 점에서 두 작품은 일종의 사상소설적인 성격을 공유하고 있다. 따라서 이 글은 〈유한당사씨언행록〉을 선택해 베어드의 소설과 비교를 진행해 보기로 한다.

09 유한당은 허구적인 인물이지만, 유한당의 면모가 조선후기 여성지성이었던 유한당 홍원주와 유사하며 홍원주의 호가 유한당이라는 점에서 홍씨를 모델로 했을 가능성이 선행연구에서 언급된 바 있다. 이지영, 위의 논문, 71쪽.

1) 가문 공동체와 신앙 공동체

〈유한당사씨언행록〉과 애니 베어드의 소설은 각각 유교와 기독교 이념에 충실했지만 작품의 결말 부분은 큰 차이를 보여준다. 아래는 〈유한당사씨언행록〉의 마지막 부분이다.

> 상서 나이 구십사 세에 장손 일봉의 환갑 생일이 되었다. 두 효자가 … 오천 금을 내어 주식을 장만하고 만수원 뜰을 널리 닦았다. 당일 모인 수천 명 중에서 상서공의 자손이 천여 명이었다. 상서공의 사위 태학사 위천경이 수연서壽宴序를 지었으니 다음과 같다.
> "옛 사람이 말하기를, '하늘이 선인善人을 내리시매 반드시 많은 복을 주신다.'[10]라고 하였으니 이 말을 오늘날 상서공의 집안에서 가히 증험할 것이다. 천하의 사람이 향년享年 많이 하는 것을 복으로 일컫고, 자손 많은 것을 복으로 일컫고, 과거 하여 벼슬을 높이 하는 것을 복으로 일컫기 때문에 이 세 가지 중에 한 가지를 능히 얻는 이라도 다른 사람이 부러워하지 않을 이 없거늘, 하물며 상서공께서는 한 몸에 이 세 가지 복을 모두 가지셨으니 이것이 어찌 하늘이 주신 바가 아니겠는가."

위 인용문에는 〈유한당사씨언행록〉이 그리는 이상적인 가문의 모습이 나타나 있다. 집안의 어른은 나이가 구십사 세에 달하고 손자의 환갑

10 하늘이 선인(善人)을 … 복을 주신다: 『공자가어(孔子家語)』「재액(在厄)」. "착한 일을 하는 사람은 하늘이 복으로써 보답하고, 나쁜 일을 하는 사람은 하늘이 화로서 보답한다.(爲善者, 天報之以福, 爲不善者, 天報之以禍.)"

을 볼 정도로 장수를 누리고, 자손은 천 명에 달할 정도로 많으며, 가부장과 자손들 모두 높은 벼슬에 올랐다. 이에 유한당 사씨의 가문에서는 오천 금을 내고 수천여 명의 하객을 모아 손자의 환갑잔치를 성대하게 벌인다.

이는 조선시대의 모든 가문들이 꿈꾸었을 법한 가문의 모습이라 할 수 있다. 가문의 핏줄을 이어받은 수많은 자손들이 부귀영화를 누리는 모습을 통해 자신의 혈족집단이 영원히 번성하기를 바라는 소망이 투영되어 있는 것이다. 〈유한당사씨언행록〉은 가문 공동체의 영속적인 번영을 궁극적인 목표로 제시한 작품이라고 할 수 있다.

이와 달리 애니 베어드의 소설에서는 가문 공동체나 부귀영화와 같은 내용은 거의 찾아볼 수가 없다. 〈장자노인론〉에서의 부유한 재산은 부귀영화를 누리기 위한 것이 아니라 마을 사람들과 공유하기 위한 것이자 일종의 상징이다. 〈고영규전〉에서의 주인공 고영규는 딸만 셋을 얻었을 뿐 아니라 작품 말미로 갈수록 도리어 자신이 가졌던 밭을 팔고 가난해진다. 〈샛별전〉에서의 샛별이는 재산도 가족도 없이 살다가 죽으며, 〈부부의 모본〉에서도 자손은 하나 뿐이고 가족이 단란하게 살았다는 결말로 끝날 뿐 부귀영화를 누리지는 않는다.

애니 베어드의 소설에서 궁극적인 지향점으로 제시된 것은 부귀영화나 수많은 자손이 아니라 기독교 신앙 공동체를 이룩하는 것이다. 〈고영규전〉의 고영규는 자신의 아내가 딸만 셋을 낳자 홧김에 집을 나와 서울 구경을 갔다가 놀음에 빠지는 등 방탕한 생활을 한 끝에 감영에 투옥된다. 옥에 갇힌 고영규는 아내에게 편지를 보내 집의 전 재산이던 밭을 팔아 돈을 부치라고 하고, 그 돈으로 옥리들에게 뇌물을 써서 간신히 풀려나게 된다. 한편 고영규는 옥에 갇혔을 때 전도하는 사람을 만나 신앙심이 싹트게 되고, 집으로 돌아오는 도중에 객주에서 신비로운 체험을 하게 된다.

ᄒᆞ로를 ᄀᆡᆨ쥬에셔 누어 자랴 ᄒᆞ다가 ᄆᆞᄋᆞᆷ이 심히 ᄋᆡ통ᄒᆞ야 자지도 못ᄒᆞ고 슯히 울 ᄯᅢ에 하ᄂᆞᆯ노셔 ᄂᆞ려보내신 쟈가 엄엄ᄒᆞᆫ 위풍을 씌고 그 압헤 서셔 위로ᄒᆞ야 ᄀᆞᆯᄋᆞᄃᆡ,
"내 ᄉᆞ랑ᄒᆞᄂᆞᆫ 아ᄃᆞᆯ아, 죄가 원통ᄒᆞ야 더 울지 말고 니러나셔 나를 위ᄒᆞ야 열ᄆᆡ를 ᄆᆡᆺ치라."
ᄒᆞ니 영규가 이 말을 듯고 ᄆᆞᄋᆞᆷ이 ᄆᆡᆼ렬ᄒᆞᆫ 불 속에셔 나아온 것 ᄀᆞᆺ치 싀원ᄒᆞ고 가ᄇᆡ야와 이ᄯᅢ브터 제 젼에 지은 죄를 다 샤ᄒᆞ야 주심을 밧은 줄 알고 ᄆᆞᄋᆞᆷ에 감샤ᄒᆞᆷ과 즐거옴으로 ᄆᆞᄋᆞᆷ에 ᄎᆡ웟더라.[11]

고영규가 객주에서 누워 자신의 죄를 뉘우치며 애통한 마음에 잠을 이루지 못하고 있을 때, 하늘에서 내려온 자가 눈앞에 나타나 자신을 위로하는 영성체험을 하게 된다. 이 체험을 계기로 고영규는 자신이 전에 지은 죄를 다 용서받았음을 확신하고 신앙인으로서 거듭나게 된다. 이후 집에 돌아온 고영규는 예전과 달리 자신의 아내에게 잘 대해 주고, 열심히 이웃 사람들에게 복음을 전파하여 모범이 된다. 몇 해 못 가 고영규가 사는 마을에는 믿는 사람이 많이 생겼다는 서술로 작품은 끝을 맺는다.[12] 고영규는 비록 가난해졌을지는 몰라도 기독교 신사가 되어 지역의 신앙 공동체를 만드는 데에 일조한 것이다.

〈샛별전〉도 마찬가지이다. 어린 샛별이는 주변 사람들에게 기독교를 전도하다가 마지막에 돌림병에 걸려 죽게 된다. 경대의 아내는 귀신을 숭상하는지라 샛별이를 미워하고 학대했었는데, 아들 삼복이가 돌림병에 걸리자 더욱 샛별이를 미워하여 내쫓기에 이른다. 삼복이는 죽고, 경

11 『고영규젼』, 12~13쪽.

12 『고영규젼』, 19쪽. 그ᄯᅢ브터 영규가 집을 잘 다ᄉᆞ리고 열심으로 그 리웃 사ᄅᆞᆷ의게 복음을 젼파ᄒᆞ야 모본이 되엿스니 멧 ᄒᆡ 못ᄒᆞ여 그 곳에 밋ᄂᆞᆫ 사ᄅᆞᆷ이 만히 ᄉᆡᆼ겻더라.

대 부부마저 돌림병에 걸리자 샛별이는 경대 부부를 찾아와 지극히 간호하여 병이 낫는다. 그러나 샛별이는 병에 걸려 성경 구절을 읊조리다가 죽게 된다.

> 경대가 ᄉᆡᆺ별의 말이 허사가 안인 줄을 ᄭᆡ닷고 셔울노 올나가셔 젼도교ᄉᆞ를 차자가 예수의 도리를 자셰히 뭇고 ᄉᆡᆺ별의 말을 비교ᄒᆞ여 보니 추호도 어김이 업ᄂᆞᆫ지라. 죄를 회ᄀᆡᄒᆞ고 쥬를 밋을 ᄆᆞᄋᆞᆷ이 간졀ᄒᆞ여 됴흔 ᄎᆡᆨ을 만히 사 가지고 본곳에 도라와 집안 친쳑과 동ᄂᆡ 친고의게 간간히 도ᄅᆞᆯ 젼ᄒᆞ니 쥬의 셩신이 그들의게 은혜로 빗치우샤 경대의 말과 ᄎᆡᆨ을 보니 진실노 밋을 만ᄒᆞᆫ지라. 듯고 보ᄂᆞᆫ 사ᄅᆞᆷ이 즉시 죄ᄅᆞᆯ 원통히 회ᄀᆡᄒᆞ고 열심으로 돈을 모화 회당을 셜립ᄒᆞ고 교ᄉᆞ를 청ᄒᆞ여 날마다 도리를 강론ᄒᆞ고 ᄉᆡᆺ별의 말을 유젼ᄒᆞ며 밋ᄂᆞᆫ 사ᄅᆞᆷ이 만히 ᄉᆡᆼ겻스니….(하략)[13]

경대는 원래 샛별이에게 무심했으나, 샛별이가 죽자 서울로 올라가 기독교 책들을 많이 사 온다. 이후 집안 친척과 동네 친구들에게 이를 전하였고, 마침내 교회당을 설립하고 믿는 사람들이 많아졌다는 결말로 〈샛별전〉은 끝을 맺는다. 〈샛별전〉 역시 경대 부부의 아들도 죽고 주인공 샛별이도 죽었지만 경대 부부와 마을 사람들은 기독교를 믿게 되고 신앙 공동체가 형성되었다는 것이다.

〈부부의 모본〉 역시 마찬가지이다. 박명실과 양진주 부부는 독실한 기독교인이고 시어머니도 예수를 믿었으나 구습에 젖어 아들과 며느리가

---

13 『ᄉᆡᆺ별젼』, 25~26쪽.

서로 정답게 지내는 것을 시기하였다.[14] 그럼에도 명실과 진주 부부는 성경의 말씀대로 서로를 위하고 아끼며 사랑한다. 작품의 마지막 부분에서 이웃집 부부가 불화하고 명실과 진주 부부는 화목한 장면을 보고 시어머니도 생각을 바꾸게 된다. "담 이 편은 텬당이 잇고 뎌 편은 디옥이 잇도다."[15]는 것이다. 〈부부의 모본〉은 이와 같이 부부가 서로를 위하고 금슬지락을 누려 세상에 있을 때에도 낙원을 만들고 저승에서도 낙원에 들어가 영원한 복을 누리자는 경계의 말로 끝을 맺는다. 이처럼 애니 베어드 소설의 결말은 신앙 공동체의 형성에 초점을 맞추고 있다는 특징이 있다.

2) 부모 중심과 부부 중심

〈유한당사씨언행록〉에서의 부부는 서로를 손님같이 대하며, 함부로 희롱하지 않는다. 부부 사이에 애정을 중시하기보다는 예법을 보다 중시하는 전통적인 부부상이 잘 나타나 있다. 그리고 집안의 중심은 시부모를 중심으로 이루어져 있다. 유한당 부부가 늘 의논하는 것은 시부모를 어떻게 봉양할까 하는 문제였다.

---

14 『부부의 모본』, 30쪽. 아츰과 져녁에 안히를 인도ᄒᆞ야 홈씌 하ᄂᆞ님씌 긔도ᄒᆞ더니 그 어마니가 비록 예수를 밋으나 구습을 ᄯᆞ라 그 아ᄃᆞᆯ과 며ᄂᆞ리의게 인졍스럽게 지내ᄂᆞᆫ 거슬 보고 싀긔ᄒᆞ야 ᄒᆞᄂᆞᆫ 말이, "네가 안히를 이ᄀᆞᆺ치 잇기면 오릐지 아니ᄒᆞ야 뎌가 너를 사ᄅᆞᆷ 아니라고 ᄒᆞ야 안히의 직분을 경홀히 녁여 제 고집대로만 ᄒᆞ겟다."

15 『부부의 모본』, 35쪽. ᄒᆞ로는 명실네 ᄂᆡ외와 그 모친이 홈씌 문 밧긔 잇슬 ᄯᅢ에 그 겻헤 집에셔 요란ᄒᆞᆫ 소릐가 나ᄂᆞᆫᄃᆡ 남편은 호령ᄒᆞ고 안히는 거ᄉᆞ려 ᄃᆡ답ᄒᆞ야 아니ᄒᆞ겟다 ᄒᆞ며 ᄊᆞᆼᄊᆞᆼᄒᆞ며 소릐도 지르다가 옷슬 벗고 머리를 풀어헷친 녀인이 그 문을 차고 나아와 도망ᄒᆞ매 그 남편된 쟈가 몽치를 더지며 쫏ᄎᆞ내니 명실이 그 모친의게 닐ᄋᆞᄃᆡ, "어마니여, 이 일 보시오. 이 두 집 즁에 어ᄂᆞ 집에 법이 나흐뇨?" ᄒᆞᆫᄃᆡ 그 모친의 ᄆᆞᄋᆞᆷ이 갑쟉이 변ᄒᆞ야 ᄀᆞᆯᄋᆞᄃᆡ, "아ᄃᆞᆯ의 ᄒᆞᄂᆞᆫ 일이 올토다. 지금 내가 ᄭᆡᄃᆞᆺ라 보니 이 ᄉᆞ이 담 이 편은 텬당이 잇고 뎌 편은 디옥이 잇도다." ᄒᆞ더라.

두효자는 유한당 대접하기를 서로 극진히 공경하여 손님 같이 하며, 비록 규중에서 화기애애하여도 함부로 희롱하여 웃는 바가 없었다. 그리고 매양 부부가 의논하는 바는 시부모의 의복과 음식의 차고 더운 것을 삼가는 것이었다.[16]

유한당 부부는 "시부모의 의복과 음식의 차고 더운 것을 삼가는 것"을 매양 의논했다고 했다. 부부 관계는 그들 사이의 애정이나 사랑에 초점이 맞춰져 있는 것이 아니라 예법을 지키는 데에 맞추어져 있으며, 또한 시부모를 모시는 일 중심으로 이루어져 있는 것이다.

유한당은 시부모를 모실 때 공경과 정성을 다하여 잠시도 게으르지 않은 인물로 묘사된다.[17] 시아버지의 방석과 베개는 물론이고 서책과 물건 하나도 기울게 놓지 않았다. 또 한 마디 말, 한 가지 일도 명하는 대로 받드니 모든 부녀자들이 따라할 수 없었다고 했다. 시어머니도 마찬가지이다.

유한당이 시어머니를 모실 때 협실에 가까이 있어 시어머니의 자고 깨시는 기거를 살피고 물으시는 말씀을 대답할 때 비록 창문을 사이에 두고 누워있을지라도 반드시 일어나 앉아 대답하였다. 시어머니가 민망하여 말 묻기를 어려워하더니, 하루는 말을 물으면서 '날이 차고 불이 꺼졌으니 누운 채 대답하여라'라고 하였다. 유한당이 말하였다.

16 김동욱 역, 『역주 유한당사씨언행록』, 계명대학교 출판부, 2021, 51~52쪽.

17 위의 책, 117~118쪽. 유한당이 평상시 시부모 모시기를 공경과 정성이 밤낮으로 조심스러워 잠시도 게으르지 아니하였다. 시아버지가 내당에 들어오시면 상의 방석과 베개 속도 유한당이 손수 가지런히 하고 서책을 낱낱이 점검하여 앞에 쌓아 차례 바뀌게 하지 않고 물건 하나라도 기울게 놓지 아니하였다. 시아버님 들어오시면 며느리와 손녀 손부들이 차례로 뵈옵고 모셔 지내되 유한당이 늘 곁에 모셔 한 마디 말, 한 가지 일도 명하시는 대로 봉승하니 모든 부녀들이 따라오지 못하였다.

"옛 말씀에 '불위소소신절不爲昭昭信節이요 불위명명타행不爲冥冥惰行이라'[18] 하였으니, 감히 누워 대답하겠습니까."[19]

위 인용문은 유한당이 시어머니를 모실 때 있었던 일화이다. 밤에 시어머니를 모시고 누워있다가도 무언가를 물으면 반드시 일어나 대답하였다는 것이다. 그리고 누운 채 대답하라고 하자 '무릇 충신과 효자는 밝은 곳이라 해서 절의를 드러내 보이려 하지 않으며, 어두운 곳이라 해서 행실을 태만히 하지 않는다.'는 고사로 답하면서 예법을 지킨다.

한편 애니 베어드의 소설에서는 부부 사이에 애정을 매우 중시한다. 이를 가장 잘 보여주는 것이 모범적인 부부상을 그린 〈부부의 모본〉이다. 주인공 박명실은 부부 사이에 어떻게 하여야 좋을지 고민한다. 다른 사람들은 '아내의 말을 듣지 마라', '아내를 가까이 하는 자는 조그마한 일 밖에 못한다'는 등의 말을 한다. 혼란스러워진 박명실은 성경을 펼쳐 본다.

명실이 사ᄅᆞᆷ의 말보다 하ᄂᆞ님의 말ᄉᆞᆷ이 나흘 줄 아ᄂᆞᆫ고로 셩경을 가져 에베소 오쟝을 펴 보니 거긔 닐넛스ᄃᆡ,

"지아비 된 쟈들아, 지어미 ᄉᆞ랑ᄒᆞ기를 그리스도ᄭᅴ셔 교회를 ᄉᆞ랑ᄒᆞ샤 위ᄒᆞ야 몸을 ᄇᆞ리심 ᄀᆞᆺ치 ᄒᆞ라. ᄯᅩ 맛당히 이와 ᄀᆞᆺ치 지아비 된 이는 지어미 ᄉᆞ랑ᄒᆞ기를 제 몸과 ᄀᆞᆺ치 ᄒᆞᆯ 지니 지어미를 ᄉᆞ랑ᄒᆞᄂᆞᆫ 거시 곳 제 몸을 ᄉᆞ랑ᄒᆞᄂᆞᆫ 거시라. 본ᄅᆡ 제

18 불위소소신절(不爲昭昭信節)이요 불위명명타행(不爲冥冥惰行): 『소학』「계고」. 위령공(衛靈公)이 밤에 부인과 함께 있었는데 수레소리가 대궐 문에 이르러 그쳤다가 다시 가는 소리가 들렸다. 그러자 부인은 이 사람이 필시 거백옥(蘧伯玉)일 것이라며, "무릇 충신과 효자는 밝은 곳이라 해서 절의를 드러내 보이려 하지 않으며, 어두운 곳이라 해서 행실을 태만히 하지 않는다.(夫忠臣與孝子, 不爲昭昭信節, 不爲冥冥惰行.)" 라고 하였다. 위령공이 사람을 보내 알아보았더니 과연 거백옥이었다.

19 김동욱 역, 앞의 책, 120~121쪽.

몸을 뮈워ᄒᆞᄂᆞᆫ 쟈가 ᄒᆞ나도 업고 이에 양육ᄒᆞ야 보호ᄒᆞ기를 그리스도가 교회를 봉양ᄒᆞᄂᆞᆫ 것 ᄀᆞᆺᄒᆞ니 우리는 곳 그 몸에 지톄라. 이러홈으로 사름이 그 부모를 ᄯᅥ나 그 지어미와 합ᄒᆞ야 둘이 ᄒᆞᆫ 육톄가 되ᄂᆞ니라."

ᄒᆞ셧고 ᄯᅩ 골노 삼새쟝 십구졀에,

"남편된 쟈들아, 안ᄒᆡ를 ᄉᆞ량ᄒᆞ며 괴롭게 말나."[20]

박명실이 성경을 찾아보니, 남편과 아내 사이에 사랑을 가장 강조하는 것으로 되어 있다. 남편된 자는 아내를 자기 몸처럼 사랑하고, 괴롭게 하지 말라는 것이다. 물론 부부에 관해서는 이보다 더 많은 구절이 있을 것이다. 그러나 〈부부의 모본〉에서는 부부 사이의 관계에서 가장 중요한 요건으로 '사랑'을 꼽는 구절을 인용해 놓았다.

자연스럽게 시부모에 대해서도 부부보다 그 위상이 한 단계 낮게 설정된다. 〈샛별전〉에서는 경대 부부 이외에 시부모가 아예 등장하지 않는다. 〈고영규전〉에서는 시부모가 없고, 시할머니만 등장하는데 별다른 비중을 차지하지 못한다. 〈부부의 모본〉에서는 시어머니만 등장하는데 작품 내의 위상이 부부에 비해 낮은 것으로 그려져 있다.

명실이 안ᄒᆡ와 홈ᄭᅴ 집에 드러가 그 모친의게 닐ᄋᆞᄃᆡ,

"어마니여, 며ᄂᆞ리가 남편과 싀어마니ᄭᅴ 순복홈이 올소마는 싀어마니 말슴이 남편의 말과 불합ᄒᆞ면 불가불 순죵치 못ᄒᆞᆯ 터이니 어마니는 그러케 마시오."

ᄒᆞ매 그 어마니 한ᄒᆞ야 골ᄋᆞᄃᆡ,

"무슴 말이냐, 며ᄂᆞ리나 ᄌᆞ식이 부모의 말대로 아니 ᄒᆞᆯ 수 잇

20 『부부의 모본』, 21~22쪽.

ᄂᆞ냐?"

명실이 ᄃᆡ답ᄒᆞᄃᆡ,

"어마니여, 올소이다마는 에베소 오쟝 삼십일졀에 사ᄅᆞᆷ이 쟝가가면 그 부모를 써나 지어미와 합ᄒᆞ야 그 둘이 ᄒᆞᆫ 육톄가 된다 ᄒᆞ신 말솜을 ᄉᆡᆼ각ᄒᆞ야 보니 내 ᄉᆞ랑ᄒᆞᄂᆞᆫ 모친이라도 우리 부부의 졍을 갈을 수 업소이다."

ᄒᆞ니 그 어마니가 제 아ᄃᆞᆯ의 쥬의를 막을 수 업스나 외면ᄒᆞ야 웅울웅울ᄒᆞᄂᆞᆫ지라.[21]

〈부부의 모본〉에서 남편 박명실이 임신한 아내에게 힘든 일을 하지 말라고 하나, 시어머니는 이를 못마땅하게 여겨 양진주에게 시냇가에 가 빨래를 하라고 한다. 빨래를 하러 나가는 아내를 마주친 박명실은 아내를 도로 데리고 들어와 어머니에게 그렇게 하지 말라고 말씀드린다. 이에 시어머니는 '무슨 말이냐, 며느리나 자식이 부모의 말대로 아니 할 수 있느냐?'라고 하지만 박명실은 성경의 구절을 인용하며 '어머니라도 우리 부부의 정을 바꿀 수는 없다'고 답한다. 이에 시어머니는 자신의 뜻을 꺾게 된다.

위 대목은 〈유한당사씨언행록〉과 매우 큰 차이를 보여주는 것이다. 주지하다시피 조선에서 부모의 명은 절대적이었다. 『논어』「이인」편에는 살아계신 부모님을 섬길 때 "뜻을 어기지 말라"[22]고 하였을 뿐 아니라, 「학이」편에는 "(돌아가시고) 3년 동안 아버지의 도를 고치지 말아

---

21 『부부의 모본』, 34쪽.

22 공자(孔子)께서 말씀하셨다. "부모(父母)를 섬기되 은미하게 간(諫)해야 하니, 부모의 뜻이 나의 말을 따르지 않아도 더욱 공경하고 어기지 않으며, 수고롭되 원망하지 않아야 한다."(子曰, "事父母, 幾諫, 見志不從, 又敬不違, 勞而不怨." 『논어』「이인」 18장.

야 효"[23]라고 할 정도로 부모님의 위상은 절대적이었다. 〈유한당사씨언행록〉을 비롯한 한국 고전소설에서도 선인善人형 인물들은 부모가 잘못된 명을 내려도 일단 이에 순종하는 모습을 보여주는 경우가 일반적이다. 이것이 그 당시의 법도였기 때문이다.

부부의 애정에 대한 관점 또한 큰 차이를 보인다. 율곡 이이의 『격몽요결』에 보면, 부부 사이의 애정은 공경심을 잃게 하는 요인이라 하여 경계의 대상이 된다.[24] 조선시대의 유학자들은 부부 사이에 애정의 감정이 지나치면 공경하는 마음을 잃어 부부유별夫婦有別의 예법에 어긋난다고 생각하였다. 조선시대의 이상적인 부부 사이는 서로를 손님처럼 대하는 것이었다. 17세기의 대표적인 예학자 허목의 형 허후(1588~1661)는 부인을 손님처럼 대하였다고 하여 칭송받았고, 18세기의 학자 안정복은 자식에게 편지를 보내 부부 간의 지나친 애정을 경계한 바 있다.[25]

〈부부의 모본〉에서는 시어머니의 권위가 무너지고, 도리어 박명실과 양진주 부부의 애정이 더욱 중요한 것으로 다루어지고 있다. 전통적인 가부장적 가족질서에서 부모의 명이 절대적인 권위를 지닌 것이었다

23 공자(孔子)께서 말씀하셨다. "아버지가 살아 계실 때에는 그 뜻을 관찰하고 아버지가 돌아가셨을 때에는 그 행동을 관찰하는 것이니, 3년 동안 아버지의 도(道)를 고치지 말아야 효(孝)라 이를 수 있다."(子曰, "父在, 觀其志, 父沒, 觀其行, 三年無改於父之道, 可謂孝矣." 『논어』 「학이」 11장.

24 이이, 「거가장제팔(居家章第八)」, 『격몽요결』, 『율곡전서』 권27. "요즘의 학자들은 겉으로 긍지를 지닌 듯하지만 안으로 독실한 이가 드물다. 부부 사이에 이부자리 위에서 정욕을 멋대로 푸는 일이 많아 그 위의를 잃고 있다. 부부가 서로 육체를 가까이하지 않으면서 서로 공경하는 사람은 정말 드물다. 부부 사이에 예의와 공경심을 잃지 않은 다음에야 집안일을 다스릴 수 있다. 만약 서로 몸을 가까이 비벼대다가 하루아침에 갑작스럽게 공경하고자 한들 형편상 되기 어렵다. 반드시 서로 더불어 경계하여 예전의 습관을 버리고 점차 예법으로 들어가야 옳을 것이다.(今之學者, 外雖矜持, 而內鮮篤實. 夫婦之間, 衽席之上, 多縱情慾, 失其威儀. 故夫婦不相昵狎, 而能相敬者甚少. 如是而欲修身正家, 不亦難乎. 必須夫和而制以義, 妻順而承以正, 夫婦之間, 不失禮敬, 然後家事可治也. 若從前相狎, 而一朝遽欲相敬, 其勢難行. 須是與妻相戒, 必去前習, 漸入於禮可也.)"

25 이종묵, 『부부』, 문학동네, 2011, 106~107쪽.

면, 애니 베어드의 소설에서는 시부모가 아예 등장하지 않거나 시어머니, 시할머니만 등장하는 등 가부장적인 면모가 많이 약화되어 있다. 그리고 부부의 애정을 중심으로 부부 사이의 관계를 그렸다는 차이가 있다.

3) 개인의 노력과 사회적 변화

애니 베어드의 소설과 〈유한당사씨언행록〉 모두 여성의 열악한 사회적 지위에 대한 인식을 공유하고 있으며, 완전한 남녀평등보다는 남성에 대한 여성의 복종을 강조하는 의식을 드러내고 있다.[26] 〈유한당사씨언행록〉에서 하루는 유한당이 방에 홀로 앉아 책도 읽지 않고 슬픈 표정으로 앉아 있었다. 오라버니들이 그 이유를 묻자, 유한당은 아래와 같이 대답한다.

> "누이, 오늘이 무슨 날이기에 쓸쓸히 앉아 무슨 일을 근심하는가?"
> 유한당이 탄식하고 대답하였다.
> "제 평생을 생각하니 남자 되지 못하고 여자의 몸이 되어 … 발걸음이 당 아래를 내려갈까 두려워하고, 말이 발 바깥에 날까 염려하며, 하는 것은 불과 길쌈과 바느질, 음식 장만하는 일에 지나지 않으니, 마음속에 아는 것이 있지만 하나도 내어 쓰지 못합니다. 이러니 장부의 허다한 사업에 비교

---

26 애니 베어드의 소설에 나타난 남녀의 평등의식 대해서는 몇몇 선행연구(이길연, 앞의 글, 313~317쪽; 오지석, 앞의 글, 85~86쪽)에서 지적된 바 있다. 다만 유혜영의 선행연구에서 언급된 것처럼 애니 베어드의 소설에서는 완전한 남녀평등이라기보다는 기독교적인 결혼관에 의거해 남성에 대한 여성의 복종을 강조하는 측면이 존재한다.(유혜영, 앞의 글, 232~233쪽)

하면 어찌 지극한 한이 되지 않겠습니까."

위 인용문에서 유한당은 여성으로 태어나 아는 것이 많아도 쓸 데가 없는 것을 스스로 한스럽게 여긴다. 이에 대해 오라버니들은 여자라도 공부를 독실히 하면 용렬한 남자보다 나을 것이라고 위로하지만, 이는 유한당에 대한 위로일 뿐 여성의 낮은 사회적 지위에 대한 문제 제기까지는 이르지 못한다.

남존여비의 사회 현실에 대한 〈유한당사씨언행록〉의 서술은 한스러움과 안타까움에 그칠 뿐, 이에 대해 잘못되었다거나 고쳐야 한다는 데까지는 이르지 못한다. 그보다 〈유한당사씨언행록〉은 도덕적, 학문적으로 우월한 여군자가 될 것을 하나의 안으로 제시한다. 아홉 살 손녀가 『논어』를 읽다가 할머니 유한당에게 인심과 도심에 대해 묻자, 유한당은 "경서의 심오한 뜻을, 네가 여자로서 알아 무엇 하겠느냐."고 말하고, 손녀는 "매번 이와 같은 말씀을 들으니 여자로 태어난 한을 이길 수 없습니다."라고 답한다. 그러자 유한당은 인심과 도심의 심오한 뜻에 대해 이야기해 준다.[27] 여성으로서 무시 받는 현실에 대한 문제의식과 함께, 그럼에도 불구하고 손녀에게 경서의 심오한 뜻을 전수해 주는 유한당의 모습에서 여성의 열악한 처지에 대한 〈유한당사씨언행록〉의 대응 또한 읽어낼 수 있다. 또 섭 부인이 만수원에 놀러 오면서 손녀 왕 소저를 데려왔는데, 왕 소저가 두보 시의 구절을 상황에 들어맞게 인용하는 대목이 있다. 유한당이 왕소저의 재주를 칭찬하자, 십 부인은 섭 부인은 손녀의 재주가 오라버니 못지않게 뛰어나다고 안타까워하면서도 자랑한다.[28] 이

27 김동욱 역, 『譯註 幽閒堂謝氏言行錄』, 계명대학교 출판부, 2022, 89쪽.

28 김동욱 역, 앞의 책, 2021, 199쪽. 유한당이 말하였다. "어른과 어린이의 말씀이 두보 두 글귀를 나누어 일컬으셔도 지극히 맞아 떨어지니 문장하는 집안의 부녀자가 과연 다르신 줄 알겠습니다. 소저가 하는 말마다 글귀를 인용하는 것이 모두 마땅하니 여러 남매가 다 이러합니까?" "이 아이가 남자로 태어났어도 제 형들에게 재주가 못하지

처럼 〈유한당사씨언행록〉은 여자가 공부를 아무리 잘 하고 뛰어난 재주를 갖추어도 쓸 수 없는 현실에 대한 문제의식과 함께, 그럼에도 불구하고 남자들보다 더 뛰어난 수준의 학식과 글재주를 갖춘 여군자가 될 것을 일종의 답으로서 제시했다고 하겠다. 다만 이것이 사회적 수준의 변화를 촉구하는 것은 아니라는 점에서 일정한 한계 또한 지니고 있다.

애니 베어드의 소설에서도 당시 여성의 열악한 사회적 지위와 남녀 차별에 대한 문제제기가 분명하게 이루어져 있다. 아래는 〈샛별전〉의 한 대목이다.

> 그 즁에 ᄒᆞᆫ 녀인이 ᄯᅩ 뭇ᄂᆞᆫ 말이,
> "녀편네라도 업수히 넉이지 안코 ᄉᆞ랑ᄒᆞ셧ᄂᆞ냐?"
> ᄒᆞ니 ᄉᆡᆺ별이 ᄃᆡ답ᄒᆞᄂᆞᆫ 말이,
> "사ᄅᆞᆷ 즁에 녀편네가 힘 업고 약ᄒᆞᆫ 고로 예수ᄭᅴ셔 뎌들을 더옥 불샹히 넉이셧스니 ᄒᆞᆫ 과부 된 사ᄅᆞᆷ의 죽은 외아ᄃᆞᆯ을 다시 살녀 주시고 닐곱 귀신 들닌 녀편네 몸에셔 귀신들을 다 내ᄶᅩᆺᄎᆞ 주시고 계집ᄋᆞ히나 아모던지 업수히 넉이지 아니 ᄒᆞ시고 ᄯᅩ 불샹ᄒᆞ고 셜훈 사ᄅᆞᆷ을 누구던지 위로ᄒᆞ셧다."
> ᄒᆞ니 듯ᄂᆞᆫ 사ᄅᆞᆷ이 눈물을 흘니고 ᄒᆞᄂᆞᆫ 말이,
> "내가 그 당신을 아ᄅᆞᆺ더면 됴흘번ᄒᆞ엿다."[29]

〈샛별전〉에서 한 여인이 샛별에게 '여자라도 사랑하셨느냐?'고 묻자, 샛별이는 '예수는 여자를 더욱 불상이 여기셨다'는 뜻으로 대답한다. 그러자 듣는 사람은 눈물을 흘리며 예수를 알았더라면 좋을 뻔했다고 답

않을 것입니다. 여자로 태어난 것을 애달파 합니다."

29 『ᄉᆡᆺ별전』, 8~9쪽.

한다. 당시 여성들이 겪었던 남녀차별의 아픔에 대해 공감하고, 이를 위로해 주는 대목이라고 할 수 있다.

다만 남녀차별이라는 현실에 대처하는 방식은 차이를 보인다. 애니 베어드의 소설에서도 여성의 처지에 대한 안쓰러움은 〈유한당사씨언행록〉과 비슷하지만, 애니 베어드의 소설에서는 평범한 여성의 지위가 전반적으로 향상된 새로운 사회질서를 상상하게 해 준다는 점에서 약간 구별된 대응이 이루어졌다고 할 수 있다. 위의 〈샛별전〉도 그러하고, 아래의 〈고영규전〉에서도 비슷한 언급이 이루어진다.

> 그 리웃 녀인을 다시 만나 죵용이 무르ᄃᆡ,
> "감영에셔 온 녀인의게 예수 말솜을 더 들엇ᄂᆞ뇨?"
> ᄒᆞ니 그 녀인 ᄃᆡ답ᄒᆞ되,
> "조곰 더 듯렷소."
> ᄒᆞᆫᄃᆡ 보ᄇᆡ가 ᄯᅩ 무르되,
> "그러면 그 사ᄅᆞᆷ이 엇더케 말ᄒᆞ더뇨?"
> 그 녀인 ᄃᆡ답ᄒᆞᄃᆡ,
> "예수의 힝ᄒᆞᄂᆞᆫ 거시 이샹ᄒᆞ니 이는 우리 녀인들을 압제ᄒᆞ지
> 아니ᄒᆞ고 도로혀 불샹히 녁인다 ᄒᆞ니 만일 거ᄌᆞᆺ말이 아니면
> 됴켓소만은 엇더케 알 수 잇소."[30]

〈고영규전〉에서 길보배가 이웃 여인을 만나 예수에 대해 물으니, 이웃 여인은 예수가 여인들을 압제하지 않고 도리어 불쌍히 여긴다고 답해 준다. 당시 폭력적인 압제에 시달리던 여성들의 처지에 대한 연민의 감정과 함께, 기독교는 그렇지 않다는 것을 언급하며 여성의 지위가 향상된

30 『고영규전』, 16쪽.

새로운 질서를 상상하게 해 주는 대목이라고 할 수 있다.

남녀차별에 대한 문제의식은 당시 기독교계에서 공통적으로 지니고 있었던 문제의식으로 보인다. 선교사인 아더 노블(W. Arther Noble, 1866-1945)의 1906년 작 소설 *Ewa – A Tale of Korea*에도 남녀평등 의식을 드러낸 대목이 있다.[31] 애니 베어드의 소설 역시 완전한 남녀평등을 주장하지는 않았으나 여성의 열악한 처지에 대한 문제의식을 가지고 있다. 또는 사회적으로 여성의 처지가 보다 나아져야 한다는 관점을 보여주고 있다. 이와 함께 거론할 점은 애니 베어드의 소설에서 여성 인물들의 이름이 샛별, 길보배, 양진주 등으로 아름답게 지어져 있다는 점이다. 〈고영규젼〉에서 마음을 바로잡은 고영규는 아내 길보배를 "우리 춤 보빅스러온 안히여."[32]라고 부르는데, 이를 보면 이름을 '보배'로 지은 것은 '보배스럽다'는 뜻을 담아 지은 의도적인 작명으로 보아야 할 것이다. 조선시대 소설에는 여성의 이름을 붙이지 않고 '사 씨', '왕 소저' 등 성씨만으로 부르거나 '유한당'과 같은 당호로 부르는데, 애니 베어드의 소설에 나오는 여성 인물들은 모두 상당히 아름다운 이름을 가지고 있다는 점에서부터 구별이 된다. 이처럼 애니 베어드의 소설은 조선시대 열악한 처지에 놓여 있던 다수 일반 여성들의 삶에 대해 연민을 표하고 있으며, 사회적인 차원에서 남녀차별에 대한 인식이 바뀌어야 함을 지적하고 있다는 점에서 〈유한당사씨언행록〉과 일정 부분 차이를 보인다.

---

31 W. 아더 노블 저, 윤홍로 역, 『사랑은 죽음을 넘어서』, ㈜포도원, 2000, 209쪽. "하나님께서 창조하실 때처럼 여인들은 여인들의 자리가 있고, 남자는 남자의 자리가 있습니다. 머지않아 여인네들은 존경과 특권이라는 측면에서도 남자들과 동등한 대우를 받을 것입니다. 그렇습니다. 처음에는 어려운 일입니다. 우리는 낡은 구습을 버려야 합니다. 십자가의 힘은 우리들의 모든 병폐를 고쳐 줍니다. 때가 왔습니다."

32 『고영규젼』, 19쪽.

3. 애니 베어드 소설의 의의

1) 대안적인 가치로서 기독교 윤리 제시

지금부터 애니 베어드 소설이 지니는 몇 가지 의의에 대해 알아보고자 한다. 먼저 고전소설에서는 착한 일을 하면 복을 받고, 나쁜 일을 하면 화가 닥친다는 복선화음의 논리가 중시된다. 〈유한당사씨언행록〉에서도 조상들이 대대로 음덕을 많이 쌓았고, 유한당의 대에 이르러서도 착한 일을 많이 해서 복을 쌓았기 때문에 가문 구성원들이 장수하고, 부귀영화를 누리며 번영하게 되는 것으로 서술된다. 착한 일을 하면 복으로 보상을 받는다는 논리이다. 그 복은 가문구성원의 번성과 부유함과 같이 세속적이고 물질적인 보상의 성격을 띤다. 〈유한당사씨언행록〉 이외의 다른 고전소설들도 결말은 대개 주인공이 높은 벼슬에 올라 부귀영화를 누리는 것으로 끝맺는 경우가 많다.

이러한 고전소설의 '복선화음' 논리는 20세기에 이르면 더 이상 유효하지 않게 된다. 대신 〈혈의 누〉를 비롯한 신소설에서는 제국주의와 약육강식이라는 '힘의 논리'가 전면에 부상한다. 이인직의 〈혈의 누〉, 〈귀의 성〉, 〈치악산〉, 이해조의 〈빈상설〉(1907), 〈구마검〉(1908), 〈화세계〉(1910) 등 그 당시의 신소설에는 각자의 이익과 욕망에 따라 움직이는 사람들이 잘 묘사되어 있다. 이해조의 〈철세계〉(1908)에는 "우등 인죵이 익이고 열등 인죵은 패ᄒᆞ며 약ᄒᆞᆫ ᄌᆞ가 고기 되고 강ᄒᆞᆫ ᄌᆞ가 먹"는 것이 "텬디간에 쎳쎳ᄒᆞᆫ 리치"[33]라는 발언이 나올 정도로 신소설에서 전통적인 도덕과 윤리는 별다른 힘을 발휘하지 못한다.

---

33 이해조, 『철세계』, 회동서관, 1908, 53쪽.

이인직과 이해조의 신소설에 나타나 있는 당시 조선 사회의 모습을 최정운은 "홉스적 자연상태the Hobbesian State of Nature"[34]라고 불렀다. 홉스적 자연상태란 국가가 만들어지기 이전의 자연상태, 즉 "사람들 사이에 사회적 유대가 사라지고 각자 개인들로 흩어져서 생존을 위해 자신을 지키기에 급급하고 기회만 되면 누구에게 무엇이라도 빼앗으려 하고 자신의 욕구를 채우고자 혈안이 되어 있는"[35] 상황을 말한다. 이는 우리 역사에서 '암흑시대'라 할 만한 당시의 시대적인 분위기, 즉 1904년 러일 전쟁과 1905년 을사늑약, 그리고 1910년 한일강제병합으로 인해 우리나라는 식민지의 처지로 몰락해 가던 당시의 현실과 무관하지 않다. 이인직과 이해조의 신소설에서 보여주는 당시 조선 사회의 모습은 전통적인 도덕윤리가 붕괴되고 각자가 자신의 생존을 위해 싸우는 일종의 무정부 상태였다는 것이다.

이처럼 전통적인 도덕률이 완전히 무너지고 일종의 무정부 상태가 되자 새로운 윤리관과 가치관이 필요해졌다. 전통적인 복선화음, 즉 착한 일을 하면 하늘이 복을 주고 악한 일을 하면 화를 준다는 논리는 현실을 바탕으로 한 제국주의의 논리 앞에서 더 이상 유효하지 않았다. 애니 베어드 소설에 나타난 기독교 사상은 진화론적인 세계 질서에 맞설 수 있는 새로운 대응논리로서 중요한 역할을 했던 것으로 보인다. 애니 베어드의 소설에서는 〈유한당사씨언행록〉을 비롯한 고전소설에서 볼 수 없는 새로운 가치체계가 등장한다. 이는 신앙심을 중심으로 만들어진 새로운 기독교 공동체이자 가치 체계라고 할 수 있다.[36] 고전소설에서는 착

---

34 최정운, 『한국인의 탄생』, 미지북스, 2013, 101쪽.

35 위의 책, 93쪽.

36 안국선, 『금수회의록』, 황성서적조합소, 1908, 2쪽 및 27쪽. 같은 시기에 창작된 안국선의 〈금수회의록〉에서도 기독교 사상이 "텬리에 어긔여지고 덕의가 업서셔 … 금슈만도 못흔 이 셰샹"을 "하나님의 마음을 본밧아 지극히 착흐게" 할 수 있는 유일한 희망으로 그리고 있다. 다만 애니 베어드의 소설에서는 신앙 공동체의 형성이 더욱 직접

한 일을 한 주인공에게 부귀영화를 주지만, 기독교 소설에서는 신앙에 대해 물질적인 보상을 하지 않는다. 물질적인 부유함은 중요하게 다루어지지 않거나, 오히려 〈고영규전〉에서처럼 감소하기도 한다. 그보다 중요하게 여겨진 것은 주요 인물들이 신앙심을 갖고, 주변 사람들에게 기독교를 전도해 기존에는 없었던 새로운 신앙 공동체가 탄생한다는 것이다. 〈고영규전〉에서 마을 사람들이 돈을 모아 회당을 짓고, 교사를 초빙했다는 등의 서술이 그러하다. 여기서의 신앙 공동체는 '홉스적 자연상태'를 극복하고 새로운 사회질서를 이룩할 수 있는 대안으로서의 의미를 갖는다.[37]

2) 새로운 인물상과 부부상 형상화

〈유한당사씨언행록〉의 부부는 처음부터 바람직한 모습을 지니고 있다. 유한당은 타고 날 때부터 총명하고 성실했다. 남편도 처음부터 '효자'라는 별명을 얻을 정도로 효성이 깊고 성실한 인물이었다. 이처럼 고전소설의 주요 인물은 좀처럼 변하지 않는다. 특히 선인이 악인이 되었다가 다시 선인이 되는 식의 변화는 찾아보기 어렵다.

〈부부의 모본〉은 〈유한당사씨언행록〉과 비슷하게 주인공이 처음부터 끝까지 별다른 위기나 고난 없이 모범적인 행동과 부부 사이의 관계를 보여준다. 그러나 〈고영규전〉에서는 남편이 잘못을 했다가 회개하고, 신앙으로 부부가 재결합하는 서사를 그렸다. 방탕했던 인물이 기독교 신앙을 계기로 잘못을 뉘우치고 개심하는 것과, 신앙심으로 묶인 부부

적으로 제시되었다.

37 아울러 이러한 신앙 공동체가 아더 노블의 소설 〈이화〉에서는 조선의 독립을 꿈꾸는 전단계로서의 의미를 갖기도 한다.

관계는 모두 고전소설에서는 찾아보기 힘들었던 새로운 서사다.

고전소설에서의 주인공은 대개 처음부터 선한 인물이고, 따라서 가난해지거나 처지가 어려워질 수는 있어도 선악이 변하지는 않는다. 주인공이 주색잡기로 방탕한 삶을 보내다가 회개하여 신앙인이 되는 서사는 매우 독특한 것이다. 예컨대 〈사씨남정기〉의 주인공 유연수는 첩 교씨의 총애에 빠져 잠시 미혹되었지만 이는 그가 요사스러운 술법에 빠져 본성이 잠시 흐려졌기 때문인 것으로 묘사된다. 이 때문에 나중에 그가 정신을 차리는 일 또한 요술에 의해 흐려졌던 마음이 꿈에서 깬 것 같이 맑아졌다는 식으로 서술된다.[38] 그런데 애니 베어드의 소설에서는 기독교라는 새로운 대상을 만남으로써 인물의 선악이 완전히 변하여 새로운 인물이 되는 서사를 제시했다.

신앙심으로 맺어지는 부부의 관계 또한 독특하다. 고전소설에서 남녀 주인공의 결연 방식은 크게 세 가지로 나누어 볼 수 있다. 첫째는 〈이생규장전〉처럼 남녀가 서로가 시를 주고받으며 문예 취향을 확인하고, 이로서 독점적인 관계를 맺는 것이다. 둘째는 대다수의 가문소설에서처럼 부부 서로가 상대방을 손님처럼 공경하며 부부유별이라는 예법을 엄격하게 지키는 관계이다. 마지막으로 〈춘향전〉에서의 이몽룡과 성춘향처럼 성적인 이끌림으로 연결된 남녀관계를 생각해 볼 수 있다.

〈고영규전〉이나 〈부부의 모본〉과 같이 남편과 아내가 신앙심으로 맺어진 부부의 형상은 애니 베어드의 소설에서 새롭게 제시된 부부상이라 할 수 있다. 〈고영규전〉에서는 "황혼 돌밤에 홈씌 업듸여 하ᄂᆞ님씌 기

---

38 김만중 저, 류준경 역, 『사씨남정기』, 문학동네, 2014, 105쪽. "한림이 비록 교씨가 한 짓인 줄 몰랐지만, 여러 해 동안 고혹하게 했던 요사스러운 술법이 하루아침에 사라지니 마음이 어둠을 걷어낸 것 같았고, 지난날의 청명한 기운이 조금씩 싹트는 듯했다. 때때로 머리를 숙이고 앉아 조용히 사오 년 전의 일을 생각하면 깊이 후회되니 마치 꿈에서 막 깬 듯했다."

도ᄒᆞ고 예수를 ᄯᅡ라가기로 작뎡ᄒᆞ더라."[39]라고 했고, 〈부부의 모본〉에서는 "만일 ᄆᆞ음이 서로 불합ᄒᆞᆯ ᄯᅢ에는 피ᄎᆞ 위틔ᄒᆞᆫ ᄃᆡ경에 ᄲᅡ지기 쉬운 줄 알고 곳 하ᄂᆞ님ᄭᅴ 기도ᄒᆞ야 힘밧ᄂᆞᆫ대로 그 분노ᄒᆞᆫ ᄆᆞ음을 졔어ᄒᆞ고 혹 잠시 급ᄒᆞᆫ ᄆᆞ음으로 잘못ᄒᆞ다가도 곳 뉘웃치ᄂᆞᆫ ᄆᆞ음을 밧아 서로 ᄌᆞ복ᄒᆞ고 용셔ᄒᆞ여 나죵에 더욱 평안히 지내더라"[40]라고 하여 신앙심을 매개로 굳게 맺어진 부부의 모습을 그리고 있다. 이러한 모습은 얼마 후에 나온 신소설 〈눈물〉, 〈부벽루〉에서 반복된다. 〈눈물〉[41]의 주인공 조필환은 평양지점장으로 있을 때 만난 기생 평양집의 계략에 빠져 아내를 내쫓는다. 그런데 평양집은 정부 장철수와 공모하여 조필환의 재산을 빼앗고, 조필환은 자신의 잘못을 뉘우친다. 평양집도 장철수에게 버림받은 후 구세군의 지도자에게 감화되어 속죄하고 재산을 조필환과 그의 아내에게 돌려주며 행복한 결말로 마무리된다. 〈부벽루〉[42]에서는 주인공 최운영이 주색에 빠져 아내 김씨 부인을 팔아넘긴다. 김씨 부인은 목사를 만나 기독교 신자가 되고, 남편 역시 우여곡절 끝에 회개하고 교회에서 아내와 재회하는 줄거리의 소설이다. 이처럼 두 작품은 주색에 빠져 아내를 버리고 방탕한 삶을 살던 남편이 기독교를 계기로 회개하는 서사를 보여주고 있다. 여기서의 부부는 처음에는 남편의 일탈로 위기를 겪지만 마침내 신앙심을 매개로 하여 앞으로는 변하지 않는 굳은 부부의 모델을 보여주고 있다. 고전소설사의 흐름에서 볼 때, 신앙심으로 맺어진 부부의 형상은 애니 베어드의 소설에서 처음 제시된 것이라 할 수 있다.

---

39 『고영규전』, 18쪽.

40 『부부의 모본』, 31쪽.

41 〈눈물〉은 이상협(1893~1957)이 1913년 7월 16일부터 1914년 1월 21일까지 매일신보에 연재한 개화기 소설이다.

42 〈부벽루〉는 1913년 보급서관에서 발간된 소설이다.

3) 순교자로서의 서사 창조

〈샛별전〉의 샛별이는 구박을 받았지만 경대 부부를 지극정성으로 모시고, 끝내 자신이 병에 걸려 성경 구절을 암송하다가 죽고 만다. 샛별이의 죽음은 헛된 것이 아니었다. 샛별이의 죽음을 목도한 경대는 서울로 가서 성경을 찾아보고, 회개한다. 내려와 전도해서 주변에도 회개하고 믿는 사람이 많이 생기게 된다. 샛별이의 죽음으로 인해 사회가 바뀌고 신앙 공동체가 형성된 것이다.

애니 베어드의 소설에 나오는 샛별이의 인물상은 고전소설의 인물에서는 유례를 찾아보기가 어렵다. 기존의 고전소설에서도 자신을 희생하는 강인한 여성은 등장한다. 〈심청전〉이 그 대표적인 예이다. 그러나 주인공의 행위가 주위 사람들에게 어떠한 파급 효과를 가져오지는 않는다. 예컨대 〈심청전〉에서는 심청이가 황후가 되고 아버지의 눈을 뜨게 한다. 그렇지만 그것이 주변 사람들의 성격에 근본적인 변화를 가져오지는 않는다. 애니 베어드의 소설에서는 주인공의 희생이 주변 사람들을 변화시킨다는 차이가 있다.

이러한 순교자적 서사가 보이는 또 다른 소설로 심훈의 〈상록수〉(1935)가 있다. 〈상록수〉는 박동혁과 채영신이라는 열성적인 운동가의 이야기이다. 박동혁과 채영신은 민족과 농민에 대한 책임감으로 굳게 뭉친 혁명 동지들이었다. 그러면서도 그들은 서로에 대한 사랑의 감정을 품고 있었다. 그렇지만 그들은 민족과 농민을 위한 운동에 전념하기 위해 상대에 대한 사랑의 마음을 억누르고 열심히 일한다. 결국 채영신은 과로로 병을 얻어 찬송가를 부르며 숨진다. 박동혁은 채영신의 죽음을 슬퍼하며, 그녀가 순교자라고 말한다. 모든 사람들은 채영신의 죽음에 감명받아 상록수와 같은 불멸의 존재가 된다는 줄거리이다.

최정운은 〈상록수〉를 새롭고 강한 조선인의 창조라는 차원에서 의미를 가진다고 지적한 바 있다. 즉 '주인공을 죽게 만들면, 죽은 이의 영혼은 주변 사람들을 강하게 만들고 끝까지 싸우는 불멸의 전사가 된다'는 것이다.[43] 최정운은 이를 이광수의 〈유정〉과 심훈의 〈상록수〉에 이르러 비로소 발견된 방법이라고 서술했지만, 이 글이 살펴본 애니 베어드의 〈샛별전〉은 그보다 앞선 시기에 이미 그러한 주인공과 서사를 보여주고 있다. 샛별이는 죽었지만 그 죽음으로 인해 홍경대 부부의 마을에는 교회가 생기고 신앙 공동체가 형성되었다. 샛별이의 죽음을 계기로 모인 그들은 어떠한 어려움이 있어도 끝까지 신앙을 지키고 사회의 변화를 추동하는 불멸의 전사처럼 행동할 것이다. 이는 강한 신앙인을 만든다는 목표를 위해 만들어진 서사를 보여준다. 고전소설에서 작품의 주인공을 죽여서 주변 인물들을 변화시키고 사회를 바꾼다는 논리는 대단히 낯선 것이다.[44] 더구나 여성 인물에게 그러한 역할을 맡긴다는 것은 전례를 찾아보기 어려운 일이다. 이러한 인물과 서사는 애니 베어드의 소설에서 처음 나타난 것이라고 할 수 있다.

4. 맺음말

지금까지 애니 베어드의 소설이 지니는 특징과 의의에 대하여 살펴보았다. 〈유한당사씨언행록〉이 가문 공동체의 번영을 궁극적인 귀결점으

---

43 최정운, 앞의 책, 423~431쪽.

44 고전소설 중에서 주인공이 죽는 작품이 전혀 없는 것은 아니다. 〈임경업전〉과 같은 경우 주인공 임경업의 죽음으로 작품이 끝나기는 하지만, 그러한 죽음으로 주변 사람들이 어떻게 변화되었는지는 서술되지 않는다. 〈심청전〉의 경우 주인공 심청이 인당수에 몸을 던지기는 하지만, 실제 죽음으로 이어지지는 않는다.

로 제시하고 있고, 가족 관계는 부모와 자식의 수직적인 관계를 중심으로 파악하고 있으며, 남녀차별에 대해서는 별다른 대안을 제시하지 못하고 있었다. 반면에 애니 베어드의 소설은 기독교의 신앙 공동체 결성을 결말로 삼고 있고, 가족 관계는 부부를 중심으로 파악하고 있었으며, 남녀평등의 문제에 있어 사회의 변화를 촉구하는 의식을 보여주고 있었다. 소설사적으로 볼 때 애니 베어드의 소설은 복선화음을 대신하는 기독교 윤리를 대안적인 가치로서 제시했고, 회개하는 주인공 형상과 신앙심으로 맺어진 부부상이라는 새로운 인물을 형상화 했으며, 주변 사람들을 변화시키는 순교자의 서사를 새롭게 창조해 냈다. 이들은 애니 베어드의 소설에 처음 나타난 특징들로서 이후에 나온 신소설 〈눈물〉, 〈부벽루〉 및 심훈의 〈상록수〉 등과 연결된다. 애니 베어드의 소설은 고전소설사의 흐름에 비추어 볼 때 상당한 의의를 지닌 것으로 평가할 수 있을 것이다.

〈최필공전〉 연구

- 서사적 특징과 문학적 의미를 중심으로

오성준

〈최필공전〉 연구

- 서사적 특징과 문학적 의미를 중심으로

오 성 준

1. 머리말

〈최필공전崔必恭傳〉은 1791년 신해박해 때 잡혀 온 중인中人 출신 천주교 지도자 최필공이 정조의 교화로 인해 배교를 선택한 사건을 정조의 명[01]으로 이계耳溪 홍양호(洪良浩, 1724-1802)가 창작한 작품이다. 이 작품은 활자본으로 간행된 홍양호의 문집에는 누락되었으나, 문집으로 간행하기 위해 필사로 정리해 놓은 『이계집耳溪集』에서 발견한 것을 진재교가 원문과 번역문을 소개함으로써 본격적으로 알려지게 되었다.[02]

01 홍양호는 〈최필공전〉의 서두에 "신해년(1791) 가을, 주상(정조)의 명을 받들어 이 작품을 지었다(辛亥秋, 奉教製)."라고 짧은 메모의 형식으로 서(序)를 기록하고 있다. 서(序)에는 작품의 창작 시기 및 계기, 그리고 그로부터 10년 후 입전 대상인 최필공의 후일담이 담겨 있다. 그러나 실제로 최필공이 형조에 잡혀들어온 것이 1791년 음력 11월이기 때문에, 그해 가을에 이 작품을 창작했다는 홍양호의 기록은 잘못되었다. 이와 같은 시기의 혼동은 해당 기록이 작품 창작으로부터 10년 정도 후에 덧붙여졌기 때문으로 보인다. 참고로 『조선왕조실록』, 『일성록』, 『승정원일기』 등을 통해 확인되는 최필공에 대한 기록과 작품의 내용을 비교했을 때, 〈최필공전〉의 창작 시기는 아무리 빨리 잡아도 1791년 12월 23일 이전으로 볼 수는 없다.

02 진재교, 「『이계집(耳溪集)』 소재 「최필공전(崔必恭傳)」」, 『민족문학사연구』 14, 민족문학사연구소, 1999. 이하 〈최필공전〉의 원문과 번역문은 진재교가 이 논문에 수록한 것을 기준으로 인용하였으며, 번역문의 경우 부분적으로 필자가 수정했다.

조선 후기 엄청난 파장을 몰고 왔던 천주교 문제와 당시 천주교 지도자로 주목을 받았던 최필공이라는 인물을 정면에서 다뤘다는 점에서 〈최필공전〉은 평범하지 않은 작품이다. 『한국천주교회사』나 『황사영백서』와 같은 교회 내부의 시각이 아니라 교회 외부의 시각에서 천주교 지도자를 포착하여 형상화한 문학 작품이라는 점에서 그러하다. 더욱이 1784년 이승훈이 북경에서 세례를 받고 온 이후로부터 1801년 신유박해에 이르기까지 주로 양반 출신 천주교 지도자들을 대상으로 진행되어 온 초기 천주교회사 연구 경향을 고려했을 때, 초기 교회의 창설과 확장에 중추적인 역할을 담당했던 중인 출신 천주교 지도자를 다루고 있다는 점에서 〈최필공전〉은 흥미로운 작품이라고 할 수 있다.

조선 후기 천주교 문제를 연구했던 초기 학자들의 시선에 〈최필공전〉이 놓여있었던 것은 분명하다.[03] 그러나 활자본 문집에 포함되지 않았기 때문인지 오래도록 학계에서 논의되지 못하다가 진재교가 이 작품을 번역·소개하고 간략하게 해제 식으로 제시하면서 연구가 시작되었다. 진재교는 작가가 비교적 객관적인 시선으로 천주교 문제와 최필공을 그리고 있다고 평가하고, '신분제 사회에서 천주교라는 이념을 통해 현실의 공간을 뛰어넘으려 한 새로운 인간형'인 최필공이라는 '한 인간의 갈등과 곤혹스러운 얼굴을 대면하게' 하는 데에서 이 작품의 문학사적인 의미를 찾았다. 이후 서신혜는 〈최필공전〉이 최필공의 옥사獄事와 회심回心만을 다루고 있고 시종일관 최필공을 대하는 정조와 그의 영향력을 중

03 이원순, 「조선후기사회 중인층의 서교 수용」, 『한국문화』 8, 규장각한국학연구소, 1987, 55쪽. 이원순은 이 논문에서 의약계 중인의 천주교 수용을 다루며, 교회 발전에 공로가 컸던 인물로 최필공에 대해 논의한 바 있다. 여기서 그는 최필공의 생애와 신앙에 대해 언급하고 있는 사료로 『벽위편』, 『추안급국안』, 『황사영백서』, 『한국천주교회사』와 더불어 『이계집』 내의 〈최필공전〉을 언급하였다. 그보다 앞서 최석우 신부는 샤를르 달레의 『한국천주교회사』를 역주하며 최필공을 다루고 있는 부분에서 『이계집』 27권에 있는 〈최필공전〉을 참고했음을 밝히고 있다. (샤를르 달레, 최석우 역, 『한국천주교회사』 上, 한국교회사연구소, 2000, 363쪽, 각주 21번)

심으로 구성되어 있다는 점에 주목하여, 신하와 백성을 교화하는 군사君師로서 형벌이 아닌 감화感化로 세상을 다스리고자 했던 정조를 강조하고 서학이 중국에서 기원한 것임을 설명하며 이단인 천주학 문제도 곧 해결되리라는 낙관론을 표현하는 것에 이 작품의 서술 의도가 놓여있다고 보았다.[04]

지금까지 살핀 바와 같이 〈최필공전〉에 대한 기존 논의는 단 둘뿐인데, 작품의 의미를 파악하는 방식과 결과가 사뭇 다르다. 특히 문제가 되는 지점은 작품의 창작 의도와 문학적 의미인데 한쪽은 〈최필공전〉이 외형상 최필공의 배교와 정조의 교화가 축이 되지만 그 이면에는 최필공을 통해 당대 역사의 한 진경眞景을 우회적으로 형상화했다고 보았다. 반면 다른 한쪽은 서술 분량, 단어 선택 및 사건의 구성, 담긴 사상 등 모든 면에서 최필공이 아니라 정조의 교화를 이 작품의 핵심으로 보았다.

실제로 있었던 사건, 그것도 당시 정국에서 무엇보다 중요한 사안에 대해 왕의 명령으로 창작되었다는 점에서 후자의 시각은 중요하다. 그러나 입전立傳 방향을 선정하고 그 방향에 따라 작품을 구성하며 부분적인 설명을 이끄는 것이 작가의 몫이지만, 입전 대상의 삶의 모습을 핍진하게 제시하려는 전傳의 장르 의식 역시 간과할 수 없다. 특히 〈최필공전〉 외에도 여항의 의로운 의사였던 조광일趙光一을 입전한 〈침은조생광일전針隱趙生光一傳〉이나 종기를 잘 고쳤던 중인 출신 피재길皮載吉을 다룬 〈피재길소전皮載吉小傳〉과 같은 작품을 남긴 홍양호의 문학 세계를 고려할 때, 비록 왕의 명령으로 창작된 작품이지만 작품에서 형상화된 최필공의 모습이 그의 실상과 완전히 동떨어져 있으리라 생각하는 것에도 무리가 있다.

---

04 서신혜, 「〈최필공전〉의 핵심어 세 가지 : 감화(感化), 군사(君師), 중국원류설(中國源流設)」, 『한국문학과 예술』 31, 숭실대학교 한국문학과예술연구소, 2019, 95-120쪽.

이러한 문제의식에서 이 글은 이 작품이 보여주는 서사적 특징을 살피면서 그 의의를 논의할 때 〈최필공전〉의 문학적 의미를 보다 효과적으로 파악할 수 있다고 보았다. 따라서 이 글은 2장에서 〈최필공전〉의 서사적 양상을 살피고, 3장에서 이 작품의 서사적 특징을 분석할 것이다. 그리고 이를 바탕으로 〈최필공전〉의 문학적 의미에 대해 고찰하고자 한다.

2. 〈최필공전〉의 서사적 양상

〈최필공전〉은 제목과 작품 창작 10년 후에 쓰인 서序를 포함하여 총 1370자로 된 짧은 인물전이다. 분량이 많은 작품도 아니고 등장인물도 많지 않으며 사건 진행도 단순한 편에 속하기 때문에, 작품의 서사적 양상을 단락을 나누어 살펴보는 것만으로도 작품의 윤곽을 파악하는 것이 가능하다. 작품의 진행에 따라 〈최필공전〉의 대략적인 서사 단락을 나누어 보면 다음과 같다.

> 가. 작품의 창작시기 및 계기, 그리고 10년 후 신유박해 때 순교한 최필공의 후일담
> 나. 맹자 진심 상 구절로 시작하는 도입부
> 다. 고아에 기난했으며 생업이 없었던 최필공의 천주교 입문
> 라. 신해년 옥사로 옥에 갇힌 최필공, 정조의 감화 정책으로 천주교를 버린 사람들
> 마. 거짓말로 죄 면하기를 거부하며 온갖 회유에도 배교하지 않은 최필공

바. 정조의 특별 배려를 받은 최필공이 5일 후 눈물을 흘리며 회심함
사. 사면과 동시에 후한 녹봉을 받고 혼인까지 했으며 벼슬까지 제수받아 부임함
아. 회심의 이유에 대한 관찰사 홍양호와 최필공의 대화
자. 교화의 효과와 천주교 문제의 낙관적 전망을 하며 맹자 진심 상 구절로 마무리
차. 천주교의 기원에 대한 의견 제시와 정조의 교화 예찬

위에 따르면 〈최필공전〉은 작품을 쓰고 전하는 배경을 간략하게 적어놓은 '가' 부분을 제외하면 인정기술人定記述-사적기술事績記述-사평史評으로 대표되는 일반적인 인물전의 형식을 따르고 있다. 서사 단락 '다'는 한양의 여정인으로 고아에다가 가난했으며 생업이 없었던 최필공을 소개하는 인정기술 대목이고, '라~아'는 신해년 최필공의 옥사 사건과 회심 사건, 그리고 회심 이후의 사건을 중심으로 서사가 구성되어 있다. 마지막 서사 단락인 '차'는 홍양호의 논찬 부분에 해당한다.

작품의 서사 구성과 관련하여 흥미로운 지점은 다른 전 작품들이 바로 입전 대상을 소개하고 주요 사건을 서술하는 방식으로 전개되는 것과 달리, 〈최필공전〉은 '나'와 '자'에서 『맹자』의 구절로 시작하고 끝맺는 기법을 활용하고 있다는 것이다. 여기서 홍양호가 인용한 구절은 '나'와 '자' 모두 『맹자』「진심 상」 13번째의 대목에 해당하는데, 구체적인 내용은 다음과 같다.

"패자의 백성은 뛸 듯 기뻐하나, 왕의 백성은 차분히 만족해한다. 죽여도 원망치 않고 이롭게 해도 왕의 공으로 여기지 않으며, 백성이 날마다 선으로 옮겨가지만 누가 그렇게 하는지 알지 못한다. 대저 군자가 지나는 곳은 감화되고, 마

음에 두면 신묘해져서 위아래가 천지와 함께 흐르니 어찌 보탬이 적다고 하겠는가."[05]

이는 맹자가 패도 정치와 왕도 정치를 비교하며 이야기하는 부분으로, 홍양호는 이러한 서사 구성을 통해 최필공 사건이 정조가 행한 '교화'의 대표적인 사례임을 강조하고자 했던 것으로 보인다. 이는 마치 입전 대상인 최필공과 해당 사건을 유교를 대표하는 왕도정치의 논리가 에워싸고 있는 것과 같은 양상이다. '차'에 해당하는 사신찬 부분의 중심 내용이 중국에서 유래한 천주교가 다른 이단들과 마찬가지로 곧 무너지게 될 것이라는 낙관적 전망임을 고려할 때, 이와 같은 〈최필공전〉의 특이한 서사 구조에는 유교의 권위에 대한 강한 신뢰와 자신감을 드러내기 위한 홍양호의 의도가 강하게 반영되었다고 볼 수 있다.

앞에서 살핀 서사 단락에서 한눈에 확인할 수 있듯이 이 작품의 중심 서사에 해당하는 '라~아'에서는 최필공의 전 생애가 아니라 오직 신해박해 당시의 옥사 사건을 중심으로 다루고 있다. 신해박해 당시의 긴박한 상황 속에서 최필공이라는 인물이 보여주는 특징적인 면모를 드러내는 것이 '라'와 '마' 부분이고, 그런 최필공의 모습을 보고 내린 정조의 특별한 조치가 '바'와 '사'를 통해 확인된다. 그리고 완전히 회심한 최필공의 진정성을 확인하게 되는 홍양호와 최필공의 사적인 만남 장면이 '아'에 해당한다.

정리하면 '라~사'는 정조와 최필공이 주요 인물로 등장해 '사'에 제시된 징조의 교화 방식과 그 결과로서 최필공의 회심을 드러내기 위한 방식으로, '아'는 특이하게도 작가가 직접 작품에 등장하여 '사' 부분에서

05 『孟子』, 「盡心 上」 13 : 霸者之民, 驩虞如也; 王者之民, 皡皡如也. 殺之而不怨, 利之而不庸, 民日遷善而不知爲之者. 夫君子所過者化, 所存者神, 上下與天地同流, 豈曰小補之哉.

이뤄진 최필공의 회심을 확인하는 방식으로 서사가 전개되고 있음을 볼 수 있다. 그런 점에서 〈최필공전〉의 서사는 현명한 통치자인 정조의 교화 혹은 감화 정책으로 수렴하는 특징을 보여준다. 왕의 명령을 받아 지었다는 작품 창작 계기를 고려할 때, 이 작품은 정조의 정치 행위에 대한 정당성 확보와 교화적 메시지를 최대한 담아내기 위한 방향으로 작품이 창작될 수밖에 없었기 때문이다.

이처럼 분명한 창작 지향에도 불구하고 〈최필공전〉의 작가 홍양호는 실제 사건을 바탕으로 한 중심 서사에서 입전 대상의 특징을 날카롭게 포착하여 드러내는 일에서도 소홀하지 않았던 것으로 보인다. 뿐만 아니라 동일한 장르의 다른 작품들에서 쉽게 찾아볼 수 없는 서사적 장치를 활용하고 있기도 하다. 따라서 기존의 사상과 새로운 사상이 격돌하고 위기감이 고조되던 신해년을 배경으로 하는 〈최필공전〉의 문학적 의미를 파악하기 위해서는 이러한 서사적 특징을 면밀하게 살피는 작업이 수행될 필요가 있다.

3. 〈최필공전〉의 서사적 특징

1) 사건 기간 축소와 교화 강조

1791년 초, 조선의 천주교회는 북경의 구베아 주교로부터 조상 제사를 금지하라는 명령을 들었다. 『한국천주교회사』를 쓴 샤를르 달레가 그 명령에 대해 "조선 국민의 모든 계급의 눈동자를 찌른 셈이었다."[06]라고 평가할 정도로 조선 신자들은 큰 혼란에 휩싸였다. 많은 양반 출신 신자들이 천주교에서 이탈했지만, 이중 몇몇은 그 명령에 따라 신주를 불태우고 제사를 올리지 않았다. 특히 전라도 진산에 살던 양반 윤지충(尹持忠, 1759~1791)이 모친상을 당해 제사를 거부하고 신주를 태운 진산사건珍山事件을 계기로, 서울과 경기, 충청도 내포內浦 지방에서 천주교 신자들이 체포되며 신해박해가 시작되었다.

진산사건의 주인공인 윤지충과 권상연은 온갖 회유와 혹독한 고문에도 신앙을 굽히지 않고 순교했다. 당시 평택 현감이었던 이승훈이나 경기도 양근楊根에 살던 권일신과 같은 양반층 지도자들뿐 아니라, 정의혁, 최인길, 최필제 등 당시 잘 알려진 중인층 신자들까지 체포되어 엄중한 신문을 받았다. 이때 최필공도 함께 고발되어 형조의 옥에 갇히게 되었다.

> 그 무렵에 서학西學이 세상에 성행하여 비록 유관儒冠을 쓴 자들조차도 종종 그곳에 깊이 빠져 윤리를 어그러뜨리고 상도常道를 어지럽히는 변고變故가 있기도 하였다. 지금 신해년에 간관諫官들이 이를 살펴 다스려주시기를 주청하자 주상께서 듣고 놀라 "그 우두머리 몇 명을 죽이고 그 머리를 조리돌리라."라고 명하셨다. 이에 옥사가 일어나자 걸려든 자가 많았다. 최필공도 고발되어 여기에 연루되어 형조의 옥에 갇히게 되었다.[07]

---

06 샤를르 달레, 최석우 역, 『한국천주교회사』 上, 한국교회사연구소, 2000, 330쪽.

07 〈崔必恭傳〉: 時, 西學盛行於世, 雖冠儒冠者, 往往深中, 至有敗倫亂常之變. 今上辛亥, 臺臣, 請按治之, 上聞之驚, 命誅其首惡數人, 懸首以徇. 於是, 獄起株連者多. 必恭, 亦被告拿繫司寇獄.

서사 단락 '라'에 해당하며 〈최필공전〉의 사건 서사가 시작되는 위의 대목은 앞서 설명한 신해박해 시기의 극도로 긴장된 정국을 요약적으로 잘 보여주고 있다. 이어지는 서사에서는 사설邪說인 천주교가 사람들을 속이고 현혹한 것이 오래되었기 때문에 법으로만 다스릴 수 없음을 우려한 임금이 큰 훈계로 사람들을 깨우치리라 마음먹고 형벌이 아니라 훈계로 타이르게 하니, 여러 죄수들이 모두 두려워하며 감동하고 뉘우쳐 모두 사교邪敎를 버리고 바른 곳으로 돌아오기를 원하는 모습[08]이 제시된다.

설득에 바로 마음을 바꾼 여러 죄수들의 모습과 달리 죽음을 두려워하지 않으며 배교를 거부하는 최필공의 모습이 서사 단락 '마'의 주된 장면이다.

> 그러나 유독 최필공만 완강하게 뉘우치지 않고 버티면서 "사람은 살아가는 것이 곧아야 하는 법이요. 내 마음이 진실로 변하지 않았는데 어찌 거짓말로 죄를 면하고자 하겠소?"라고 하였다. 형관이 그를 묶어 뜰에 잡아가다가 꾸짖기를 "여러 죄수들은 모두 깨우친다는 한마디 말로 죽음에서 벗어났는데, 너만 유독 죽음을 두려워하지 않는구나."라고 하며 매와 모진 고문을 가하였다. 살갗이 온전한 곳이 없었지만 최필공은 끝내 변하지 않았다.[09]

위압危壓으로는 그를 복종시킬 수 없음을 깨달은 정조가 잡혀 온 무리에서 먼저 깨우친 자 중에서 글로 논변할 수 있는 자를 통해 온갖 방법으로 회유했음에도 최필공은 끝내 마음을 바꾸지 않는다. 이어서 집

---

08 〈崔必恭傳〉: 上憂邪說之詿惑人久, 不可一切繩以法, 乃大誥以曉衆, 命刑官, 召諸囚, 諭之曰, "覺者生, 否者死." 諸囚, 盡懾感悔, 皆願棄邪歸正.

09 〈崔必恭傳〉: 獨必恭, 0不悔曰, "人生也直, 吾心實未變, 何可以詭辭免罪?" 刑官, 縛致庭, 喝曰, "諸囚, 皆一言脫死, 爾獨不畏死耶?" 榜掠無完膚, 必恭終不變.

안사람과 여러 친척이 며칠 동안 옆에서 눈물을 흘리며 배교를 권했으나 그는 결코 마음을 바꾸지 않는[10] 완강한 모습을 보여준다.

모진 고문과 주변인을 통한 설득에도 불구하고 완강히 버티는 최필공에게 왕은 오히려 "형틀을 풀어 옥에 두고 추위와 굶주림 문제를 해결해 준 다음 그가 행동하는 것을 잘 살피도록 하"[11]는 이례적인 배려를 베푼다. 이러한 왕의 특별 배려는 『일성록』 정조 15년 신해(1791) 11월 16일의 기록을 통해 확인된다.

> "최필공은 미혹됨이 심하여 여러 죄수 중에 가장 교화하기 어렵지만 꼭 그렇지 않은 점도 있다. 무식하기 때문에 미혹됨이 심하고 관직이 낮기 때문에 교화하기 어려운 것이다. 대체로 수갑이나 차꼬와 같은 형구를 써서 풍속을 유도하고 백성을 교화하는 것은 하책下策이다. (중략) 최필공은 우선 형구를 풀어 준 뒤 형조 안에 보수保囚하고 형을 가하지도 말며, 매번 개좌開坐할 때마다 하루걸러 또는 수일 간격으로 조곤조곤 따져 묻고 조금씩 일깨워서 그로 하여금 분명 하게 낯빛을 바꾸고 마음을 바꾼 뒤에야 법조法曹에서 한 발자국이라도 나갈 수 있다는 것을 알게 해야 한다.[12] (밑줄은 인용자)

그렇게 오 일이 지나자 최필공은 홀연히 무엇인가를 깨닫고 눈물을

10 〈崔必恭傳〉: 上曰, "忍哉! 若人. 是不可以威服也." 論刑官, 使其徒中早覺, 而有文辯者, 曉以邪正禍福萬端, 終不變. 其家人群族, 左右涕泣, 連日夜勸之, 又不肯.

11 〈崔必恭傳〉: 命解械置曹中, 救其寒餓, 徐觀其所爲.

12 『일성록』 정조 15년 신해(1791) 11월 16일(정해): 至於崔必恭, 惑之甚而化之難, 雖使諸囚中爲最, 此有不然者. 無識也故惑甚, 秩卑也故化難. 大抵, 桎梏桁楊之於導俗化民末也. (중략) 必恭爲先解枷, 保囚曺內, 亦勿加刑, 每於閑坐之時, 間日或間數日, 平平究詰, 略略開誨, 俾渠曉然知革面又革心然後, 可以晩出法曹一步之地.

흘리며 마음을 돌렸다. 작가는 임금의 교화에 의해 결국 회심한 최필공의 고백을 직접 인용하며 이렇게 말한다.

> "소인의 잘못이 죽음에 해당하는 줄 잘 알고 있습니다. 지난밤에 골똘히 생각해보았더니 비록 죽음은 두렵지 않았습니다. 다만 임금님께서 오직 열 번 죽어 마땅할 저에게 너그럽게 대하여 주셨고, 개미처럼 미천하기 짝이 없는 저에게 과분한 은혜를 내려주셨습니다. 이런데도 미련스럽게 고칠 줄 모른다면 이는 금수만도 못한 것입니다. 이대로 죽어버린다면 임금의 은혜에 보답할 수 없겠기에 지금부터라도 예전에 사교에 물든 것을 모두 씻어버리고자 마음먹고 오직 임금님의 가르침을 생각하게 된 것입니다."[13]

비록 죽음은 두렵지 않았지만 임금의 너그러운 배려와 은혜에 감동하여 최필공이 마음을 바꾸게 된 것이 서사 단락 '바'의 핵심 내용이다. 그리고 이 부분과 관련하여서도 역시 『일성록』 정조 15년 11월 29일에 최필공이 마음을 바꾸었다고 형조에서 아뢴 대목이 적혀 있고 자세한 내용은 다음과 같다.

> 형조가 아뢰기를, "죄인 최필공이 고하여 아뢸 것이 있다고 하기에 소회를 다 말하게 하였더니, '더욱이 사학邪學에 빠졌으니 <u>만 번 죽어도 오히려 부족한데 특별히 하늘 같은 은혜를 입어 국법의 적용을 곡진히 용서받았습니다.</u> 제가 추울까 염려하여 따뜻한 방에 두시고 배고플 것을 안쓰럽게 여

13 〈崔必恭傳〉: "小人自知當死, 中夜窮思, 死不足怕. 惟聖上, 寬臣於十死之中, 必欲生之賤微如螻蟻者, 得此於君父, 迷不知變, 則是禽獸之不如也. 徒死無以報君恩, 願自今盡棄舊染, 而惟聖上命."

> 겨 좋은 식사를 주도록 명하셨으니 지금까지 살아 있는 것이 모두 국은國恩입니다. 처음에는 미혹되어 사설邪說을 믿었으나 만일 한결같이 완강하게 버티고 깨닫지 못한다면 가문에는 패륜아가 되고 국가에는 역신逆臣이 되는 것이니, 지금부터는 낯빛을 바꾸고 마음을 고쳐먹어 조금이라도 보답하겠습니다.' 하였습니다.[14] (밑줄은 인용자)

여기서 홍양호는 최필공의 회심 대목을 당시의 기록과 유사하게 활용하는 동시에 최필공이 임금의 특별한 배려와 은혜에 감동하여 보답하기 위해 마음을 바꾼다는 점이 강조되도록 서술하고 있다. 그런데 여기서『일성록』에 나타난 정조의 배려와 최필공의 회심 고백이 각각 11월 16일과 11월 29일로 그 사이에 13일의 시간 간격이 있었던 것과 달리, 〈최필공전〉에서는 5일로 기간이 축소되어 제시된 점이 주목을 요한다.

실제 두 사건의 내용은 유사하게 가져오면서 작품에서는 그 시간 간격을 줄여서 서사화한 까닭은 무엇일까? 이 작품이 왕의 명령에 따라 천주교 문제를 해결하는 데 있어서 정조의 교화를 강조하기 위해 지어졌다는 점을 고려하면, 이러한 시간 축소는 홍양호의 서사 전략에 기인한다고 볼 수 있다. 실제 사건을 바탕으로 작품에서 가장 중요한 대목을 서사화하는 과정에서 홍양호는 정조의 정치 행위가 지니는 의미가 최대한 잘 드러나도록 해야 했다. 정조의 특별 배려와 그 결과에 해당하는 최필공의 회심 사건의 시간적 간격을 축소함으로써, 정조의 교화 정책의 실효성을 강조하고자 했다고 할 수 있다.

홍미로운 지점은 실제로는 13일이었지만 〈최필공전〉에서는 5일로

14 『일성록』 정조 15년 신해(1791) 11월 29일(경자) : 刑曹啓言, 罪人崔必恭, 有所告達云, 故使之悉陳所懷, 則以爲 "沈溺耶學, 方死猶輕, 而特蒙天恩, 曲貸常憲. 慮其寒則寘諸煖室, 憫其飢則命之善饋, 至今生活, 罔非國恩. 初雖惑信邪說, 若一向頑拒不覺, 則家而爲悖子, 國而爲逆臣, 自今以後, 革面改心, 以爲一分報若云矣.

제시된 두 사건 사이의 시간이 『정조실록』에 그대로 반영되고 있다는 것이다. 옥에서 온갖 고문과 회유에도 불구하고 마음을 바꾸지 않는 최필공에 대해 11월 11일에 교화 정책이 선포되고, 그로부터 5일 후인 11월 16일에 최필공이 스스로 마음을 바꾸어 회개했다고 형조에서 아뢰자 그를 석방하도록 명하였다고 기록된 것을 확인할 수 있다. 사초를 기초로 재구성하는 과정에서 편찬자나 집권 세력의 입장에 따라 상당한 정도의 취사선택과 첨삭이 이루어졌던 것이 『조선왕조실록』이었다는 점을 감안하여, 홍양호의 〈최필공전〉의 내용이 『정조실록』에서 최필공 부분을 기록하는 데 있어서 사료로 활용되었을 가능성에 대해서는 다시 한번 생각해 볼 필요가 있다.

2) 재전향자 우대와 교화 홍보

사실 왕의 명령을 받아 지은 작품은 입전 대상을 드러내기보다 왕의 정치적인 의도를 최대한 드러내기 위한 목적이 강할 수밖에 없다. 〈최필공전〉 역시 작품의 전체적인 서사 구조에서부터 각 서사 단락의 세부 내용에 이르기까지, 최필공이라는 인물이 아니라 정조의 교화 정책을 효과적으로 강조하기 위한 방향으로 창작되었다. 특히 형벌이 아니라 교화를 통해 완강했던 최필공이 회심하게 되는 대목에 이르기까지, 〈최필공전〉의 작가 홍양호는 이러한 창작 의도를 일관되게 유지했다. 그 다음은 교화 정책의 결과로 회심한 자를 어떻게 대우하는가의 문제이다. 이 작품의 서사 단락 '사'는 그 문제를 다루고 있다.

> 즉시 그 죄를 사면하여 의적醫籍을 회복시켜주고 녹봉도 후하게 주라고 명하였다. 마침 관서關西의 심약관審藥官이 임기

> 가 다 되었다는 보고가 있자, 담당 관리에게 명하여 그곳에 최필공을 뽑아 쓰도록 하였다. 그리하여 필공은 죽음에서 사면받은 데다 녹도 후하게 받게 되었다. 이에 날을 택하여 장가들고 집안 식구를 이끌고 그곳에 부임하였다.[15]

정조는 최필공을 용서하여 석방했을 뿐만 아니라 관서 지방의 심약관이라는 벼슬까지 내렸다. 실제로는 11월 29일에 우선 풀어주고 매달 잡아 와 그의 진정眞情을 묻게 했다가, 12월 7일에 완전 석방하고 최필공이 의역醫役 중인임을 고려하여 항심恒心을 기르기 위해 항산恒產의 방도를 마련하게 했던 것이 『일성록』에 기록되어 있다. 그 후 12월 23일에 혜민서에서 최필공을 경상도 심약으로 보내겠다고 아뢰자, 양심을 지켜왔고 똑같이 일정한 생업이 없는 다른 혜민서 생도들이 낙담하며 탄식할 수 있으니 최필공을 다른 자리로 옮겨 차출하되 임기가 차더라도 한 임기를 더해 주도록 조치하였다.[16]

위와 같은 일련의 조치가 이뤄지는 데 한 달에 가까운 시간이 걸렸지만, 홍양호는 여기서도 사건의 기간을 단축하는 서사 전략을 활용하여 정조가 배교한 최필공에게 즉시 이렇게 조치해 준 것으로 그려내고 있다. 이를 통해 서사 단락 '다'에서 어려서 고아에다 가난했으며 마땅한 생업도 없어 처가 죽었음에도 다시 장가들지 못했던 그의 초라한 모습[17]과 회심 이후 정조의 배려로 말미암아 완전히 달라진 그의 형편이 대조되

---

15 〈崔必恭傳〉: 卽命赦其罪, 復醫籍, 付之厚祿, 會有關西審藥官報, 瓜命攸司差遣, 必恭旣免死, 又得厚祿, 乃卜日娶妻, 挈家赴任.

16 『일성록』 정조 15년 신해(1791) 12월 23일(계해) : 惠民署, 以慶尙道審藥, 崔必恭差送啓, 教以制其恒產, 養其良心, 卽富方穀之政教, 其在勸善之道烏可不然. 然本有良心, 共乏恒產之署生輩, 眼穿涎流者, 能無悵然落莫之歎乎? 第二窠差送, 雖滿瓜加一瓜事分付.

17 〈崔必恭傳〉: 崔必恭者, 漢陽閭井人也. 家世隸醫司. 必恭爲人, 椎樸無他能. 少孤家貧, 不事產業. 聞西洋有天主學, 自中國來, 其徒多崇信者, 必恭, 大說之, 遂專心誦習焉, 妻死而不復娶, 自謂擧天下, 無可易此者.

도록 서사를 구성한 것이다.

전방위적이고 대대적인 박해가 일어났던 신유년과 달리, 신해년 박해는 비교적 널리 알려진 천주교 신자들이 체포되었다. 그해 순교했던 윤지충과 권상연에게 적용된 법 조항을 보면, 『대명률』의 사무사술금지조師無邪術禁止條, 발총조發塚條, 조요서요언조造妖書妖言條 등이 적용되었다. 천주교라는 이단 종교를 믿고 따른 것은 사술을 금지한 법령을 어긴 것이고, 조상의 신주를 태운 것은 선조의 무덤을 파헤친 것과 같게 보았다. 또 천주교 교리서를 만들고 베끼고 전한 것에 대해서는 요망한 책과 말을 만든 일로 취급했다.[18] 이제 천주교를 믿는다는 것은 단지 새로운 학문이나 문화에 대한 관심이 아니라, 유교와 배치되는 사상이나 이념으로 마음을 돌리는 전향 행위로 여겨지게 된 것이다.

박해가 시작된 후 잡혀 온 양반층과 중인층에의 널리 알려진 신자들은 이미 배교했고, 마지막으로 옥에 갇혀있던 최필공까지 결국 마음을 돌이켰다. 그러나 미처 잡아들이지 못한 신자들은 많았고, 충청도 내포 지역에는 끝까지 배교를 거부하는 사람들이 옥에 남아 있었다. 이처럼 전향자들이 곳곳에 남아 있는 상황에서, 형벌이 아니라 교화로 문제해결의 방향을 결정한 정조에게 서울 지역을 대표하는 재전향자 최필공 대우 문제는 중요하지 않을 수 없었을 것이다. 다시 돌아온 최필공을 처리하는 대우의 방법과 수준이 아직 돌아오지 않았으나 반드시 돌아오게 해야 하는 자들에게 좋은 본보기가 될 수 있었기 때문이다. 〈최필공전〉의 작가 홍양호가 정조의 정치적 메시지 전달을 문학적으로 위임받았음을 떠올려 본다면, 서사 단락 '사'의 존재 이유도 그 서사가 왜 위와 같은 방식으로 직조되는지에 대한 이유도 파악할 수 있다.

3) 작가의 등장과 증언의 신뢰성 확보

---

18 정병설, 『죽음을 넘어서 – 순교자 이순이의 옥중편지』, 민음사, 2014, 136-137쪽.

지금까지의 서사를 통해 이미 교화 주체로서의 왕의 절대적인 위치와 영향력이 선포되었고, 다시 돌아온 자가 어떤 대우를 받게 되는지도 충분히 홍보되었다. 그럼에도 불구하고 〈최필공전〉의 작가는 서사 단락 '아'에서 직접 서사에 등장하여 최필공과 대화하는 장면을 마련하고 있다.

> 관찰사 홍양호는 그 전말을 듣고서 기특하게 여겨 그를 불러 이야기하면서 가만히 "네가 사학邪學에 미혹되어 죽기로 고치지 않더니 하루아침에 뉘우치고 깨달은 것은 무슨 이유였느냐?"라고 물었다. 최필공은 "소인은 유학儒學을 업으로 삼지는 않았지만 『소학』 정도는 읽은 적이 있습지요. 『소학』에 '사람이 태어나서 한결같이 섬겨야 할 것이 셋이 있다'라고 하였습니다. 그런데 지금 우리 성상께서 죽어 마땅한 저를 살려주셨으니, 이는 나를 낳아준 부모와 같고, 두터운 녹을 주셔서 곤궁한 홀아비를 가정을 이룰 수 있게 해주셨으니 이는 나를 먹여준 임금인 것이요, 사학을 버리고 정도로 돌아오게 하였으니 이는 나를 가르쳐준 스승인 것입니다. 그러므로 임금님은 소인의 부모요 임금이며 스승도 되시는 것입니다. 소인이 비록 완고하기가 목석과 같은 놈이었으나 저도 모르게 감동하여 깨우치게 되었사옵니다. 이는 마치 잠에서 한 번 깨면 꿈속의 일을 알지 못하는 것과 같았습니다."[19]

---

19 〈崔必恭傳〉: 觀察使洪良浩, 聞而奇之, 召與語, 從容問曰, "爾惑於邪學, 矢死不變, 一朝悔悟, 何由也?" 必恭曰, "小人不業儒, 然嘗讀小學書矣. 有曰, '人生於三事之如一' 今我聖上, 活我於必死之中, 是生我者父也, 授之厚祿, 使窮鰥而成室家, 是食我者君也, 去邪學而歸正道, 是教我者師也. 聖上之於小人, 父耳君耳師耳, 小人雖頑如木石, 於心有戚戚然, 不自知其感悟, 如0一覺不省夢中事也.

여기서 작가는 '나'와 같은 1인칭 대명사가 아니라 '관찰사 홍양호'로 자신을 객관화하여 최필공에게 마음을 바꾼 이유를 묻고 있다. 이에 대해 최필공은 『소학』에 등장하는 군사부君師父일체라는 내용을 바탕으로, 자신이 입은 은혜가 어떤 점에서 임금, 스승, 부모와 연결되는지를 설명하고 있다. 이를 통해 〈최필공전〉의 작가 홍양호는 앞의 서사 단락 '바'와 '사'에서 정조의 아낌없는 배려가 사실이었음을 재확인하여 강조하고 있는 것이다.

실제로 홍양호는 1791년 4월부터 1792년 11월까지 평안도 관찰사를 지냈고, 최필공은 1791년 12월 말 이후 관서지방의 심약을 제수받아 부임했다.[20] 그러므로 이 두 사람이 만나 대화를 했다는 〈최필공전〉의 내용은 사실일 가능성도 있다. 물론 최필공이 실제로 위와 같이 말했는지는 알 수 없고, 오히려 작품의 창작 의도와 관련하여 홍양호가 만들어낸 내용일 가능성이 높다. 그럼에도 불구하고 해당 부분의 서사는 앞의 서사 단락에서 제시된 정조의 교화 정책과 그로 인한 최필공의 회심, 그리고 회심 이후 최필공이 받은 우대에 관한 발화의 신뢰성을 높이는 방향으로 작용한다.

아울러 홍양호는 그 발화의 시간과 공간에 자신을 객관화하여 위치시킴으로써, 정조의 교화 정책과 그 효과에 대한 최필공의 말을 누군가로부터 전해 들은 간접적인 것이 아니라 개인의 직접 체험에 근거한 것으로 만들었다. 이는 마치 관찰사인 홍양호가 최필공의 발화에 대한 증인으로 여겨지게 하는 데 일조한다. 증언의 신뢰성은 증인이 관련 사건을

---

20 『일성록』 정조 15년 신해 12월 23일(계해) 기사에서 혜민서에서 최필공을 경상도 심약으로 보내겠다고 아뢰자 정조가 다른 자리로 옮겨 그를 차출하라고 명령했던 기록이 있으나 그 이후 어느 곳으로 갔는지 확인되지 않는다. 그러나 『승정원일기』 정조 16년 3월 22일(신묘) 기사에서 정조가 이조원(李祖源) 등에게 "평양에 도착했을 때 최필공을 보았느냐?(上曰, 到平壤時, 見崔必恭乎?)"라고 묻는 대목을 통해 그가 경상도가 아니라 관서지방의 심약이었음을 알 수 있다.

'지금' '여기에서' 생생하게 재현해낼 수 있을 것이라는 일종의 '믿음'에 기초하는데,[21] 그런 점에서 자신을 직접 서사에 등장시키는 것은 "내가 거기에 있었다"라는 설정을 통해 증언의 신뢰성을 확보하기 위한 것으로 생각할 수 있다.[22]

4. 〈최필공전〉의 문학적 의미

지금까지의 논의를 종합하면 〈최필공전〉은 현명한 통치자인 정조의 교화 혹은 감화 정책에 서사의 초점이 맞춰져 있다는 것을 알 수 있다. 『맹자』의 구절을 앞뒤에 배치하여 마치 최필공의 옥사 사건이 정조의 왕도정치 구현을 대표하는 사례인 것처럼 보이게 하는 서사 구조에서부터 그러하다. 실제 사건 시간을 축소하고 유교로 다시 전향한 최필공에 대한 우대를 서사화하며 작가인 홍양호가 직접 등장하여 해당 사건을 증언하는 방식으로 대표되는 이 작품의 서사적 특징들도 모두 정조의 정치 행위에 대한 정당성 확보와 교화적 메시지를 최대한 담아내는 분명한 방

21 자크 데리다 · 베르나르 스티글레르, 김재희 · 진태원 역, 『에코그라피』, 민음사, 2002, 156-158쪽.

22 폴 리쾨르는 증언의 수행 과정을 세 단계로 구분했다. 그에 따르면 첫째, 증언은 "내가 거기에 있었다(I was there.)."라고 표현되는 개인의 체험에 근거한다. 이때 증언의 체험 내용은 타자에게로의 전달을 목적으로 한다는 점에서 '상호 신뢰성'을 요구하게 된다. 이에 대해 리쾨르는 이를 "나를 믿어요(believe me.)."라는 문장으로 증언의 두 번째 단계를 표현한다. 그리고 증언의 마지막 단계는 "당신이 내 말을 믿지 않는다면 다른 사람에게 물어봐요(If you don't believe me, ask someone else.)."라는 문장으로 요약된다. 이러한 논의에 대해서는 Paul Ricoeur, translated by Kathleen Blamey and David Pellauer. *Memory, history, forgetting*, Chicago: University of Chicago Press, 2004, pp.164~165.를 참고했다.

향성을 보여준다. 여기 신해년 옥사 사건에서 최필공의 배교는 이미 기정 사실화되어 있다. 그런데 해당 사건을 바라보는 반대쪽의 기록은 어떠할까?

> 刑曹에 끌려나가 그의 종교에 대하여 질문을 받자 그는 과감하게 대답하였다. "사람은 누구나 천주의 법을 지켜야 합니다. 저는 언제나 천주께 대한 본분을 다할 용의가 있습니다." 이 대답을 한 뒤 그에게 가하여진 형벌도 그의 마음을 흔들리게 하지는 못하였다. 그는 항상 한결같은 목소리로 같은 신앙 고백을 되풀이하여 마지않았는데, 어떻게나 순진하고 솔직하고 확신있게 말하였던지 구경꾼들이 모두 감탄할 지경이었다. 임금 자신도 그런 감정을 느끼고 必恭에게 대한 동정심이 생겨 그의 목숨을 보존하여 주고자 하였다. 이를 위하여 왕은 그를 달래어 몇 마디 굴복하는 말을 얻어 내도록 할 수 있는 모든 노력을 모두 하라고 명령하였다. 奸計, 달램, 재산의 약속 등 모든 것이 다 쓰여졌으나 아무것도 소용이 없었다. 왕의 명령으로 토마스의 늙은 아버지와 형이 불려 와 눈물과 간청으로 이 용감한 사람의 마음을 움직여 보려고 하였다. 토마스는 크게 감동되었다. 人性의 모든 감정이 그의 마음속에서 들고 일어났다. 그런데도 그는 굴복하지 않고, 무슨 일이 있어도 자기는 참 임금이시요 참 아버지이신 천주를 배반할 결심은 할 수 없다고 되풀이하기를 그치지 않았다. 이 마지막 시도가 실패하니, 이제는 법에 따른 준엄한 판결을 선고하는 일만이 남아 있었다. 마지막에는 大臣 자신도 동정심이 일어 시키는 대로 必恭이 순종하였다고 왕에게 아뢰었고, 왕은 좋은 분별력과 순종을 매우 칭찬하며 곧 그에게 醫官 집안에서 얻을 수 있는 좋은 자리를 주게 하였다. 또 다른 기회에 왕은

必恭을 좋은 심지로 돌아오게 한 것을 다시 기뻐하였다. 어떤 사람들이 주장하는 것처럼 崔必恭이 실제로 두려움에 졌었는지, 또는 사람들이 그가 하였다고 거짓 꾸며대는 말들에 대하여 즉시 강력하게 항변하지 않는 心弱만을 가졌던 것인지, 그것은 알 수 없다. 어떻든 그는 자기 죄를 몹시 슬퍼하고, 자기의 첫 번 열심을 되찾아 그 어느 때보다도 더 열성적으로 천주교 신자의 모든 본분을 지켜나갔다.[23] (밑줄은 인용자)

대표적인 교회측 자료인 달레의 『한국천주교회사』를 보면 완강히 배교를 거부하는 최필공의 모습이나 그의 마음을 돌이키기 위해 동원된 온갖 방법들은 〈최필공전〉과 거의 흡사하게 그려지지만, 최필공의 배교에 대해서는 유보적인 입장을 보여주고 있다. 최필공이 직접 자신의 회심을 고백했던 『일성록』이나 〈최필공전〉과 달리, 동정심이 생긴 대신이 최필공이 순종했다고 왕에게 아뢴 것으로 되어있다. 이러한 입장은 다블뤼 신부의 『조선 주요 순교자 약전』에서도 확인된다.

> 결국 형조 판서는 그가 빈약하게나마 굴복했다고 보고했는데, 그것이 사실이었든 아니면 어떤 이들이 단언하는 바대로 거짓이었든 간에, 만족한 국왕은 그에게 평안도 감사 가까이에 좋은 자리를 주게 하고는 여러 차례 공석에서 그의 순종과 회심을 칭찬하였다.[24]

한쪽에서는 교화 정책을 펼친 왕의 은혜에 감화되어 결국 최필공이

---

23 샤를르 달레, 최석우 역, 『한국천주교회사』 上, 한국교회사연구소, 2000, 362-363쪽.
24 앙투안 다블뤼, 유소연 역, 『조선 주요 순교자 약전』, 내포교회사연구소, 2014, 171쪽.

배교했다고 이야기하고, 다른 한쪽에서는 거짓 보고에 대해 즉시 강력하게 항변하지 않는 심약함으로 인해 그렇게 보였을 수도 있다며 최필공의 배교에 대해 알 수 없다고 이야기하고 있다. 동일한 사건을 바라보는 입장이 이렇게도 다르다. 그날의 진실은 아마도 그 두 기록 사이의 어딘가에 있을 것이다.[25]

다만 최필공의 배교가 사실인지 아닌지, 즉 순교와 배교라는 이분법적인 시각을 내려놓고 신해년의 옥사 사건을 대하면 달리 보이는 지점들이 있다. 먼저 관변측의 자료에 따라 최필공의 배교를 인정하더라도 최소 1791년 11월 3일을 전후하여 체포된 최필공이 11월 29일에 이르기까지 자신의 신념을 지켰던 것과 그 사이에 그의 마음을 바꾸기 위해 정조가 온갖 방법을 동원했던 것은 사실로 보인다. 그런 점에서 거의 한 달에 가까운 시간 동안 형조의 감옥에서 벌어진 것은 서로 다른 입장의 첨예한 힘겨루기였다고 할 수 있다.

정조는 더 이상 천주교 신자들을 형벌로 다스리는 것만이 능사는 아니라고 판단해 살리고자 했고, 최필공은 자신이 새롭게 믿게 된 천주교에 대한 믿음을 포기할 수 없어 죽고자 했다. 그것은 서로 다른 신념을 가진 인간과 인간의 충돌이었고, 그것은 단순히 개인과 개인의 충돌을 넘어 유교라는 기존의 세계관과 천주교라는 새로운 세계관의 충돌이었다.

신해년 당시 정조는 천주교 문제로 인한 혼란스러운 정국과 천주교의 파급력을 충분히 인지하고 있었던 것으로 보인다. 사건이 점차 확대

---

25 정병설은 1801년 신유박해 때 순교한 이순이의 옥중편지를 다루며, 순교와 관련된 자료들은 대척적 입장을 담고 있기 때문에 순교를 최대한 객관적으로 보기 위해서는 양극단의 사료 사이에서 절묘한 줄타기를 하며 연구를 진행할 필요가 있음을 강조한 바 있다. 이러한 연구 시각은 이 글에서 〈최필공전〉의 문학적 의미를 탐색하는 데 있어 중요한 전제가 되었다. 이에 대해서는 정병설, 『죽음을 넘어서 - 순교자 이순이의 옥중편지』, 민음사, 2014, 234쪽 참고.

될 기미를 보이자 정조는 빠른 행보를 보였다. 11월 8일, 윤지충과 권상연을 처형하라는 명령을 내린 뒤 이렇게 선언했다.

> 제 처리를 이미 엄하게 하여 이른바 사학의 일을 모두 결말지었다. 다시 이러쿵저러쿵하는 말을 글에 올려 번거롭게 응수하게 한다면 오히려 (이단을) 아예 일삼지 않는 의리가 못될 것이니, 이렇게 분부하는 것이다.[26]

위와 같은 정조의 선언에는 사건을 서둘러 마무리하려는 의도가 엿보인다. 정조는 이어서 이승훈과 권일신으로부터 천주교를 버리겠다는 다짐을 받아낸 후에, 이승훈은 파직하고 권일신은 당시 천주교 신자들이 많았던 예산禮山에 유배하는 선에서 사태를 마무리했다. 일련의 사건을 계기로 천주교 신자들을 색출하라는 요구가 계속해서 이어졌지만 정조는 이를 받아들이지 않았고, 심지어 별다른 후속 조치도 내리지 않았다. 정학正學을 바로잡으면 사학邪學은 저절로 사라진다는 것이 정조의 일관된 주장이었던 것이다.

정조의 입장에서 여전히 형조에서 마음을 바꾸지 않는 최필공은 분명 문제적 인물이었다. 그를 설득할 구체적인 방법을 몸소 제시하고 신하들에게 이 일을 미루지 말고 조속히 해결하라고 당부하며,[27] 이후에도 여러 차례 최필공의 상황이 어떠한지 확인하는 사료의 기록들은 정조의 이러한 초조함을 대변하고 있다. 그런 관점에서 보면 최필공의 배교가 사실이든 사실이 아니든 〈최필공전〉은 형벌이 아니라 교화에 의한 정치를 보여주는 분명하고 효과적인 전례인 동시에 일종의 정치적 기획물 혹

---

26 『정조실록』 권33, 정조 15년 11월 기묘.

27 『일성록』 정조 15년 신해(1791) 11월 16일(정해) : "최필공이 개과천선하기 전에는 경들도 현재의 임무에서 체차되려고 해서는 안 된다는 것을 모두 알아 두라 (必恭遷善之前, 卿等亦無敢求遞於見任事, 竝爲知悉)"

은 선전물로서의 성격을 지닌다고 할 수 있다.

실제로 정조의 통치에서 풍교風教라는 잣대로 판결하고 특정 사건과 자신의 교화 정책을 홍보했던 바 있다. 정조 14년에 정조를 잃었다는 모함을 받고 결국 사람을 살해한 김은애의 사건, 동생을 곡식 도둑으로 의심해 죽도록 때린 사람을 꾸짖다가 결국 죽게 만든 신여척의 사건에 대해 정조는 "이 두 사건의 줄거리와 판결하여 내려보낸 내용을 등서하고 도내에 반포하여 모르는 사람이 없게 하라."[28]고 말했다. 그리고 이덕무에게 김은애의 사건을 다룬 작품을 창작하게 명령을 내려, 그러한 정조의 정치적 의도를 문학적으로 형상화하여 〈은애전〉이 창작되기도 했다. 최필공의 옥사 사건과 관련해서도 최필공의 회심 고백을 조보朝報에 실어 널리 알렸던 사실 역시 당시 충청도 관찰사였던 박종악의 『수기』를 통해 확인된다.[29]

당시 혼란스러운 정국을 다루는 냉철한 조율자로서 정조의 위상을 고려했을 때, 결국 〈최필공전〉은 18세기 후반 천주교 문제로 인해 혼란스러운 정국에서 해당 문제를 다루는 자신의 정치적 입장을 설득하고 홍보하는 분명한 의도가 담긴 정치적 기획물이라는 점에서 문학적인 의미를 찾을 수 있겠다. 그런 의미에서 앞서 살핀 〈최필공전〉의 서사 양상을 비롯한 여러 서사적 특징들은 이러한 기획을 충실히 반영하기 위한 홍양호의 서사적 전략이라고 할 수 있다.

그렇다면 정조의 입장과 다른 편에 서 있는 최필공이라는 인간의 입장에서 〈최필공전〉은 어떤 의미를 가질 수 있을까? 〈최필공전〉에서 최필

---

28 『정조실록』 정조 14년 8월 10일(무오) : 兩案梗概及所下判辭, 謄頒道內, 使無不知.

29 『수기』는 정조의 물음에 답하는 박종악의 서신을 모아놓은 것으로, 신해년 12월 11일 편지에서 "최필공(崔必恭)의 세 번째 공초는 과연 조보(朝報)에서 보았으니, 그가 사학(邪學)을 버리고 정도(正道)에 귀의한 것이 의심없이 명백합니다."라고 박종악이 정조에게 서신을 보낸 사실이 확인된다. (박종악, 신익철 · 권오영 · 김문식 · 장유승 역해, 『수기』, 한국학중앙연구원출판부, 2016, 88쪽)

공의 옥사는 정조의 의도와 이를 반영한 홍양호에 의해 서사적으로 기획되고 조정되었기 때문에 최필공이라는 한 인간이 핍진하게 드러난 부분은 찾기 힘들다. 그러나 인물전이라는 장르가 가지고 있는 장르 의식의 소산인지 최필공의 특징이 포착되고 있는 부분이 적게나마 작품에 드러나 있다. 특히 서사 단락 '마'에서 온갖 회유에도 배교하지 않는 최필공의 모습이 제시되는 부분과 서사 단락 '아'에서 홍양호에게 회심의 이유를 말하는 마지막 대목은 의미심장하다.

먼저 '마'에서는 곧바로 배교를 선택한 다른 신자들과 달리 최필공은 "사람은 살아가는 것이 곧아야 하는 법이요. 내 마음이 진실로 변하지 않았는데 어찌 거짓말로 죄를 면하고자 하겠소?"[30]라고 말했다. 그리고 동생이 공초를 대신 작성하여 회심을 고하자 "이는 어리석은 동생이 거짓으로 지은 것입니다. 어찌 감히 하늘을 속일 수 있겠소?"[31]라며 배교를 거부했다. 두 장면 모두 입전 대상인 최필공의 거짓을 싫어하는 솔직한 면모를 드러내고 있다. 그리고 이는 교회 측의 여러 기록에서도 공통적으로 확인되고 있는 바,[32] 홍양호가 입전 과정에서 인간 최필공의 솔직한 성품을 잘 포착했음을 알 수 있다.

> "저 또한 천주학에서 항상 사람들에게 마음을 속이지 않아야 천당天堂에 갈 수 있다고 가르치는 것을 잘 알고 있습니다. 지금 만약 임금님을 저버리고 은혜를 잊는다면 그 죄가 클 것이오며, 설령 천주학의 말과 같이 하더라도 어찌 천당

30 〈崔必恭傳〉: "人生也直, 吾心實未變, 何可以詭辭免罪?"

31 〈崔必恭傳〉: "此乃癡弟僞撰也. 何敢欺天乎?"

32 달레는 『한국천주교회사』에서 1790년 최필공의 입교를 설명하는 대목에서 그의 성품에 대해 "솔직함과 너그러움이 그 성격의 본바탕"이라고 평가했고, 1801년 신유박해 때 그의 순교 장면에서는 "곧은 성격과 그 고귀한 진실성으로 先王의 총애를 받았다"라고 이야기하고 있다. 이는 각각 샤를르 달레, 최석우 역, 『한국천주교회사』 上, 한국교회사연구소, 2000, 332쪽과 449쪽 참고.

에 갈 수 있겠습니까? 이 때문에 바른 길로 돌아오지 않을 수 없었던 것입니다."[33]

위의 인용문은 최필공이 홍양호에게 건넨 마지막 말이다. 자신이 회심하게 된 이유를 설명하며 여전히 임금의 은혜를 강조하고 있는 것처럼 보이지만, 최필공이 활용하고 있는 천주교의 가르침이 심상치 않다. 마음을 속이지 않아야 천당에 갈 수 있다는 가르침은 아마도 십계명 중 거짓 증언을 금지하는 부분일 것이다. 앞서 서사 단락 '마'에서 형상화된 최필공의 진실한 면모는 그의 타고난 성품과 연결되는 것 같이 보이지만, 여기서는 천주교의 핵심 가르침과 연결되어 그려지고 있다는 점에서 특이한 지점이라고 생각된다.

최필공이 정말 배교를 했든 그렇지 않았든 신해년 11월은 입교한 지 고작 1년밖에 되지 않은 한 인간이 꿋꿋하게 자신의 신념을 관철했던 시간에 해당한다. 천주교의 교주로 지목받았던 권일신도 모진 고문을 이기지 못하고 무너졌고, 함께 잡혀 온 신앙의 동료들이 하나, 둘 "지만遲晩"이라며 사학죄인으로서 자기 죄를 인정하며 옥을 나갈 때 그는 여전히 그 자리를 지키고 있었다. 그 시간과 공간이 유교와 천주교의 세계가 첨예하게 힘을 겨루는 자리였지만, 그의 마음 안에서도 두 세계의 천칭 저울이 끊임없이 오르락내리락했음을 짐작하는 것은 어렵지 않다. 자기 마음에 누구보다 솔직했던 한 인간으로 최필공을 바라보았을 때, 〈최필공전〉은 첨예한 갈등의 시간과 그의 치열한 선택의 순간을 담고 있다는 점에서 의미를 찾을 수 있다.

33 〈崔必恭傳〉: "且彼天主學者, 常稱教人不欺心而升天堂也. 今若負君而忘恩, 其罪大矣. 設如其言, 何足以升天堂耶? 是以不敢不歸正也."

5. 맺음말

전傳은 어떤 인물을 후세에 전하기 위해 그 생애와 인간적 본질, 업적 등을 압축적으로 서술하는 장르다. 그중에서도 사전私傳은 사사로이 쓴 인물전이라는 뜻으로, 충신, 열녀, 효자, 의사義士를 입전하는가 하면, 기이한 인물이나 특이한 재능을 지닌 인물을 입전하기도 했다. 특히 조선 후기에는 역사적 인물의 선행이나 미담보다는 당대의 시정 공간에서 직간접적으로 접할 수 있는 인물들의 다양하고 특이한 삶을 입전했다. 입전 대상을 시간의 풍화작용 내지 망각의 세계에서 구해내어 불멸을 부여하려고 기도企圖했다[34]는 점에서, 이 장르로 글쓰기를 한다는 것은 마치 사진을 찍는 것과 비슷하다.

이계 홍양호는 〈최필공전〉을 비롯해 총 11편의 전傳 작품을 남겼다. 이름난 효자, 선비, 장군에서부터 여항의 의사, 장의사, 천주교 지도자 등 당대의 다양한 인물들을 자신의 글 안에 담았다. 그런데 여항의 의로운 의사였던 조광일趙光一을 입전한 〈침은조생광일전針隱趙生光一傳〉이나 종기를 잘 고쳤던 중인 출신 피재길皮載吉을 다룬 〈피재길소전皮載吉小傳〉과 같은 작품이 길을 걷다가 마주친 여항의 인물을 가볍게 찍은 스냅 사진의 느낌이라면, 〈최필공전〉의 경우는 이것저것 잘 준비해서 찍은 설정 사진의 성격이 강하다고 할 수 있다.

왕도정치를 대표하는 『맹자』의 구절로 입전 대상에 대한 소개와 주요 사건 서사를 둘러싼 이례적인 서사 배치도, 인물의 삶에 대해 평가가 아니라 중국에서 유래한 천주교가 다른 이단들과 마찬가지로 곧 무너지게 될 것이라는 낙관적 전망을 적어놓은 논찬論贊 부분도 〈최필공전〉의

34 박희병, 『유교와 한국문학의 장르』, 돌베개, 2008, 56쪽.

서사 양상은 설정 사진을 찍기 위해 준비된 세트장을 방불케 한다. 실제 최필공이 회심하는 데 걸린 시간을 축소해 정조의 교화를 강조하고, 천주교로부터 다시 유교로 돌아온 최필공에 대한 우대를 통해 교화를 홍보하며, 작가 자신을 작품 내에 등장시켜 앞의 내용이 사실인 것처럼 증언의 신뢰성을 확보하는 작품의 서사적 특징도 그러하다. 〈최필공전〉이라고 이름 붙은 사진 속에서 유교에 대한 자신감으로 가득 찬 정조와 홍양호, 그리고 천주교라는 새로운 세계로부터 다시 이탈되어 나온 씁쓸한 모습의 최필공이 보인다.

1791년 조선을 시끄럽게 했던 천주교 문제를 누구보다 냉철하게 조율했던 정조도 1800년 6월 급작스럽게 승하했다. 1791년 꿋꿋하게 자신의 신념을 지키다가 결국 천주교를 버린 것처럼 보였지만 다시 천주교로 돌아가 약국을 차리고 열성적으로 교회를 위해 일했던[35] 최필공도 1801년 2월 26일에 처형되었다. 그해 천주교에 대해 완전히 달라진 조선 정부의 입장에 따라 많은 피가 흘렀다. 유교에 대한 자신감으로 형벌刑罰을 뒤로하고 덕화德化를 우선시했던 정조의 뜻은 더 이상 설 자리가 없게 되었다. 그래서였을까? 홍양호는 자신이 쓴 11편의 전傳 작품 중에서 〈최필공전〉에만 다음과 같은 짧은 글을 덧붙여놓았다.

> 신해년(1791) 가을, 주상의 명을 받들어 이 작품을 지었다. 최필공은 처음에 형조로 압송되자 배교하기로 마음을 바꾸어 숭상하는 마음으로 대답하였다. 그래서 주상께서 특별히 교지를 내려 평안도 심약관에 제수하였다. 그는 임기를 마

35 약국 또는 약방은 당시 천주교를 전파하는 주요 거점이었다. 상시적인 집회 공간을 마련하는 일이 쉽지 않았던 상황에서 약국은 천주교인들의 집회와 교리 교육 공간으로 활용되기에 적합했기 때문이다. 이들 약국은 대부분 오늘날의 남대문과 중구 일대에 집중되어 있었는데, 최필공은 도저동(현 중구 도동)에 약국을 차린 것이 확인된다. 이에 대해서는 정민, 『서학, 조선을 관통하다』, 김영사, 2022, 258-264 참고.

> 치고 상경한 뒤에는 다시 천주학을 믿었다. 신유년 (1801)에 형옥이 크게 일어나자 그는 끝내 법에 따라 죄를 받고 말았으니 지었던 전과 논찬이 부질없는 말이 되고 말았다. 그러나 이를 남겨두고 버리지 않은 것은 성상께서 덕화를 우선시하고 형벌을 뒤로하신 성대한 뜻을 보이기 위해서이다.[36]

결과적으로 보면 이 서序의 내용이 정조의 의도와 그가 꿈꾼 세상의 실패를 드러내고[37] 있다. 〈최필공전〉이라고 이름 붙은 사진 속에서 가장 화려하게 빛나던 한 사람의 뜻은 이제 찾아볼 길이 없게 되었고, 다른 한 사람은 결국 선택을 바꾸어 신념을 지키며 형장의 이슬로 사라졌다. 이 짧은 메모를 통해 사진 속 주인공들이 하나, 둘 해를 이어 세상을 떠나고, 이제 홀로 남아 10년 전의 빛바랜 사진 한 장을 물끄러미 바라보는 한 노인의 쓸쓸한 모습이 떠오르는 것은 그 때문인지도 모른다.

36 〈崔必恭傳〉: 辛亥秋, 奉敎製, 崔必恭, 初繫刑曹, 以革心仰對. 故特敎, 差關西審藥官矣. 任滿後上京, 復踵前習. 辛酉, 刑獄大起, 終至伏法, 傳與論, 徒歸空言, 而留之不去者, 將以見我聖上, 先德化後刑辟之盛意也.

37 서신혜, 앞의 논문, 117쪽.

제2부

근대 이행기 대구경북지역의 전통사상과 종교의 만남

민요와 개신교의 만남

-〈백합화〉(1957)를 중심으로

이혜정

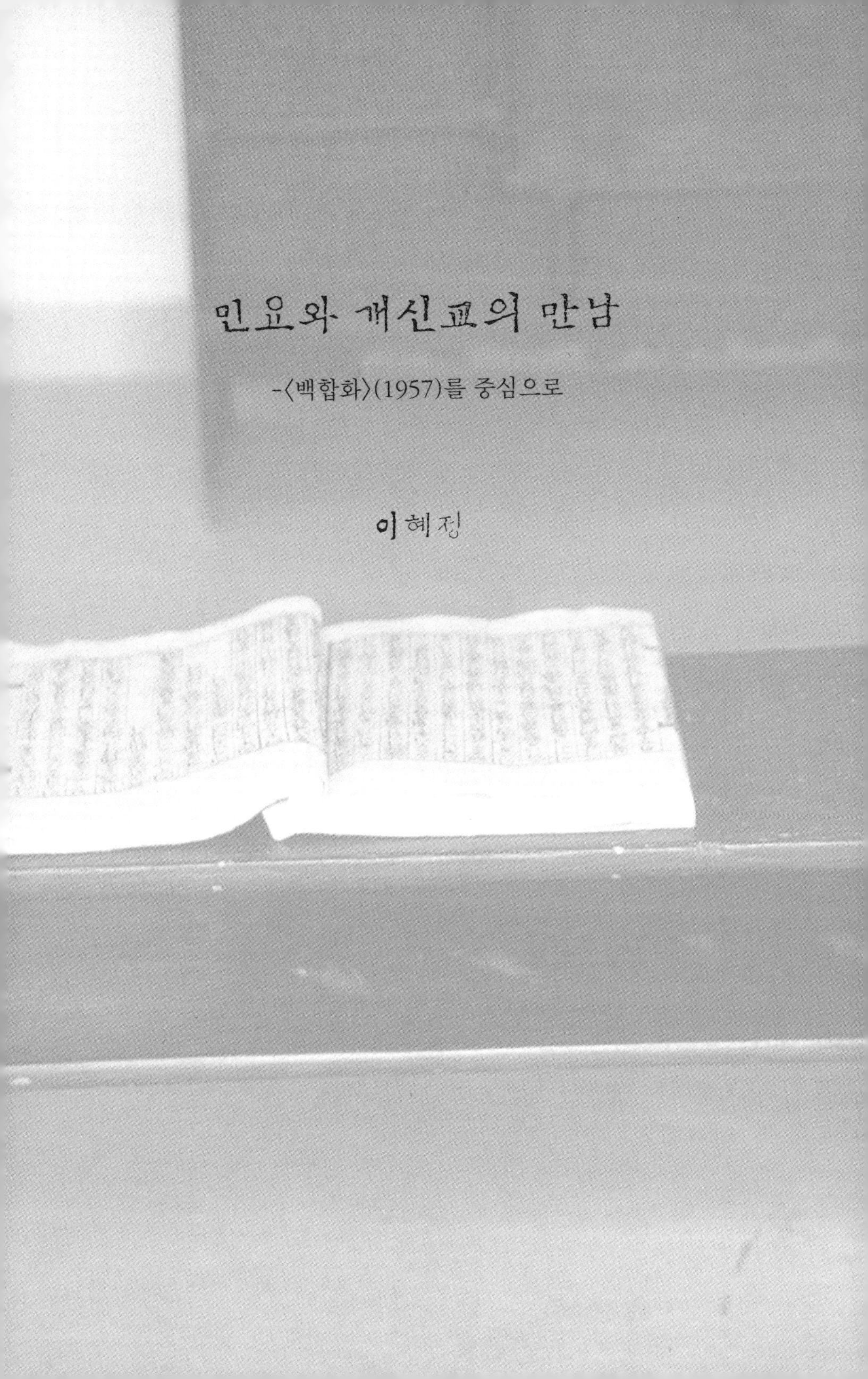

민요와 개신교의 만남
- 〈백합화〉(1957)를 중심으로

이 혜 정

1. 머리말

이 글은 민요와 개신교의 만남의 사례로서 1957년 발간된 『백합화』[01]의 수록곡 중에서 민요풍 노래를 소개하고 고찰하려고 한다. 민요民謠는 가장 한국적인 소리이자 노래, 문학이며 민중들의 삶과 애환을 담고 있다. 이처럼 한민족의 정체성을 담고 있는 민요는 근대에 강화되기 시작한 민족의식에 힘입어 가치가 새롭게 인식되고 유통되었다. 그러므로 이 글은 민요와 개신교의 만남의 사례로서 『백합화』의 민요풍 노래를 소개하고 나름의 분석을 통해 근현대 개신교인의 민족의식이 어떻게 구현되어 있는지 고찰하고자 한다.

민요는 기본적으로 민중의 것이다. 민요는 민중들의 삶에 깊이 스며들어 민중의 애환을 표출하며 나아가 시대의 역사와 사회, 문화, 정치를 드러내는 장치로 작동하였다. 노동요는 민중의 일상을 나타내고 정치요는 위정자들에 대한 비판을 풍자와 해학으로 풀어내었으며, 유희요에는

---

01 경주성서학원 학우회, 『백합화』, 경주성서학원, 1957.

삶의 정서가, 의식요에는 삶의 철학이 나타나 있다.[02] 우리 민족은 항상 민요를 가까이하여 홍사용은 '조선은 메나리(민요)의 나라'(1928)[03]이며, 정인보는 "조선朝鮮은 가국歌國이다. 노래 질기든(즐기던) 민족民族"[04]이라고 말하였다.

그러나 사실 민요는 그 중요성과 의의에도 불구하고 근대에 이르기까지 정리된 체계를 갖추지 못했다. 민요의 주체가 식자층이 아닌 민중이기에 그러하였을 것이다. 오랫동안 민중과 함께 구비전승되었지만 정리된 체계를 갖지 못하다가 근대에 등장한 민요에는 근대문학과 근대음악의 영향이 혼종된 특징[05]을 보여주고 있다. 문학갈래이자 음악갈래로서 근대 민요는 가사, 시조, 창가, 신체시 등과 공존하거나 혼용되었다. 근대 민요의 명칭도 다양해서 1990년대 연구자들은 '창작 민요', '개화기 민요', '민요체 변용', '민요조 시가', '민요시', '민요조 서정시' 등 여러 용어로 불렀다.[06]

근대에 나타난 민요에 대한 재인식은 민족의식의 표현이자 동시에

---

02 이혜정, 『한국민요의 회중찬송적용에 관한 연구』(백석대학교 기독교전문대학원 기독교음악학전공 박사학위논문, 2014), 39쪽. 이 논문 저자는 필자와 동명이인임.

03 조동일, 『한국문학통사』5, 서울: 지식산업사, 2005, 278쪽.

04 이혜정, 『한국민요의 회중찬송적용에 관한 연구』, 74쪽.

05 "창가는 1894년 전후에 개신교에서 불렸던 노래로 1906년 이후에는 제도권 교육에 수용되었는데, 이로부터 창가는 교회나 학교의 노래, 즉 신제도의 붙은 노래를 칭하게 되었다. …(중략)… 신민요의 양식적 원천이 창가에서 찾을 수 있기 때뮤에 1910년대 창가의 음악 양시을 검토해 보면, 간난한 형식과 박자 그리고 기능화성을 전제로 한 7음 음계 선율을 주로 하되 계통이 다른 각종 5음 음계도 사용하는 짧은 유절형식의 노래라고 할 수 있다. 그러나 가창 실천에 있어서는 반음이나 이끈음(leading tone)등을 생략함으로써 화성과 무관한 5음 체계(pentatonicism) 선율로 전환되었고, 요성, 추성, 퇴성 등을 사용하는 (전통적인) 민요 창법을 구사했다." 이영수, 『한국민요합창곡집 발전과정연구』, 광주대학교 대학원 음악학과 박사학위논문, 2021, 17쪽.

06 심선옥, "애국계몽기와 1910년대 '민요조 시가'의 양상과 근대적 의미," 『민족문학사연구』20(2002), 32-33쪽.

일제에 대한 반작용이라 할 수 있다. '민요'라는 용어가 처음 사용[07]된 것은 일본 학자 시다 기슈우(志田義秀, 1876-1946)가 쓴 『일본민요개론日本民謠概論』이다. 이후 일제는 식민지정책 일환으로 1912년부터 1935년까지 몇 차례 민요조사를 실시하였다. 조선총독부를 통해 이루어진 조사는 전국 민요의 동향을 파악하고 일부를 일제에 유리한 내용으로 변형[08]하기도 하였으나 민중의 소리를 바꾸지는 못했다. 조선 민요의 정서가 한限이라는 고정관념[09]도 여기에서 시작되었으나 본래 민요는 암담한 현실에 함몰되지 않고 제한이 없는 표현을 노랫말에 입혀 풍자와 해학으로 풀어내는 해법을 갖추었다.

> 애조가 우리 민요의 특색이라는 것은 사실의 일면을 고의로 확대한 견해이다. 한탄스럽거나 원통한 곡절이 쌓여 슬픈 노래를 불러왔으면서도 무엇이 문제인지 되돌아볼 여유가 있어 슬픔에 빠져들지 않도록 익살이나 해학으로 슬픔을 차단했다. 유식한 척하며 늘어놓는 향락주의로 기울어진 듯하지만 주어진 사고 형태를 받아들이는 척하면서 뒤집어 엎는 것이 상례이다. 그 두 가지 전통이 새 시대의 고통을 이겨내고 일제에 항거하는 민요에서 줄기차게 계승되었다.[10]

오히려 일제강점기는 새로운 민요운동이 발생하는 토양을 형성해 주었다. 근대 조선에서 애국가사, 애국창가가 유행하자 일제는 이를 통제하기 위해 학교교육으로 일본어교육과 일본창가를 정규과목으로 실

---

07 '민요'라는 용어는 독일의 역사철학자인 헤르더의 'Volkslied'라는 용어로부터 직역되었다. 이혜정, 『한국민요의 회중찬송적용에 관한 연구』, 18쪽.

08 조동일, 『한국문학통사』5. 267쪽.

09 조동일, 『한국문학통사』5, 268-269쪽.; 이혜정, 『한국민요의 회중찬송적용에 관한 연구』, 45쪽.

10 조동일, 『한국문학통사』5, 268쪽.

시하고 조선 동요와 민요를 금지했지만 조선 노래들은 더욱 확장되었다. 또한 3·1운동 이후 강화되기 시작한 민족의식을 민요로 풀어내는 '민요시'[11]와 '민요개작운동'[12]이 등장하였다.

이 시대의 민요를 가리켜 조동일은 '민중의 지하방송 역할'[13]이라고 표현하였다. 조선 후기 사회혼란기에 민중의 소리는 민요를 통해 표출되었다. 이영수[14]는 1924년부터 해방 전까지 발간된 신문에서 민요 기사를 분석하였는데, 조선민요의 조사, 연구, 창작에 관한 내용이 약 40여 건이다. 또한 개화기 언론 중 가장 항일적 논조를 띤 『대한매일신보』가 1907년 순국문판을 발행하면서 '잡보'란에 민요사설을 게재하기 시작[15]한 것도 민요와 대중의 근접함을 염두에 둔 것임을 알 수 있다.

근대 민요의 대중화, 일상화에 일정 부분 기여한 공간이 바로 개신교 교회라고 할 수 있다. 개신교 교회는 근대 민요의 변화와 양상을 고찰하기에 적합한 조건을 갖추었다. 근대의 시작과 함께 조선에 입국한 한국개신교 선교사들은 대중전도를 선호하였기에 민중, 대중의 필요에 민감하게 대응하였다. 그러므로 당시 대중에게 가장 요긴한 선교방식으로 근대식 교육기관과 근대식 의료기관을 선교의 통로로 활용하였다. 한국개신교는 전국적 조직체계를 갖추고 정기적 의례모임을 지속하는 한편 대중에게 더욱 다가가기 위해 개신교 찬송과 민요를 접목한 개신교풍의 민요를 활용하였다.

---

11 민족문화대백과사전에서 민요시는 1920년대 민요의 정서와 운율을 계승하고자 했던 근대시의 경향이며 민요조 서정시로 정의하였다.https://encykorea.aks.ac.kr/Article/E0066422(최종접속일 2023.11.15.)

12 조동일은 조선후기에 민요에서 표현과 소재를 수용한 한시, 시조, 가사가 다수 나타나 문학사의 새로운 양상이 되었다고 설명하며 이러한 경향을 통칭하여 '민요개작운동'이라고 부른다. 조동일, 『한국문학통사』4, 71-76쪽.

13 조동일, 『한국문학통사』4, 64쪽.

14 이영수, 『한국민요합창편곡 발전과정연구』, 8, 9쪽.

15 최은숙, "「대한매일신보」의 민요 수록 양상과 특성," 『한국민요학』11집(2002), 206쪽.

근대 초기 당시 한국교회의 노래는 두 가지로 구분할 수 있다. 공식적으로 유통된 찬송가는 서양 찬송가의 번역이 주류를 차지하였으나 비공식적 성격의 노래 중에 민요풍 노래가 있었다. 서양 찬송가의 번역이 선교사가 전해준 것이며 민요풍 노래는 조선 사람이 가사를 쓰고 조선의 곡조에 따라 부르는 조선의 노래다. 즉 필자는 한국교회에서 부르던 민요풍 노래는 선교사宣教史에 대응하는 수용사受容史의 흔적이라고 생각한다. 그러므로 한국교회의 민요풍 노래는 외래종교인 개신교를 우리의 것으로 수용하는 과정에서 일어난 수용사의 갈래라고 할 수 있다.

Ⅲ장에서는 민요와 개신교 만남의 사례로써 1957년 발표된 『백합화』[16]의 수록곡 중 민요풍 노래를 고찰하고자 한다. 백합화는 1957년 경주성서학원 신학생들이 편집·발행한 찬송가집이다. 악보 없이 가사만 수록된 이 책에는 여러 편의 민요풍 창작가사가 실렸다. 1943년 설립된 경주성서학원은 대한예수교장로회 경동노회 소속으로 평신도 지도자 양성을 목적으로 설립되었다. 이 학교의 학우회는 1957년 교회에서 활용할 수 있는 노래를 모은 찬양집의 필요를 느끼고 『백합화』를 제작하였다. 악보 없이 가사만 있는 『백합화』에는 당시 유행하던 부흥회 노래들과 함께 신학생들의 창작 가사도 함께 담겨 있어 당대 개신교인들의 시대 인식과 신앙의 연관성을 고찰할 수 있는 수용사受容史적 연구 가치를 가지고 있다. 특히 전후 한국의 상황을 신앙적으로 해석하고 신앙으로 현실의 어려움을 극복하고자 하는 한국 기독교인의 신앙고백을 추적할 수 있는 자료이다.

『백합화』의 의의는 세 가지로 설명할 수 있다. 첫째, 『백합화』는 한국개신교 토착문화의 사례이며 둘째, 노래를 통한 신앙교육 사례이며 셋

16 『백합화』에 관한 기존연구는 다음을 참조. 이혜정, "『백합화』 찬양집의 발굴과 의의," 『신학과 목회』47(2017); 이혜정, "1957년 개신교찬양집 『백합화』연구-교술성, 유동성, 접근성을 중심으로," 『종교연구』82(2022).

째, 한국개신교 신도들의 신앙생활을 유추할 수 있는 사례이다. 즉『백합화』를 통해 한국교회 민요 노래의 흔적을 고찰할 수 있다.『백합화』의 민요풍 노래가사는 수용사적 관점에서 풀뿌리적 성격의 신앙고백이다.

필자는 1957년 당시 한국교회 민요풍 노래의 흔적을 추적하는 작업을 위해 임의적인 민요의 특징과 범주를 설정[17]하고자 한다. 우선 민속으로서 민요는 민중 생활과 밀접한 관련이 있으며 집단행위를 통한 가창으로 구비전승되었으며, 음악으로서 민요는 전문적 수련이 필요 없이 누구나 부를 수 있는 쉬운 노래이며, 문학으로서 민요는 구비문학으로 일정한 율격을 지닌 단형시이다. 여기에 비추어 보았을 때『백합화』는 1957년 당시 경주지역의 교회에 모인 사람들이 함께 집단으로 자주 부르던 노래이며 당시 한국교회에서 널리 유행하던 곡들을 수록하였다. 그리고 가사 창작자에는 목사, 부흥사, 신학생, 평신도 등 다양한 사람들이 참여하였음을 알 수 있다.

필자는 Ⅱ장에서 민요와 개신교가 만난 근대의 시대 배경과 함께『백합화』의 민요풍 노래에 나타난 민요적 특징에 대해 설명하였다. Ⅲ장에서는 백합화의 민요풍 노래 7곡을 소개하고 분석하였다. 혹자는 무엇이 민요이고 민요가 아닌가 하는 논제를 제기할 수 있다. 본래 민요는 일정한 율격을 지닌 단형시라는 점 이외에 특정 형식을 규정하기 어렵고 민요의 실상은 어디에도 정리되어 있지 않기 때문[18]에 형식논쟁은 매우 소모적일 수 있다. 그러므로 필자는 형식논쟁을 최대한 배제하기 위해 민요에서 흔히 볼 수 있는 유형의 7곡을 채택하였다. 그중 1곡은 민요에

---

17 조동일에 의하면 민요는 체계적 정리가 없고 그 형식도 일정한 율격을 지닌 단형시라는 점 이외에 규정하기가 어렵다. 다만 이 글에서는 1957년 가사집 중에 민요영향을 받은 작품을 선별해야 하므로 작업가설적 틀로서 민요의 범주와 기준을 설정하였다. 한국민족문화대백과사전https://encykorea.aks.ac.kr/Article/E0020212(최종접속일 2023.11.22.)

18 조동일,『한국문학통사』3, 241쪽.

서 흔히 볼 수 있는 '싀집사리가'이고 다른 6곡은 동일 주제를 나열하는 말풀이류 노래로서 숫자풀이 2곡, 자모풀이 2곡, 요일풀이 1곡, 병이름을 나열하는 병명풀이 1곡이다.

2. 민요와 개신교의 만남

조선 후기 한국교회는 서양 선교사의 유입으로 개화의 중심이 되어 근대음악과 근대문학의 선봉 역할을 담당하였다. 선교사들은 선교사업을 전개하면서 서양 문화를 도입하는 한편 조선의 토착적 문화를 고려하였다. 그 결과 서민 언어인 한글을 활용하여 성경과 찬송을 보급하였고 서양 찬송가를 번역, 보급하는 데 그치지 않고 조선인의 심성을 담은 노래가사 창작을 독려[19]하였다. 그 결과 교회 주일학교와 개신교학교를 통해 토착적 노래운동이 전개되는 배경을 형성하였다.

개신교학교에서 교육받은 이들 중 일부는 조선의 토착적 노래운동을 이어갔다. 특히 평양 숭실전문학교, 서울 이화전문학교와 연희전문학교는 한국 서양음악의 1세대를 구성하는 핵심 인물들이 많이 배출하였다. 평양 숭실전문학교 출신의 음악가로는 박태준, 김동진, 안익태, 김인식, 김영환, 김형직, 김세형, 현제명, 강신명 등이 있으며 연희전문학교 출신 음악가로는 안기영, 이피득, 황재경, 이유선, 신원근[20] 등이 있으며, 이화전문학교 출신 음악가로는 채선엽, 박양무, 임배세, 윤성덕, 윤심덕, 김

---

19 문옥배, 『한국 교회음악 수용사』, 서울: 예솔출판사, 2004, 103쪽.

20 정운형, "연희전문학교의 음악교육-한국인 교수와 연전음반을 중심으로," 『신학논단』99(2020), 300쪽.

활란 등이 있으며 평양 요한학교의 장수철, 박재훈, 구두회 등이 있다. 이들 중에는 서양음악을 활용하여 조선의 민요와 동요를 발굴하고 창작하는 작업을 전개한 이들이 다수 있었다.

그러나 조선의 근대음악은 서양음악의 보급에 초점이 맞춰 있었기에 민요를 비롯한 한국전통음악에 대한 연구와 보존활동은 상대적으로 등한시되었다. 나아가 사대주의적 사고와 식민주의 사관이 음악에도 녹아들어 서양음악은 진취적이고 능동적이며 한국 전통음악은 봉건적이고 보수적인 것으로 인식하였다. 따라서 근대에 한국민요의 연구 및 활동은 수월하지 않았다.

예를 들어 1920년대에 안기영(1900-1980)[21]은 개신교학교에서 서양음악을 공부하여 후에 이화여자전문학교를 기반으로 조선민요합창을 처음 시작하였다. 그의 조선민요합창은 대중들로부터 호평[22]을 받았지만 지

21 안기영은 충남 청양출생으로 조선민요 부흥에 공헌이 있으나 월북음악가로서 그동안 평가 중단되었다가 1988년 '월북음악가 작품해제조치'로 재평가되고 있는 인물이다. 그는 공주 영명학교를 거쳐 배재학당, 연희전문학교에서 서양음악을 배웠다. 1919년 3·1운동 당시 독립선언문 등사와 연락책으로 체포된 안기영은 태형 30대 처벌을 받고 퇴학하여 상해 독립신문사를 돕다가 1923년 이화여자전문학교 음악과 조교를 거쳐 선교사의 후원으로 미국 유학을 다녀온 후 1928년부터 이화여전 경성고등음악학원에서 성악가, 교육자, 작곡가로 활동하였다. 이화여전 글리클럽을 맡은 그는 교내 발표와 전국순회 연주활동을 전개하여 민요합창을 대중에게 소개하고 인기를 얻었다. 그의 공헌은 서양음악가로서 최초로 민요를 체계적으로 연구하였고 서양음악에 민요를 융합하여 음계이론을 독자적으로 정립하였으며 전통 설화를 오페레타(operetta)로 풀어내어 '향토가극'이라는 새로운 장르를 개척하였다. 민요합창의 진면목은 1931년 『조선민요합창곡집』 발간이다. 이화여전 교수인 메리 영과 함께 여성 3성부 합창곡으로 편곡·편집한 이 책에는 메리 영이 편곡한 「도라지타령」, 「이팔청춘가」, 「방아타령」과 안기영이 편곡한 「자진산타령」, 「농부가」, 「한양의 봄」, 「양산도」 4곡이 수록되었다. 이 노래들은 안기영이 지휘한 이화전문합창단의 공연으로 전국순회연주회를 하였고 콜롬비아레코드사의 첫 합창곡 음반으로 취입되었다. 이강숙 외, 『우리 양악 100년』, 현암사, 2001, 142쪽.; 美理英, 『朝鮮民謠合唱曲集 第1集』, 이화여자전문학교 음악과, 양악사음악출판사, 1931.

22 『동아일보』 1930년 12월 29일; 『조선일보』 1932년 12월 19일; 『조선일보』 1932년 12월 28일 기사에 의하면 이화여전합창단 민요합창공연은 1930년 12월 26-27일 진남포와 평양 첫 순회 음악회에서 공연하였고 1932년 12월 22일부터 이리, 군산, 전주, 광주, 목포와 부산 등지에서 순회음악회 공연하였다.(신수정, "『조선민요합창곡집

식인들로부터 혹평을 받았다. 대중은 일제강점기에 금지된 한민족 고유의 노래를 공개적으로 부르고 듣는 것에 박수를 보냈다. 반면 구왕삼은 민요를 서양악보화하여 3부, 4부 합창하는 것은 "마치 상투있는 신사가 양복입은 격같이 기형적인 별계물別界物로 화할 것"[23]이라 하였고 홍난파는 "사이비의 혼혈아"[24]라고 혹평하였다. 더욱 심각한 것은 음악과 상관없는 남존여비男尊女卑 사상에서 나온 선입견이었으니 당시 민요는 고상하지 못한 것으로 기생집에서나 부르는 소리로 인식되었다. 당시 이화여전에 민요악보 채보를 제공한 김형준은 예배 중에 조선 찬양을 준비하였는데 "이런 소리는 요정이나 놀이터에서나 부를 것이지 신성한 교회당에서는 절대 노래할 수 없소"[25]라는 평가를 받는 한편 이화전문합창단은 기생집을 의미하는 이화권번梨花券番[26]이라 칭하는 수모를 받았다.

> "조선민요라 하면 조선사람들이 오래동안 두고 부르던, 또 부르는 또한 부를 노래이다. …(중략)… 조선 냄새가 나는 노래들을 조선 사람들이, 그중에서도 더구나 점잖고 유식하다는 이들이 눈살을 찡그리고 천대하고 있으니 이것이 얼마나 죄악된 일이냐? 그 이유는 물론 노래라 하면 가사에 관계가 많이 됨으로 과거로부터 조선민요는 가사가 난잡하고 부도덕한 것이 많아서 좋지 못하였고 하겠다. 그러면 그 음

(朝鮮民謠合唱曲集)』 연구," 『음악과 민족』50, 287쪽 재인용); 이영수, 『한국민요합창편곡 발전과정연구』, 30-31쪽.

23 구왕삼, "梨傳 음악과 간행 민요합창곡집," 『조선일보』(1931. 8. 10).(김은영, "이화여전 글리클럽 연구: 1927-1935년의 활동을 중심으로," 『이화음악논집』23(2019), 120쪽. 재인용)

24 홍난파, "동서음악의 비교," 『신동아』(1936. 6), 64-68쪽.(김은영, "이화여전 글리클럽 연구: 1927-19345년의 활동을 중심으로," 122쪽. 재인용)

25 "謝恩音樂會 意義," 『대한매일신보』(1941. 11. 27).(김은영, "이화여전 글리클럽 연구: 1927-19345년의 활동을 중심으로," 123쪽. 재인용)

26 이영수, 『한국민요합창편곡 발전과정연구』, 54.

> 악, 즉 '멜로디'는 무슨 흠이 있는가? 외국인들도 그 노래들을 듣고 다행히 가사는 알아듣지 못하여 어떻다고 논평하지는 못하지만 훌륭한 음악적 지식을 가진 그들로서 조선민요 '멜로디'의 음조音調와 박자가 아름답다고 얼마나 칭송하는지 모른다. 그 노래의 주인되는 조선 사람들보다도 오히려 외국인들이 '명주를 돼지에게 주어서 짓밟히게 됨'을 매우 애석하게 생각한다. 우리는 모든 것이 다 그러하였지만 얼마나 우리의 민요를 무시하여 왔는가? 그 귀하고 고상한 노래를 다만 음란하고 방탕한 시간의 유전물로 만들어 버렸으니 우리의 죄가 얼마나 심한가."[27]

안기영은 조선민요가 처한 현실을 안타까워하고 민요의 의미와 아름다움을 제대로 평가하지 못하는 이들을 향해 항변하였다. 그러나 다수 지식인들의 반발로 결국 이화여전의 민요합창은 중단[28]되었다. 시대적으로도 1935년 이후 이화여전의 음악활동은 일제 찬양에 동원되었다.

비슷한 시기에 한국교회는 더 이상 근대음악의 선봉 역할을 이어가지 못했다. 개신교 외적으로는 서양음악이 보편화되고 전문 음악인이 증가하여 선교사들이 주도하던 음악적 이점이 사라졌기 때문이다. 개신교 내적으로는 한국교회의 보수성향이 강화되어 민족의식이 반영된 민요풍 노래에 대한 관심이 감소한 탓이었다. 근대 초기 한국교회는 개화의 선봉이자 민족의식의 산실 역할을 했지만 점차 한국교회는 사회변혁을 선도하는 역할에서 보수적 성향으로 선회하였다. 따라서 해방 이후 한국교

---

27 안기영, "조선민요와 그 악보화," 『동광』21(1931. 5월), 66-67쪽.(이영수, 『한국민요합창편곡 발전과정연구』, 46쪽. 재인용)

28 민요 채보자인 이상준은 자신의 악보를 무단 사용한 저작권침해로 이화여전 교장 아펜젤러와 교수 안기영과 메리 영을 고소하였다. 이 사건은 이상준이 승소하였고 조선음악가협회의 중재로 500원 배상 취하로 마무리되었다.

회에는 토착적인 교회음악이 아니라 세속음악과 구분된 교회음악이 주류로 남게 되었다.

그럼에도 불구하고 한국교회 안에 민요의 영향이 영영 사라진 것은 아니다. 비록 민요는 한국교회의 주류 음악은 아니지만 명맥이 끊어지지 않고 남아있었다. 필자가 분석하고자 하는 『백합화』에는 1957년 당시 한국교회에서 부르던 민요의 흔적이 고스란히 나타나 있다.

필자는 민요와 개신교 만남의 사례로서 『백합화』의 수록곡 중에서 민요풍의 노래를 소개하고자 한다. 민요 영향을 받은 노래는 7곡으로 이 중 말풀이류 노래[29] 6곡과 시집살이 노래가 1곡이다. 7개 노래 중 시집살이 노래는 부녀자들의 애환을 노래하는 내용으로 보편적인 여성 민요이다. 6곡에 해당하는 말풀이 노래에는 숫자풀이 2곡, 자모풀이 2곡, 요일풀이 1곡, 나열식 풀이 1곡이 해당한다. 말풀이류 노래는 한글, 숫자, 성씨, 요일, 지명 등의 풀이를 해학적인 내용의 사설로 노래하는 것으로 언어유희적 특징을 가진다.

> 말풀어내기 유형은 한글, 숫자, 성씨, 요일, 지명 등의 풀이를 해학적인 내용의 사설로 노래하는 것이다. 내용이 창자에 따라 즉흥적 요소가 부분적으로 개입되기 때문에 언어유희성에서 독특한 구조를 가지고 있으며 대개 수사상 반복법이나 연쇄법을 이용하여 노래를 불러 나가기 때문에 외우기가 쉽고 길게 노래할 수 있는 특징이 있다. 말놀이라는 측면에서 언어의 교육적인 성격을 강하게 띠고 있다.[30]

29 말풀이 노래 유형으로는 數謠, 字母謠, 標題謠, 동음이의어, 단어풀이 등이 있다. 김영철, "개화기 시가에 나타난 알레고리의 미학," 『한국시학연구』35(2012), 56쪽.

30 손정, 『한국어교육에서의 전래동요 활용방안 연구: 말놀이노래를 중심으로』, 서울: 건국대학교 대학원 석사학위논문, 2013, 27-28쪽.

말풀이 노래는 높은 문학성을 지니기보다는 대중이 이해하기 쉬운 내용을 담고 있어 쉽게 구비전승되는 특징이 있다. 노래가사는 동일주제의 단어가 연쇄적으로 나열되어 반복법, 연쇄법을 활용한 구성으로 낭송하기에 매우 적합하며 지속적 암기를 통해 화자가 전달하고자 하는 내용이 강조된다. 숫자나 자모음이 순서대로 나열되고 거기에 맞추어 말을 만들어 내는 말풀이 노래는 언어적 재미와 흥을 느낄 수 있으며 이것을 언어유희적 특징이라고 한다. 이러한 작법 방식은 많은 교육을 받지 않은 일반 대중에게도 쉽게 이해되고 전달될 수 있어 노래의 전달력을 높이는 결과[31]를 가져왔다. 또한 문맹인들에게도 교육적 효과를 거두어 노래를 반복적으로 따라부르다가 자연스럽게 한글을 깨치게 되기도 하였다.

흥미로운 점은 민요에서 언어유희적 특징이 본격적으로 나타난 것은 조선 후기에 들어서라는 점이다. 기존 연구에 의하면 이러한 배경[32]은 다음과 같이 정리할 수 있다. 첫째, 조선 후기에 들어 그동안의 엄격한 한시漢詩 작법에서 벗어나 파격적인 작법을 사용한 작품이 등장하였다. 이것은 19세기 전후 봉건체제가 와해되는 과정에서 나타난 문예풍조이다. 둘째, 언어유희는 민요, 판소리, 타령에 나타나는 우리 고유의 표현 방식 중 하나인데, 조선 후기에 민중 주체의 등장으로 대중적 성격이 문학갈래에 확장되는 현상이다. 즉 기존 연구에 의하면 조선 후기에 나타난 민요의 언어유희적 특징은 민중의 소리가 노래가사에 반영된 결과이다.

언어유희는 지적 활동의 산물이며 말의 사용은 해학적이지만 풍자성

31 하경숙 · 구사회, "숫자노래의 전승 맥락과 새로운 근대가사 〈數字歌〉의 문예적 검토," 『동방학』43(2020), 220-221쪽.

32 하경숙 · 구사회, "숫자노래의 전승 맥락과 새로운 근대가사 〈數字歌〉의 문예적 검토," 226-227쪽.

을 함께 드러낸다.[33] 또한 시의 본질인 다의성과 애매성을 제고하기 위해 사용하는 다양한 언어 구사방식 중의 하나이다. 민요에 구사된 언어유희의 해학은 청자로 하여금 긴장완화의 효과를 가져옴으로써 심미적 쾌감을 느끼는 가운데 지적 인식을 수행할 수 있다.[34] 즉 언어유희는 민중의 비판적 인식과 속내를 드러내는 장치이다.

> 바로 여기에 개화기 시가에 나타난 언어유희의 진정한 의미가 있다. 개화기는 어느 시대보다 가치관의 혼효와 갈등, 구조적 모순이 심화되던 혼란기였고, 격동기였기 때문이다. 이러한 카오스, 아노미의 시대를 맞아 개화기 시가는 날카로운 비판정신과 풍자정신이 절실히 요구되었다. 그러한 비판과 풍자의 칼날을 예리하게 하기 위한 시적 방책이 바로 언어유희였던 것이다. 언어유희로 독자들에게 흥미를 유발하여 관심을 끌고, 이를 매개로 지적 인식에 도달케 하는 방법을 구사했던 것이다. 그런 점에서 언어유희는 문학의 교시적 기능을 제고하기 위한 시적 전략으로 볼 수 있다.[35]

즉 말풀이 노래는 단순한 언어유희에 그치지 않는다. 언어유희적 장치에는 화자가 바라는 바의 소망이 반영되어 있어 노래의 주체인 민중의 뜻이 담겨 있다. 민요의 주인은 민중이며 이들은 단순한 가창자가 아니라 민요의 전달자이자 창작자 역할도 수행한다. 그래서 민요는 지역과 가창자에 따라 가사가 자연스럽게 변형되기도 한다. 또한 아이들이 무심

---

33 장성남, 『대한매일신보 시가의 존재양상과 주제표출 방식』(대전대학교 박사학위논문, 2005), 229쪽.

34 김영철, "개화기 시가에 나타난 알레고리의 미학," 55쪽.

35 김영철, "개화기 시가에 나타난 알레고리의 미학," 56쪽.

코 부르는 노래에 정치적 변화가 숨어있다는 의미의 참요讖謠[36]에서 알 수 있듯이 민중의 소리에는 하늘의 뜻이 있고 때로는 숨은 정치적 변화가 있다는 점에서 민요는 민중이 느끼고 원하는 바를 담고 있다. 근대 조선 후기에 본격적으로 등장하고 활용된 언어유희적 민요는 사회비판기능이 강화된 애국계몽운동의 산물[37]이라 할 수 있다.

3. 『백합화』의 민요풍 노래들

1) 숫자풀이 노래

『백합화』에서 숫자풀이 노래는 〈전도가(일이로다)〉, 〈전도가(하나로다)〉 두 곡이며 모두 양성은 목사가 작사하였고 모두 찬송가 90장 곡조에 맞추어 부른다고 명시되어 있다. 작사가인 양성은 목사에 관한 정보는 현재까지 자세히 알려진 바가 없다.

숫자노래는 일정한 숫자배열에 맞추어 노래가사를 지어 부르는 노래이다. 역사적으로 숫자노래는 고대 중국과 고려시대부터 나타났다. 중국은 고대부터 명절이나 절후節候[38] 숫자를 활용하여 노래하였고 고려가요 〈동동〉은 1년 12달을 각각 연으로 삼아 매달 돌아오는 명질을 중심으로 상사想思의 내용을 담았으며 조선시대의 〈월령체月令體〉 노래들은 12

36 최은숙, "「대한매일신보」의 민요 수록 양상과 특성," 204쪽.; 권오경, 『참요의 기능과 유형적 특성』(경북대학교 석사학위논문, 1990).

37 김영철, "개화기 시가에 나타난 알레고리의 미학," 40쪽.

38 한 해를 24로 나눈, 계절의 표준이 되는 것

달 순서에 따른 시가 형식을 담았다.[39]

<table>
<tr>
<td>1 一이로다 一天之下 万民들이여
一位이신 하나님을 공경합시다.
一生一死 인생들의 公道 아닌가
日求月尋 하나님을 찾아나오소
〈전도가(일이로다)〉</td>
<td>1 하나로다 한국민족 배달의 자손
하나님을 한이없이 섬기던 민족
한마음과 한뜻으로 조상뜻 따라
하나이신 참하나님 섬겨봅시다.
〈전도가(하나로다)〉</td>
</tr>
</table>

두 노래, 〈전도가(일이로다)〉와 〈전도가(하나로다)〉의 1절을 살펴보면 언어유희적 요소가 뚜렷하게 나타나는 것을 알 수 있다. 우선 노래 한 절이 4행으로 구성되었으며 각 행의 첫 글자가 숫자와 동일음이다. 또한 각 음절의 첫 글자도 해당 숫자음과 동일한 음으로 구성되었다. 비록 모든 음절의 시작이 숫자음과 동일하게 구성된 것은 아니지만 가사 창작자가 각 음절의 시작하는 소리를 되도록 숫자음으로 맞추고자 한 의도가 나타난다. 이러한 구성은 노래를 부를 때 일정한 율격과 반복되는 동일음으로 말의 리듬감이 살아나 재미와 흥을 돋우는 역할을 한다.

내용상 두 노래는 개신교적 내용을 담고 있다. 외래에서 전래된 개신교의 교리와 가르침을 민요의 형식으로 부르는 노래이다. 생소한 교리를 익숙한 민요에 실어 듣는 이들에게 친숙하게 다가가 전달되도록 의도하였다.

39 하경숙 · 구사회, "숫자노래의 전승 맥락과 새로운 근대가사 〈數字歌〉의 문예적 검토," 223쪽.

〈전도가(일이로다)〉(29) 작사 양성은 목사 곡 90장곡

1	一이로다 一天之下 万民들이여 一位이신 하나님을 공경합시다. 一生一死 인생들의 公道 아닌가 日求月尋 하나님을 찾아나오소	6	六이로다 六大洲에 사는 만민들 六十六권 하나님의 말씀보세요 육신입고 세상오신 하나님 아들 육과 영을 구원하려 오신 주라오
2	二로구나 二神奉位 큰 죄악이니 異邦神도 이런 것은 원치않는다 이 세상에 살고있는 형제들이여 이와 같은 큰 죄악을 회개하시오	7	七이로다 七轉八起 애쓰는 이여 七十年이 우리인생 壽限아닌가 七十平生 수고하다 멸망할턴가 七日中에 主日날을 직혀보세요
3	三이로다 三位一体 우리하나님 三千方을 求하려고 전도자 보내 三千里의 금수江山 방방곡곡에 三千餘의 재단들을 세웠답니다.	8	八이로다 팔만여리 지구상에서 八字打령 하지말고 예수믿어요 八成청신 전세계의 죄인 위하여 팔리워서 十字架를 지셨답니다.
4	四로구나 四方에서 울리는 소리 사람들을 부르시는 종소리로다 사신우상 다버리고 주앞에 오면 사회복락 국가행복 우리 받겠네	9	九로구나 구로하는 죄인들이여 구주예수 바라보고 나아오세요 九方長天 그보다도 더 높은 곳은 구주예수 십자가의 피공로라오
5	五로구나 오랜동안 죄악에 빠져 오죽이나 가진 고생 다했던 가요 오날에도 회개하고 주께 나오면 오주예수 기쁨으로 맞어준다오	10	십이로다 十字架는 우리의 자랑 十字架가 아니면은 멸망이로다 十二사도 七十문도 모다 힘다해 十字架를 자랑하며 天國 갔다오

〈전도가(일이로다)〉는 숫자의 한자음 일一부터 십十까지의 수를 나열한 형태이며 청자들을 기독교 신앙으로 초청하고 설득하는 전도가이다. 한자음을 글 첫머리에 쓰니 이어지는 말에도 자연스럽게 한자가 섞여 있다. 각 행의 말머리가 모두 숫자음으로 시작하고 있으며 문장 곳곳에 숫자음을 넣으니 동음 반복되어 말의 리듬감이 잘 살아난다. 전체적

으로 어려운 내용은 없으나 1절은 몇 개의 한자 어구가 있어 풀어쓰면 다음과 같다.

1. 하나로다 같은 하늘아래 거하는 백성들이여
한 분이신 하나님을 공경합시다
한 번 살고 한 번 죽는 것이 인생들의 공통된 길이 아닌가
날마다 찾고 생각하여 하나님을 찾아 나오소

1절 마지막 행에 나오는 "일구월신日求月尋"은 본래 같은 동음의 한자어구인 "일구월신日久月深"에다가 두 글자를 바꾸어 놓았다. 그래서 본래 뜻은 "날이 오래고 달이 깊어간다 또는 세월이 흐를수록 더하다"라는 의미였으나 "날마다 찾고 생각하여"라고 바꾸어 놓았다. 기존의 어구에 일부 글자를 바꾸어 살짝 의미를 뒤트는 행위도 언어유희에 속한다고 볼 수 있다.

2절에서는 이방신 섬기는 죄악 회개하기를 요청하고 있으며, 3절은 삼위일체 하나님이 삼천리강산에 전도자를 통해 삼천 제단을 세웠다고 노래하여 한반도에 하나님의 계획하심이 있음을 암시하였고, 4절은 우상을 버리고 하나님을 섬기면 사회복락, 국가행복을 받는다고 노래한다. 즉 하나님을 믿음으로 민족과 나라가 복을 받는다는 신명기 신학의 흔적을 발견할 수 있다. 6절은 육대양의 전 세계인들을 향한 복음을 선언하고 있으며 8절은 "팔성八成청신"의 의미가 모호하다. '八成'이란 조선시대 사직社稷 지기地祇의 제향祭享에서 강신악降神樂을 여덟 번 연주하는 일을 의미하며, 청신은 한글로 명시되었으나 한자어로는 '맑고 깨끗함'淸新, '신을 청하여 부르다'請神, '맑은 첫 새벽'淸晨으로 해석될 수 있으나 한자어가 표기되지 않아 정확한 뜻을 짐작할 뿐이다. 이것을 적용하면 8절 3행은 "강신악으로 신에게 청하여 전 세계의 죄인 위하여"로 해석할 수 있다. 또한 9절의 "구로하는 죄인들이여"의 의미도 모호하며 10절의 "구방

장천九方長天"은 사전에 없는 용어이지만 장천, 구만리장천九萬里長天이란 유사한 용어가 있으며 그 뜻은 '아득히 높고 먼 하늘'을 가리킨다. 〈전도가(일이로다)〉에는 한자어가 많고 언어유희적 요소를 활용한 문장 구사가 매끄러워 작사가의 배경이 유학자 또는 식자층이 아닌가 짐작해 본다.

〈전도가(하나로다)〉(46) 작가 양성은 목사 곡 90장

1 하나로다 한국민족 배달의 자손 하나님을 한이없이 섬기던 민족 한마음과 한뜻으로 조상뜻 따라 하나이신 참하나님 섬겨봅시다.	6 여섯이라 여기있는 나의 형제여 여러분은 여러분의 영생위하여 여러분의 여러가지 잘못된 것을 여지없이 주님앞에 고백하시오
2 둘이로다 두리둥둥 나의 동포여 두루 두루 둘러바도 너는 내사랑 두말 말고 두 신을랑 섬기지 말고 둘도 없는 독생예수 믿어봅시다.	7 일곱이라 일을 하세 주님의 길을 일일이일 일단정성 힘을 다하여 잃어버린 일양 일분 찾아내면은 일치월장 하오리라 주님의 사업
3 셋이로다 세상형제 이것 보시요 세세토록 세인에게 전해 내려온 세력있는 세위이신 하나님 말씀 세계상의 복된 말씀 믿으십시다.	8 여덟이라 여보시오 우리주님이 여덟가지 여러 복을 가르쳤다오 여러분도 여덟 복을 받아가지고 여러 복을 여러 사람 받아봅시다 (누락, 필자 보완)
4 넷이로다 네아모리 뽐낼지라도 네몸 내영 네뜻대로 구원 못얻네 네가 이제 네몸 내맘 주께 바치고 네힘 디해 예수믿어 구원얻겠네	9 아홉이라 앞에가신 우리 주님은 아모때나 아량으로 너 맞어주며 아직까지 아르킴을 못받었으면 아무쪼록 귀한말씀 지금 배우세
5 다섯이라 다정하신 우리 예수보 다른 사람 다 내놓고 우리 부르네 다시없는 다행한일 이것 아닌가 다아같이 구주예수 찬양합시다.	10 열이구나 열심히 주를 섬기자 열조들이 열중해서 봉사함같이 열열하게 열매맺이 소원하면은 열리리라 성신열매 많이 열리라.

〈전도가(하나로다)〉 역시 양성은 목사의 작사이며 앞의 〈전도가(일이로다)〉와 같이 90장 찬송 곡조에 따라 부른다고 명시한 전도가이자 신앙독려가이다. 〈전도가(일이로다)〉가 숫자의 한자음을 써서 일, 이, 삼, 사의 음가에 시구를 맞추었다면 〈전도가(하나로다)〉는 우리말 숫자음을 표기하여 하나, 둘, 셋, 넷의 음가에 시구를 맞추어 배열하였다.

1절은 한국의 민족성을 드러내는 가사로 시작한다. 한민족 배달의 자손은 하나님을 섬기던 민족이니 한마음 한뜻으로 조상뜻 따라 하나님을 섬기자고 제안한다. 비록 개신교가 불교나 유교같은 종교보다 늦게 전래되었으나 이미 우리 조상들은 하늘님을 숭상하고 하늘 무서운 줄 알고 섬기던 심성을 가지고 있으니 조상님 뜻을 따라 하나님을 섬기자고 노래하고 있다. 개신교 전래 전의 순수한 하늘신앙이 하나님 섬김과 무관하지 않다는 점을 상기시킨다. 가사에 나오는 '배달의 자손'이란 우리 민족을 지칭하는 역사적 용어로서 단군의 단檀을 박달, 혹은 배달로 부른데 기원한다는 설이 있어[40] 지고지순한 신을 섬기는 한민족 정체성을 드러내는 저자의 의도를 알 수 있다.

〈전도가(하나로다)〉는 숫자음의 반복, 배열이 매우 규칙적이어서 말의 율동감이 살아나는 맛이 있다. 각 행의 첫 말머리와 중간 말머리도 동일한 숫자음이 반복되며 종행의 두 번째 말머리에만 변칙이 나타난다. 8절의 마지막 행은 자료 상태의 불량으로 가사가 누락되었는데 필자가 운을 맞추어 '여러 복을 여러 사람 받아봅시다'를 첨가하였다. 본래 민요는 가창자에 따라 가사와 곡조, 방식이 다소 유동적이며 가창자의 재량이 반영되는 특징을 따랐다. 9절 3행에 '아르킴'은 가르치다, 가리키다의 비표준어로서 충북 방언에 해당하여 작사가의 출신배경이거나 지역색의

40 조선 숙종, 『규원사화(揆園史話)』에서 단(檀)을 박달, 백달로 읽다가 이후 배달로 읽어 오늘에 이르렀다. 한국민족문화대백과사전 참조. https://encykorea.aks.ac.kr/Article/E0021854(최종접속일 2023.11.23.)

영향이 아닐까 짐작해 본다.

2) 자모풀이 노래

자모풀이 노래는 〈자모풀이〉, 〈자모푸리〉 두 곡이다. 64번 〈자모풀이〉는 작자 미상에 아리랑 곡으로 명시되어 있고 75번 〈자모푸리〉는 양성은 목사가 작사가로 명시되었으며 곡조는 표시되지 않았다. 자모풀이는 자모요字母謠, 한글풀이라고도 부르며 시구가 우리말 자모의 순서에 따라 연쇄적으로 반복되어 언어유희적 특징이 나타난다. 자모풀이 노래는 특히 교육적 효과가 커서 한글교육용으로 활용[41]되었다. 'ㄱ, ㄴ, ㄷ' 또는 '가, 갸, 거, 겨'의 순서에 따라 말을 꾸며나가는 어희요인 자모풀이 노래는 외우기 쉬운 내용을 가창할수록 익숙해지고 거침없이 외어나가는 흥취를 느낄 수 있다.

〈자모풀이〉(64) 아리랑곡

1 가갸갸 거겨겨 가슴우에, 거룩한 십자가 삭여보세
고교교 구규규 고락간에, 구원의 복음을 전파하세

2 나냐냐 너녀녀 나아갈 길, 너무나 멀다고 염려말라
노뇨뇨 누뉴뉴 노아방주, 누구나 비방을 아니했나

3 다댜댜 더뎌뎌 다름박질 더디게 하면은 떨어진다
도됴됴 두듀듀 도를 듣고 두말을 말고서 따라오라

4 라랴랴 러려려 나팔소리 러루렁 러루렁 들려오네
로료료 루류류 롯의 안해 루가만 재산에 못살었네

41 손정, "한국어교육에서의 전래동요 활용방안 연구: 말놀이노래를 중심으로," 24-27쪽.

5 마먀먀 머며며 마귀진에 머물지 말고서 빨리가세
모묘묘 무뮤뮤 모진광중 무서워 말고서 어서가세

6 바뱌뱌 버벼벼 바라보니 버러지 형상인 우리이나
보뵤뵤 부뷰뷰 보배피와 부활의 주님을 의지하세

7 사샤샤 서셔셔 사랑하세 서양과 동양이 서로서로
소쇼쇼 수슈슈 소나무는 수절이 세상의 제일이라

8 아야야 어여여 아이들아 어려서 예수를 굳게 믿자
오요요 어여여 오랑조랑 우리의 친목을 이뤄보세

9 자쟈쟈 저져져 자랑하세 저십자 공로를 자랑하고
조죠죠 주쥬쥬 졸지말고 주예수 붙들고 구원얻네

10 차챠챠 처쳐쳐 차세상에 처하여 살기가 어렵구나
초쵸쵸 추츄츄 초로인생 추풍에 낙엽이 가련하다

11 캬캬 커켜켜 카인이 아벨컥찔러 당장에 죽였고나
코쿄쿄 쿠큐큐 코를 골며 쿨쿨쿨 잠일랑 자지마라

12 타탸탸 터텨텨 타락말고 터닦은 우에다 집을 짓고
토툐툐 투튜튜 토색질과 투기와 간사는 장비물들

13 파퍄퍄 퍼펴펴 파도같이 퍼저서 나가는 십자가에
포표표 푸퓨퓨 포로죄인 풀어서 놓아줘 자유하세

14 하햐햐 허혀혀 하나님의 허락한 천당에 들어가서
호효효 후휴휴 호호탕탕 후세의 복락을 누리겠네

전통민요 아리랑 곡조에 맞춘 〈자모풀이〉 노래는 저자 미상으로 기독교 구원과 신앙생활 정진을 내용으로 개사한 전도가이자 신앙교훈가이자 권면가이다. 아리랑은 전국에 퍼진 민요로서 특정 지역에서만 부르는 고정민요가 아니라 유동민요에 속한다. 언문풀이, 자모풀이 유형의 이 곡의 가사는 자모의 순서대로 같은 발음이 반복, 중복되어 언어유희

특징이 잘 드러난다.

1절은 가슴에 거룩한 십자가를 새기고 구원의 복음을 전파하자는 권면이며, 2절은 노아의 방주처럼 세상의 비방을 받거나 신앙의 길이 멀다 해도 염려말라는 권면이며, 3절은 도道를 듣고 따라오라고 권면한다. 유교와 노장사상, 불교와 같은 동양종교에서는 도를 지켜야 할 이치로 중요하게 여겨 왔으며 이와 같은 원리로서 개신교 교리도 도道로 설명하고 있다. 4절은 성경에 나오는 롯과 아내의 이야기와 교훈을 언급하며, 5절은 마귀진에 머물지 말며 무서워 말고 갈 것을 권면하고, 6절은 벌레 같은 우리가 부활의 주님을 의지하자는 권면이며, 7절은 서양과 동양이 서로 사랑할 것을 당부하지만 다음에 '소나무는 수절이 세상의 제일이라' 언급하면서 동양은 서양과 다른 우리만의 길을 갈 것이라는 행간의 의미를 숨겨 놓았다.

8절은 어려서 예수를 믿고 친목을 이루자는 권면이고, 9절은 십자가 공로를 자랑하고 졸지 말고 구원을 얻자는 독려이며, 10절은 초로인생草露人生, 즉 '잎에 맺힌 이슬과 같은 인생'이 허무하고 덧없으며 신앙 없는 인생을 토로한다. 11절에는 성경에 등장하는 가인과 아벨의 이야기가 등장하며, 12절은 믿음의 반석 위에 집을 지어야 한다는 마태복음 7장의 교훈을 들려주는 한편 다음 행에서 '토색질, 투기, 간사는 장비물들'이라 하는데 그 의미가 막연하다. 13절은 십자가 은혜에 포로 죄인이 자유함을 노래하며, 14절은 천당에 들어가 후세 복락을 누릴 것을 권면하고 있다.

이 곡은 작자 미상이지만 내용을 살펴보면 다음에 나올 〈자모푸리〉와 매우 유사한 형태와 구성으로 이루어져 있어 같은 작자일 가능성이 높다. 한글자음 순서대로 노래하는 14절의 가사 내용과 표현이 거의 동일하다.

〈자모푸리〉(75) 작사 양성은 목사

1 가슴속에 거룩하신 약속지니고 고락간에 구주예수 전파합시다 그 보다도 기쁨될 것 전혀 없으니 가갸거겨 고교구규 그기갸로다	8 아이들아 어렸을 때 예수를 믿자 오늘날에 우리들이 주님따르면 으즛하게 이세상에 빛이 되리라 아야어여 오요우유 으이아로다
2 나아갈 때 너무나 두려워말라 노아방주 누구아니 비방않했나 느릿느릿 느리면은 기회지나리 나냐너녀 노뇨누뉴 느니나로다	9 자랑하세 저십자가 자랑만 하면 좋은 복락 주님께서 우리게 주리 즉시즉각 지체말고 주님따르자 자쟈저져 조죠주쥬 즈지자로다
3 다름박질 더디하면 지고말찌니 도를듣고 두말말고 예배당가자 들어서서 디디는 날 복 받으리니 다댜더뎌 도됴두듀 드디다로다	10 차세상에 처하여서 살아가보니 초로인생 추풍낙엽 쓸쓸하고나 츠렁추렁 치말리는 정욕버리자 차챠처쳐 초쵸추츄 츠치차로다
4 라팔소리 러루렁렁 들려오누나 롯의 때를 루차생각 하여보세요 르닷없이 리별하고 속히 나오라 라랴러려 로료루류 르리로로다	11 칼을 들고 컹컹짓는 개를 쫒아라 코를 골며 쿨쿨 자는 자를 깨우자 크신 날에 키를 들고 주님오리니 카캬커켜 코쿄쿠큐 크키카로다.
5 마귀진에 머물다간 종이되리니 모진박해 무섭다고 떨지 말어라 므롯주를 믿는 자는 주도와수리 마먀머며 모묘무뮤 므미마로다	12 타락말고 터우에다 집을 잘짓고 토색질과 투기분쟁 밀어내치면 트적트적 티기는 일 없어지리니 타탸터텨 토툐투튜 트티타로다
6 바라보니 버러지와 같은 자라도 보배피와 부활능력 받어가지고 부지런히 빌고빌면 변화하리니 바뱌버벼 보뵤부뷰 브비바로다	13 파도같이 퍼져가는 십자가 능력 포로죄인 푸러놓아 자유를 주고 프르튼 죄 피공로로 맑앗게되니 파퍄퍼펴 포표푸퓨 프피파로다
7 사랑하세 서로서로 주말씀따라 소군소군 수천만의 정다운 성도 스승말씀 시행하면 복받으리니 사샤서셔 소쇼수슈 스시사로다	14 하나님의 허락하신 약속지키고 호호탕탕 후세의복 내가 받어서 흐뭇하게 희락생활 즐겨히 되니 하햐허혀 호효후휴 흐히하로다

〈자모푸리〉(75) 노래는 우리말 자음 가나다라의 순서대로 14절 구성이다. 각 절은 4행, 각 행은 3음보로 구성되었고 각 행의 1, 2음보가 같은 자음으로 반복되고 3음보의 첫음절은 변칙적이거나 규칙적이어서 언어유희적 요소가 잘 나타난다. 앞의 〈자모풀이〉(64)와 비교하면 같은 자모음 가나다 순서로 14절 구성은 동일하다. 〈자모풀이〉(64)는 작자 미상으로 '아리랑곡'에 맞추어 노래한다고 명시되었고 〈자모푸리〉(75)는 곡조는 없이 양성은 목사 작사만 표기되었다.

두 노래의 구성과 각 절의 가사내용이 거의 동일한 것으로 보아 같은 사람이 작사했거나 기존 노래를 살짝 형식만 바꾸었을 가능성이 있다. 〈자모풀이〉(64)는 가사 시작을 '가갸갸 거겨겨, 고교교 구규규'로 시작하였고 〈자모푸리〉(75)는 각 절 마지막 행에 자음변화 '가갸거겨 고교구규 그기야로다'를 넣었다.

두 노래는 거의 같은 내용을 다른 형식으로 담았다. 특히 1, 2, 3, 4, 5, 6, 8, 9, 10절은 거의 같은 내용으로 2절의 노아방주, 4절의 라(나)팔소리와 롯의 교훈, 5절의 마귀진, 6절의 버러지, 10절의 초로인생 등의 소재가 동일하다. 4절의 나팔소리가 〈자모푸리〉(75)에는 '러루렁렁'으로, 〈자모풀이〉(64)에는 '러루렁 러루렁'으로 표기되었다. 7절은 〈자모풀이〉(64)에서 서양과 동양을 비교하였으나 〈자모푸리〉(75)에는 수천만 성도가 스승 말씀을 시행할 것을 권면하는 내용이 다소 다르다. 또한 11절은 〈자모풀이〉(64)에서 가인과 아벨 이야기를 언급하였으나 〈자모푸리〉(75)에는 칼을 들고 컹컹 짖는 개, 코를 골며 쿨쿨 자는 자를 깨우라고 권면하는 내용으로 바뀌었다.

3) 기타 풀이류 노래

숫자풀이 노래와 자모풀이 노래를 제외한 두 곡은 〈요일가〉와 〈신자의 병명가〉 노래가 있어 둘을 기타 풀이류 노래로 묶었다. 〈요일가〉는 일주일의 일곱 요일을 각 절로 구성하여 풀어 노래하는 형식이고 〈신자의 병명가〉는 기독교인들이 신앙생활하는 데 게을리하면 생겨나는 현상들을 병으로 비유하여 재치 있게 풀어 쓴 노래이다. 〈요일가〉와 〈신자의 병명가〉는 숫자풀이, 자모풀이 노래와 같은 동음반복은 나타나지 않지만 의미를 유추하여 말을 지어내는 언어유희적 요소가 있다. 〈요일가〉는 요일에 따른 신앙생활의 열심을 나열하여 교훈적 성격이 나타나는 한편 〈신자의 병명가〉는 신앙생활의 나태함을 13가지 병으로 비유한 내용이 기발하고 재치있어 그 내용이 교훈적이면서도 언어유희적 성격이 나타난다.

〈요일가〉(34) 작가 유재헌 곡(曲) 90장

<table>
<tr>
<td>1 오늘은 월요일 달같은 신앙
변치말고 주님만 따라 갑시다
저달이 해빛을 반사함 같이
생활로 예수님 증거합시다

2 오늘은 화요일 불의 날이니
성신불을 우리들은 받아가지고
어름같은 가정과 사회 속에서
불던지어 죄악을 모두 태우자

3 오늘은 水요일밤 기도화로다
목마른 자 샘에 와서 물을 마시라
이 샘이 뱃속에서 강같이 흘러
흐르는 곳곳에서 소생 식히네

4 오늘은 木요일날 나무로구나
예수님은 포도나무 우리는 가지
예수의 피진액을 마셔야 산다.
예수의 성만찬을 기억하리라</td>
<td>5 오늘은 金요일날 금같은 신앙
변치말고 십자가 지고나가자
주님은 날 위해 이날 죽었네
우리도 남을 위해 몸을 바치자

6 오늘은 토요일날 흙의 날이니
흙에서만 살겠다고 애쓰지 말고
불상한 영들을 방문하다가
목욕하고 주일을 마지합시다.

7 오늘은 일요일 주의 날이니
온집식구 성전에서 모두 나가서
신령과 진리로서 예배드리세
이 몸을 제물로 드리어 놓자.</td>
</tr>
</table>

〈요일가〉는 유재헌 작사에 찬송가 90장 곡조에 따라 부른다. 유재헌(劉載獻, 1905~1955)[42]은 피어선성경학교, 고베 성서신학교를 거쳐 목사가 되었고 일본과 한국에서 목회활동을 했는데 특히 수도원 사역에 집중하여 대한수도원(1945), 임마누엘수도원(1950)을 설립하고 부흥운동을 전개하였다. 그는 수도원 활동에서 자신이 지은 가사로 많은 노래들을 남겼는데 1947년 자신의 창작가사 100편의 노래를 실은 『복음성가』를 편찬하였으며 그의 노래가사는 한민족 구원을 위한 부흥운동에 초점을 두고 있다.[43] 그의 노래는 수도원을 방문하는 이들에 의해 전국 교회에서 애창되었고 〈요일가〉도 그중 하나이다.

요일 개념이 정립된 것은 근대이다. 조선 중기까지 우리의 시간개념은 중국 역법에 근거한 태음태양력에 따라 세시풍속인 명절을 비롯하여 생활 의례를 시행해 왔다. 그러다가 1895년 정부가 공식 역법을 태양력인 그레고리력으로 바꾸었고 이것이 전 세계의 표준달력으로 사용된 것은 1911년에 이르러서이다.[44] 그러므로 〈요일가〉는 근대에 형성된 요일 개념을 말풀이 민요형식으로 노래한 가사로서 근대 이후부터 부르기 시작하여 1957년까지 부른 노래임을 알 수 있다.

이 노래는 요일별로 신앙생활을 나열하고 신앙정진을 격려한다. 숫자풀이 노래나 자모풀이 노래처럼 음절과 음운에 따른 반복, 연쇄는 거의 나타나지 않으며 요일의 한자 뜻과 의미를 비유적으로 풀어 쓴 가사

42 유재헌 목사의 생애에 대해서는 다음을 참조할 것. 이상규, "복음성가의 아버지 화단(火檀) 유재헌 목사," 『생명나무』(2008년 12월호); 이상규, "복음성가의 아버지 화단(火檀)," 『부경교회사연구』18(2009); 윤여민, "한국교회 초기 부흥성가-이성봉 목사와 유재헌 목사를 중심으로," 『부경교회사연구』27(2010).

43 이혜정, "유재헌 목사의 『복음성가』연구: 한국 부흥운동의 관점에서," 『신학과 목회』 58(2023), 285쪽.

44 안주영, "시간에 대한 인류학적 연구 고찰: 전통적 시간과 근대적 시간의 대조를 중심으로," 『비교문화연구』19(1)(2013), 54-60쪽.

가 돋보인다. 요일[45]은 일월日月과 오성五星에 근거한 전통에 따라 월요일은 달月, 화요일은 불火, 수요일은 물水, 목요일은 나무木, 금요일은 쇠金, 토요일은 흙土, 일요일은 해日 대신에 주主의 날로 풀어 각각 노랫말로 설명하였다.

즉 월요일은 달처럼 주님만 따라가 달이 해를 반사하는 것처럼 생활로 주님을 증거하자고 권면하고 화요일은 성신불을 받아 얼음 같은 가정과 사회의 죄악을 태우자고 권면한다. 수요일은 물의 날이니 목마른 자들이 와서 마시면 생수의 강이 흘러 소생하리라는 요한복음 7장 구절[46]을 인용하여 가사를 구성하였다. 여기서 물은 예수의 구원복음을 의미하는 알레고리allegory로서 비유하였다.

목요일은 나무이니 요한복음 15장 5절의 구절[47]을 인용하여 예수와 인간의 관계를 포도나무와 가지로 비유한 내용을 담고 있다. 인간은 예수의 피 진액을 마시는 성만찬에 참여함으로 그의 구원에 동참함을 비유한다. 금요일은 금 같은 신앙으로 예수가 죽은 날이니 우리도 남을 위하여 예수처럼 목숨을 바칠 것을 권면하며, 토요일은 흙의 날로 흙에서만 살지 말고 영혼을 방문하여 구원받는 일에 정진하며 주일을 위해 목욕하고 정결히 맞자고 권면한다. 다만 일요일은 본래 해日가 아닌 주主의 날로 바꾸어 온 가족이 성전에 가 신령과 진정으로 예배드리며 우리 몸을 제물로 바치자고 권면하고 있다.

---

45 서양전통으로는 고대 로마인들이 7행성에 붙인 이름에서 유래하였고 동양에서는 일월(日月)과 오성(五星)에 근거하여 사실 동서양의 유래가 유사하다.

46 요한복음 7장 37, 38절을 인용. "명절 끝날 곧 큰 날에 예수께서 서서 외쳐 이르시되 누구든지 목마르거든 내게로 와서 마시라. 나를 믿는 자는 성경에 이름과 같이 그 배에서 생수의 강이 흘러나오리라 하시니"(개역개정)

47 요한복음 15장 15절 인용. "나는 포도나무요 너희는 가지라 그가 내 안에, 내가 그 안에 거하면 사람이 열매를 많이 맺나니 나를 떠나서는 너희가 아무것도 할 수 없음이라"(개역개정)

〈신자(信者)의 병명가(病名歌)〉(112) 곡 유리바다

<table>
<tr><td>1 우리 믿는 信者들의 믿음약한 병
몇몇가지 소개하니 들어보세요
첫째로는 예배당에 출석부웨다
동그래미 그렸으니 흠섞병이요</td><td>5 여덟째로 야곱3장 기억 못하고
말에 실수 많었으니 혀병이고요
아홉째로 하나님께 드릴 연보를
오환 한장 구했으니 인색병이요</td></tr>
<tr><td>2 둘째로는 성경찬송 선반 우에다
올려놓고 못봤으니 계름병이요
셋째로는 아침저녁 예배 못보니
집안식구 영혼들이 굶은 병이요</td><td>6 열째로는 특별연보 하게 될때에
땅만 보고 앉았으니 근심병이요
열한째는 자녀길러 불법혼인해
교회규측 어겼으니 혼인병이요</td></tr>
<tr><td>3 넷째로는 주일날을 기억못하고
하나님께 예배안본 날병이고요
다섯째로 예배당에 와서 앉어도
설교할때 고개끄덕 졸음병이요</td><td>7 열둘째로 실수많은 술과 담배를
몰래먹고 말었으니 입병이고요
열셋째로 신자끼리 화목 못하고
서로서로 미워하니 불목병이요</td></tr>
<tr><td>4 여섯째로 믿는 자는 오래되여도
힘이 없어 전도 못한 벙어리 병이요
일곱째는 헛된말과 세상이야기
재미있게 잘 들으니 귓병이고요</td><td>8 몹신병에 빠져있는 우리 신자들
감각없어 아픈 줄도 모르십니까
만병의원 예수 손에 진맥보시고
이와 같은 추한 병을 고쳐서 사세</td></tr>
</table>

〈신자의 병명가〉(112)는 작자 미상에 곡은 유리바다 곡조를 따른다. 개신교 신자들의 신앙생활의 부족함을 각종 병에 비유하여 13가지 병을 나열하고 있으며 병을 낫게 하려면 신앙생활을 열심히 정진해야 한다는 교훈의 이야기로 풀어 전하는 내용이다. 8절 구성에 13가지 병명을 소개하며 숫자풀이 노래나 자모풀이 노래처럼 동일한 음절이 반복, 연쇄되지는 않고 신앙생활의 나태함을 병으로 해석한 알레고리의 방식을 활용하였다. 노래 가사는 구체적인 신앙생활의 면모들이 낱낱이 나열되어 비신자들에게 전도하는 내용보다는 기존 신자들의 신앙의 나태함을 경고하

는 데에 적절한 내용이다. 나아가 경주성서학원의 신학생들을 향한 신앙 권면가의 성격도 나타난다.

1절은 신자들의 믿음 약한 병을 소개하고자 시작하여 첫 번째 병, 흠석欠席병을 소개하는데 이것은 예배당 불출석을 의미한다. 2절은 성경 찬송을 읽지 않는 게으름병과 아침저녁 예배를 드리지 못해 식구의 영혼을 굶게 한 죄, 3절은 주일 성수하지 않은 날병과 설교할 때 조는 졸음병, 4절은 오래 신앙생활을 해도 전도하지 못하는 벙어리병과 헛된 말이나 세상 이야기를 재미있게 듣는 귓병, 5절은 야고보서 3장[48] 내용을 상기시켜 말에 실수가 많은 혀병과 연보할 때 겨우 오환 한 장내는 인색병을 설명한다.

6절은 특별연보할 때 모른척하고 땅만 보고 있는 근심병과 자녀 불법혼인으로 교회규칙을 어긴 혼인병을 언급한다. 실제 초기 한국교회는 신자의 신앙생활을 치리治理하는 권징勸懲 제도가 있어 신자의 행실에 따라 수찬금지, 예배참석 금지, 직분 박탈, 출교 등의 징계를 엄격히 내렸으며 비신앙인과 결혼하는 불법혼인, 음주, 흡연, 주일 불성수 등도 치리 대상이었으나 해방 이후 점차 사라졌다. 7절은 실수 많은 술과 담배를 몰래 한 죄와 신자가 화목하지 못하고 서로 미워한 불목병, 마지막 8절은 병에 빠진 신자들이 감각이 없어 아픔도 느끼지 못하는지 훈계하며 해결책을 제시한다. 해결책이란 만병을 고치는 예수의 손에 진맥을 받아 추한 병을 고치고 살자고 권면한다.

---

48 야고보 3장 내용을 참조. "우리가 다 실수가 많으니 만일 말에 실수가 없는 자라면 곧 온전한 사람이라 능히 온 몸도 굴레 씌우리라"(2절), "혀는 곧 불이요 불의의 세계라 혀는 우리 지체 중에서 온 몸을 더럽히고 삶의 수레바퀴를 불사르나니 그 사르는 것이 지옥 불에서 나느니라"(6절), "혀는 능히 길들일 사람이 없나니 쉬지 아니하는 악이요 죽이는 독이 가득한 것이라"(8절), "한 입에서 찬송과 저주가 나오는도다 내 형제들아 이것이 마땅하지 아니하니라"(10절)

4) 시집살이 노래

'시집살이 노래'는 전통적으로 규방가사 갈래 중 하나이며 '풍속이 잘못되어 여자의 고통이 무척 심했던 사정을 나타내는'[49] 노래이다. 괴로운 시집살이가 얼마나 보편적이었으면 하나의 문학갈래로 내려오는 것일까? 그 내용은 시집살이의 어려움을 한탄하거나 다른 것에 빗대어 비판, 풍자하여 청자로 하여금 감정이입을 이끌어내고 공감과 정서를 교감한다.

『백합화』에는 한 곡의 〈싀집사리가〉가 수록되었으며 노래가사에는 신앙적 내용이 전혀 없다. 비신앙적 내용의 〈싀집사리가〉가 왜 찬양집에 수록되었을까? 즉 교회는 신앙의 공간이기도 하지만 교제의 공간이기도 하다. 대중문화의 기능과 영향력이 제한적이었던 1957년 즈음의 경주지역의 한 교회에서 여자 신도들이 모여 함께 『백합화』의 노래를 부르면서 〈싀집사리가〉를 함께 불렀을 것이다. 즉 교회는 교제와 유흥의 공간이기도 했다.

싀집사리가(48)
1 뜬 구름이 무정한들 싀어미 같으며
앞남산이 높다한들 싀아비 같으랴
외나무다리 어렵단들 싀형 같으며
갈매잎이 푸르단들 맞동서 같으랴

2 더 배 콩단이 껜다한들 싀동생 같으며
보름달이 밝다한들 싀누이 눈같으랴
감옥사리 괴롭단들 내싀집 같으며

---

49 조동일, 『한국문학통사』4, 76쪽.

압록강수 많다한들 내 눈물 같으랴

3 금강석이 귀하단들 내남편 같으며
황금보석 중한단들 내아들 같으랴
월계꽃이 곱다한들 내딸 같으며
에덴동산이 좋다한들 내잠자리 같으랴

〈싀집사리가〉는 3절로 구성되었고 한 절은 4행 4음보를 구성하고 있다. 1절은 시집살이에서 관계의 어려움을 구체적으로 조목조목 토로하며 나열된다. 시아버지, 시어머니, 시형, 맞동서와의 관계의 어려움을 비유하기를 각각 무정한 뜬구름, 높은 앞남산, 어려운 외나무다리, 푸른 갈매잎의 시각적 이미지에 비유하고 있어 무정하고 멀리, 높이 떠 있으며 서슬 퍼런 시집 사람들의 분위기를 전한다. 2절에도 관계의 어려움이 계속 나열되는데 쉽게 깨지지 않는 콩단 같은 시동생과 보름달보다 밝은 시누이 눈을 피할 수 없다고 토로한다. 그래서 시집살이는 감옥살이보다 힘들어 내 눈물이 압록강물보다 많이 흘렀다고 토로한다.

3절은 앞의 내용과 반대로 귀하고 중하고 고운 것을 나열하는데, 바로 내 가족들이 있어 괴로운 시집살이도 버틸 힘이 됨을 알 수 있다. 다이아몬드보다 귀한 남편과 황금보석보다 귀중한 아들, 월계꽃보다 고운 딸이 있어 내가 잠자는 이곳이 에덴동산보다 좋다고 행복한 결말을 맺는다. 전체적으로 비신앙적인 내용이지만 2절 마지막 4행에 개신교 성경 창세기에 등장하는 '에덴동산'이라는 용어가 포함되었다. 필자가 짐작하기는 세간에 유행하던 익숙한 시집살이 노래를 『백합화』에 수록하면서 편집자 또는 가사 창작자가 교회적 요소를 첨가한 것이 아닐지 추측한다.

4. 맺음말

이 글은 1957년 경주성서학원 학우회가 발간한 노래가사집 『백합화』를 통해 민요와 개신교 만남의 사례와 그 양상을 고찰하고자 했다. 민중의 소리인 전통민요는 체계적 정리 없이 구비전승되어 오다가 근대 민족의식과 결합되면서 새로운 국면을 맞는다. 조선 후기의 대내외적 혼란을 맞아 민족정체성이 정립되는 중에 민요는 민중 주체의 삶과 정서를 대변하는 매개체로 새롭게 주목받기 시작한 것이다.

필자는 수용사受容史적 관점에서 한국개신교의 민요풍 노래가 가진 토착적 노래, 풀뿌리적 의의를 강조하였다. 한국개신교는 세계의 선교 역사상 비교 대상이 없을 만큼 급속하게 성장하였다. 여기에는 개신교를 적극 수용한 조선인, 한국인들이 있었기에 가능하였다. 그러나 한국개신교의 수용사는 선교사宣教史에 비해 비중 있게 다루어지지 못했다. 즉 한국교회에서 부르던 민요풍 노래는 한국교회 교인들이 가사를 지어 애창한 한국인의 신앙고백이며 한국개신교 수용사의 한 갈래이다.

한국교회에서 민요풍 노래는 공식 찬송가로서의 역할보다 비공식적 성격의 노래로 자리매김하였다. 근대 한국교회의 공식 찬송가는 서양 찬송가의 번역곡이 주류를 이루었고 민요풍 노래는 비공식적인 차원에서 애창되었다. 근대문명화와 발전론에 밀려 민요연구와 보존 활동은 구시대의 유물처럼 취급받았지만 본래 민중의 소리를 대변하는 민요의 특성이 그렇듯이 한국교회에서도 민요풍 노래는 명맥이 끊어지지 않고 이어졌다.

필자는 이 글을 통해 1957년 발행된 『백합화』의 수록곡 중에서 민요풍 노래 7곡을 소개, 분석하였다. 민요갈래에 흔히 나타나는 말풀이류 노래 6곡과 시집살이 노래 1곡이 그것이다. 말풀이류 노래는 숫자노래,

자모풀이 노래, 기타 풀이류 노래가 포함되었고 언어유희적 특징을 설명하였다. 동일한 주제의 단어가 반복적, 연쇄적으로 나타나 말의 흥취와 재미를 높인 언어유희적 특징은 특히 근대민요에 본격적으로 나타난다. 이것은 봉건체제가 와해되는 근대조선에 민중의 소리를 대변하는 민요의 두드러진 특징이다. 언어유희적 특징은 대중전달력이 높고 해학성과 풍자성을 담고 있다. 특히 조선후기 사회를 비판적으로 바라보는 민중의 속내를 드러내는 장치로서 작용하였다.

이처럼 1957년 『백합화』에는 근대 민요의 흔적이 나타남을 알 수 있다. 근대 이행기의 개신교 교회와 개신교학교는 서양음악을 전파하는 한편 토착적 노래운동을 전개하는 공간이었다. 근대에 개신교가 전래된 이후 꾸준히 조직체를 유지하고 정기적 의례모임이 전개된 한국교회 공간은 민요풍 노래의 변화양상을 고찰하는 데에 유효하다. 한국개신교는 한국에 서양음악을 처음 도입한 영역으로 개신교학교와 선교사의 서양음악 보급으로 많은 개신교 음악인들이 양성되었다. 그리고 이들에 의해 한국적 토착노래운동이 전개되기도 했다. 그러나 시간이 흐를수록 일제의 종교탄압과 서양음악의 보편화, 근대개발론에 밀려 민요를 비롯한 토착적 노래운동은 일제강점기 말기에 이르러 명맥이 끊어져 해방 후 훨씬 후대에 다시 전개될 수 있었다. 한편 한국 교회음악은 근대 초기에 서양음악을 보급하고 주도하던 역할에서 벗어나 해방 이후에는 세속음악과 분리된 교회음악으로 남게 되었다.

근대 이행기 영남지역 유가 지식인들과 기독교의 만남

- 진암 이병헌과 해창 송기식을 중심으로

엄진성

근대 이행기 영남지역 유가 지식인들과 기독교의 만남
- 진암 이병헌과 해창 송기식을 중심으로

—

엄 진 성

1. 머리말

이 글의 목적은 근대 이행기 영남지역 유가 지식인들이 종교와 신앙의 개념을 어떻게 받아들이고 적용했는지에 대한 탐구에 있다. 근대 이행기에 접어들면서 서양의 문화, 정치, 철학, 종교 등이 한반도 전역에 영향을 미치기 시작했으며, 영남지역도 예외가 아니었다. 이 시기 국가적 혼란과 유교의 사회적 영향력 감소는 유가 지식인들에게 변화와 성찰의 필요성을 촉구했다.

특히, 1915년 8월 조선총독부령 제83호 '포교규칙'을 통해 유교가 종교로부터 배제된 사건은 당시 지식인들에게 큰 충격을 주었을 것이다. 이 규정이 공표되기 이전, 유가 지식인들의 일부만이 유교를 종교적 관점에서 다루었지만, 국가 차원에서 유교가 종교에서 배제되고 집회 및 결사의 자유가 제한되면서, 유교를 종교로 재정의하려는 움직임이 일어나기 시작했다.

근대 이행기는 한반도의 지식인들에게 종교와 신앙의 개념이 새로운 시기였다. 초기에는 '서학'이라는 학문적 형태로 등장한 개념들이 이제 종교와 신앙이라는 새로운 형태로 자리 잡기 시작했다. 이와 함께 국가의 지원을 받은 개신교의 등장은 이전에 상대적으로 소외된 위치에 있던 천주교와 달리 초기부터 강력한 영향력을 발휘했다. 문제는 '종교'와 '신앙'이라는 개념이 당시 지식인들에게 매우 낯설었다는 점이다. 그러나 유가 지식인들이 유교를 종교로 인정받기 위해서는 종교에 대한 이해가 필수적이었다. 이러한 맥락에서, 유교를 종교로 재정립하려는 움직임과 더불어 한반도에 들어온 개신교의 영향력이 당시 유가 지식인들에게 어떤 영향을 주었는지 살펴보는 것이 중요하다.

이 글은 이러한 관점에서 당시 유가 지식인들이 종교와 신앙의 개념을 어떻게 받아들이고 활용했는지를 조사하고자 한다. 특히, 당시 활동했던 지식인 중에서 진암眞菴 이병헌李炳憲과 해창海窓 송기식宋基植이 종교와 신앙을 이해하고 기독교를 수용하는 과정을 집중적으로 분석하고자 한다. 이들 외에도 이승희, 유인식, 신채호, 박은식 등이 유교의 종교화를 추구했음에도 불구하고, 이병헌과 송기식만을 다룬 이유는 이 둘의 종교에 대한 이해가 이 연구의 핵심인 'religion'으로서의 종교宗教와 가장 밀접하기 때문이다. 이번 연구에서 다루지 않은 다른 인물들과의 비교는 추후 다른 논문에서 다루기로 하겠다. 그럼 본격적인 논의에 앞서, 이병헌과 송기식이 활동하던 당시의 종교 개념과 배경을 살펴보도록 하겠다.

2. 근대 이행기 종교宗教 개념의 추이推移

근대 이행기 한반도 지식인들은 가톨릭Catholic과 개신교Protestantism를 어떻게 이해했는가? 이들의 이해 방식은 교教·학學[01]과 종교宗教[02]로 나눌 수 있다. 가톨릭은 초기부터 교教와 학學의 형태로 전래하였으므로 천주교天主教 또는 천주학天主學으로 불렸다. 이 현상은 주로 중앙권력에서 소외된 남인 계열 지식인들에 의해 수용되었으며, 그들은 이단異端으로 취급될 위험을 피하고자 대체로 보유론補儒論[03]의 형식을 취했다.

그러나 가톨릭을 단순히 교와 학의 개념으로만 이해해서는 안 된다. 일부 지식인들은 가톨릭을 학이 아닌 종교宗教, 즉 'religion'으로 수용했기 때문이다. 종교宗教라는 개념은 대상에 대한 의심 없는 조건 없는 믿음을 전제로 하는데, 이는 자기반성과 교화를 목적으로 하는 교教나 학學과는 구별된다. 이러한 차이는 시간이 지남에 따라 분명해졌다. 예컨대, 조선에 전래한 천주교의 한 측면이 'religion'으로 간주하는 이유는, 신해박해(1790)부터 병인박해(1871)까지의 박해 동안 신앙을 위해 순교한 124인의 사례에서 찾아볼 수 있다.[04] 이들 순교자는 믿음에 대한 확신과 이를 위해 목숨을 바칠 수 있는 용기를 보여주며, 이는 신앙심信仰心의 극한적 표현으로 이해된다. 그러나 이것은 어디까지나 종교적 태도 또는 경향을 나타낼 뿐이다. 그 이유는 초기 가톨릭이 전래하던 당시에는 종교라는 개념이 일반적으로 통용되지 않았기 때문이다. 따라서 당시 지식인

01 종교(宗教)라는 용어가 등장하기 이전에는 유·불·도를 나타내기 위해 '학(學)', '도(道)', '교(教)', '술(術)', '법(法)'과 같은 용어들이 사용되었다. 이러한 용어들은 모두 교육과 교화의 의미를 내포하고 있다.

02 이때 종교(宗教)는 'religion'을 의미하며, 믿음의 대상에 대한 조건 없는 신뢰, 즉 신앙심(信仰心)을 토대로 한 개념이다.

03 보유론(補儒論)의 대표적인 서적은 『천주실의』이다. 『천주실의』는 예수회 수도사인 마테오 리치(Matteo Ricci, 1552-1610)가 중국에서의 선교를 목적으로, 기독교 교리를 유학의 개념에 빗대어 저술한 교리서이다. 보유(補儒)의 개념은 서광계(徐光啓, 1562-1633)가 『태서수법』(泰西水法)의 서문에서 처음 사용한 '보유역불(補儒易佛)'이라는 표현에서 유래되었으며, 마테오 리치가 이를 "불교의 우상을 제거하고 유학을 보완한다"라는 의미로 해석하면서 예수회의 선교 용어로 자리잡았다.

04 『매일경제TV』 2014.08.16. 「프란치스코 교황, 윤지충 바오로와 동료 순교자 124위 시복 선언」 기사 참조.

이 무의식적으로 종교와 유사한 개념을 떠올렸더라도, 그들의 경험적 한계로 인해 그러한 생각은 결국 교教와 학學의 틀을 벗어나지 못했을 가능성이 크기 때문이다.[05] 다음은 종교宗教의 개념이 등장하기 이전 학學과 교教의 용례이다.

> ① 상고하건대, 천하에 교教가 셋이 있는데, 불교佛教가 그중에 하나를 차지합니다.[06]
>
> ② 아홉째는 승니僧尼를 도태淘汰시키는 일입니다. 불법佛法이란 것은 오랑캐의 한 가지 법法입니다.[07]
>
> ③ 우리의 참교眞教가 예전에는 가지런하지 못하더니, 이제는 감응感應함이 똑바로 섰도다.[08]

①은 최치원의 '계원필경'에 나오는 내용으로, 삼교三教는 유교, 불교, 도교를 의미하며 이 맥락에서 교教는 불교를 지칭한다. ②는 사헌부에서 기강 확립과 승려의 도태 등 10개 조목에 대해 태조에게 올린 상소문으로, 이를 통해 조선의 억불정책을 엿볼 수 있다. 이 문서에서는 불교를 법法으로 기술하고 있다. ③은 예조 참판 강희맹姜希孟이 금강산에서 작성한 '금강산 서기송金剛山瑞氣頌'의 한 구절로, 여기서 언급된 진교眞教는 불교를 의미한다. 이 외에도 유교, 불교, 도교를 교教, 학學, 법法 등의 용어로 표현한 기록을 어렵지 않게 찾아볼 수 있다.

『조선왕조실록』에서 종교宗教가 'religion'에 대응할 수 있는 의미로

---

05 종교(宗教)는 본래 불교를 나타내는 번역어로 사용되었으나, 일반적으로 널리 통용되지는 못했다.

06 최치원, 『계원필경집』, 제16권, 소(疏), 詳夫教列爲, 三佛居其一.

07 『태조실록』 1권, 태조 1년 07월 20일 己亥 3번째 기사, "九曰汰僧尼, 佛者, 夷狄之一法, 自漢 永平"

08 『세조실록』 38권, 세조 12년 03월 27일 戊辰 1번째 기사 "曰我眞教, 昔也參差."

처음 사용된 기록은 『고종실록』 33권, 고종 32년 6월 10일 己卯(1895년) 1번째 기사에서 찾아볼 수 있다.[09] 이 시기는 19세기 말로, 근대 이행기에 해당한다. 해당 기사는 조선의 체제를 근대적으로 재편하고자 했던 갑오개혁의 과정에서, 성균관이 학부에서 제외된 것에 반발하여 통정대부通政大夫 이재곤李載崑이 올린 상소문을 다루고 있다. 그리고 이 상소문에서 종교宗教라는 표현이 등장한다.

> 신이 듣건대 온 누리에 각각의 나라가 모두 이른바 종교宗教라는 것을 가지고 있다고 하였습니다. 신이 어떤 종교인지는 모르지만 각각 그 교리를 가르쳐서 서로 침해하거나 금지하지 않아도 자주자강自主自强의 일에 해를 끼치지 않습니다. 그런데 어찌 유독 우리나라만이 사문斯文의 관건關鍵이 되는 것을 돌아보지 않고 일체 무용지물로 여긴 뒤에야 부강해지는 것을 배울 수 있겠습니까.[10]

사문斯文은 유교를 뜻한다. 이는 유교를 종교로 취급하는 최초의 관점이라 할 수 있다. 이에 고종은 1899년 3월 「존성륜음尊聖綸音」를 통해 "우리나라의 종교宗教는 우리 孔夫子의 道가 아니겠는가?"[11]라고 반문하며 유교가 공식적으로 국교임을 천명한다. 이재곤의 상소문과 고종의 「존성륜음」에서 언급된 종교宗教가 실제로 'religion'의 의미를 담고 있는지에 대해서는 확언할 수 없다. 이는 「존성륜음尊聖綸音」 이후에도 '종교'

---

09 이 기사 이전까지 『조선왕조실록』에서 종교(宗教)라는 표현은 총 56회 발견되었는데, 주로 임금의 가르침을 지칭하거나, 으뜸이 되는 가르침, 또는 높은 교지(教旨)의 맥락에서 사용되었다.

10 『고종실록』 33권, 고종 32년 06월 10일 己卯(1895년) 1번째 기사 "臣聞宇內各邦, 皆有 所謂宗教者, 臣所不知何教, 而各教其教, 不相侵禁, 亦不害于自主自强之業° 奚獨我東方, 不顧斯文關鍵, 一切弁髦而後, 始可學他富强乎?"

11 『승정원일기』 고종 36년(1899) 03월18일 我國之宗教其非吾孔夫子之道乎.

라는 표현 속에 여전히 기존의 학學과 교敎의 내용이 포함되어 있기 때문이다. 그러나 분명한 점은 당시 지식인들 사이에서 종교가 기존의 학學과 교敎와는 차별화된 범지구적인 현상으로 인식되고 있었다는 것이다. 이러한 사실은 당시 사회적 변화와 새로운 개념의 수용이 상호작용하면서, 종교라는 용어가 기존의 의미를 넘어 새로운 의미를 획득하고 있음을 시사한다. 이 점은 「존성륜음」이 반포된 같은 해 12월에 궁내부 특진관 이유인李裕寅이 고종에게 제출한 글에서도 확인할 수 있다.

> 종주宗主로 삼는 교敎를 확립하는 일입니다. 반드시 종주로 삼는 교敎가 있어야만 나라의 표준이 있게 되는 것입니다. … 최근 세계世界에는 다양한 갈래의 교敎가 많은데 각각 그들 나라의 학學을 우리나라 전역에 전파해 떳떳한 본성을 가진 우리 백성들이 점점 이것을 버리고 저들의 교로 빠져들게 되어, 그 불어나 끼치는 해독이 홍수보다도 심하니, 종주로 삼는 정교正敎가 장차 막힐 것입니다.[12]

이유인의 글에는 국제적 상황을 언급하며 종교 정립을 도모하려는 개방적 태도가 드러나는 한편, 여전히 종교에 대한 이해가 학과 교의 범주를 벗어나지 못하는 한계성도 보인다. 이는 종교와 관련된 개념이 새로운 방향으로 확장되는 동시에, 기존의 학과 교의 경계를 완전히 벗어나지 못하고 있음을 나타내는 복잡한 상황을 반영한다. 그리고 이유인은 종교宗敎를 '종주로 삼는 교敎必有宗'로 해석했는데, 여기서 종宗자는 교敎를 수식하는 용도로 사용되어 종교가 아닌 교에 대한 설명으로 한정되

12 『승정원일기』 고종 36년(1899) 12월 7일 "一曰, 立宗敎. 敎必有宗, 爲國之表正也 … 挽近世敎多門, 各以其學, 播傳中外, 以我彝性之民, 駸駸然捨此入彼, 熾蔓之害, 甚於洪水, 正敎之宗, 將見晦塞."

었다. 이러한 해석 방식은 기존 개념에 익숙했던 이유인에게는 자연스러운 결과로 볼 수 있다. 이러한 과도기적 형태는 같은 해 9월 『황성신문』 논설에서도 확인된다.

> 大蓋我國이 一族之人으로 合ᄒᆞ야 爲國ᄒᆞ얏고 … 羅麗以上의 學術은 印度의 佛敎에 全藉ᄒᆞ얏고 羅麗以後로ᄂᆞᆫ 支那의 儒敎를 始行ᄒᆞ얏스나 그 學術의 性質은 美善호ᄃᆡ 그 敎育의 實施를 不力홈으로 敎化의 發達을 不得홈이라.[13]

인용된 내용은 유교를 국교로 선포한 해인 9월에 작성된 『황성신문』의 기사이다. 고종이 유교를 종교로 선언했음에도 불구하고, 이 기사는 여전히 유교를 '교육敎育'과 '교화敎化'의 핵심으로 이해하고 있다. 그러나 시간이 흐르면서 종교의 개념이 교敎와 학學에서 'religion'의 의미로 전환되는 모습이 점차 나타나기 시작한다.

> 夫宗敎云者ᄂᆞᆫ 各其國所宗尙之敎也니 其說이 出於佛書宗鏡錄融會宗敎之言ᄒᆞ야 現今世界各國이 以其國所尊崇之敎로 謂之宗敎라ᄒᆞ니 其所謂宗敎者ᄂᆞᆫ 國各異趣ᄒᆞ야 … 至於吾儒之敎ᄒᆞ야ᄂᆞᆫ 非但我大韓四千年國民之所尊崇者라 抑我列祖列宗之所闡明者也어ᄂᆞᆯ[14]

인용된 내용은 '동서양 각국 종교의 원류東西洋各國宗敎源流'라는 제목

---

13 『황성신문』, 1899.09.13. 논설. "大蓋我國이 一族之人으로 合ᄒᆞ야 爲國ᄒᆞ얏고 … 羅麗以上의 學術은 印度의 佛敎에 全藉ᄒᆞ얏고 羅麗以後로ᄂᆞᆫ 支那의 儒敎를 始行ᄒᆞ얏스나 그 學術의 性質은 美善호ᄃᆡ 그 敎育의 實施를 不力홈으로 敎化의 發達을 不得홈이라"

14 『황성신문』, 1902.08.12. 「東西洋各國宗敎源流」

의 기사로, 1902년 8월 12일부터 22일까지 동서양의 종교를 특집으로 다룬 것이다. 이 기사는 당시 지식인들이 세계의 다양한 종교를 어떻게 이해했는지 엿볼 수 있는 중요한 자료로 평가된다. 여기에서는 전통적인 교敎와 함께 신앙信仰을 내포하는 종교宗敎가 혼용되어 사용된 것이 확인된다. 이 기사에서 종교를 정의하는 부분은 '종상지교宗尙之敎'와 '尊崇之敎존숭지교'이다. '종상지교'는 가장 숭상하는 가르침을 뜻하며, 이는 전통적으로 사용된 교敎의 범주에 속한다. '존숭지교'는 존경과 숭배를 포함하는 감정적 의미를 지니고 있어, 전자와 비교하면 감정적인 측면이 조금 더 강조된 것으로 보인다. 그러나 이러한 차이는 미묘할 수 있으며, 이 맥락에서도 종교가 여전히 교敎로 이해되고 있다는 점을 확인할 수 있다. 한편, 1906년 『대한매일신보』에는 종교宗敎가 'religion'의 의미로 사용된 것이 확실한 기사가 등장한다.

> 信仰權이라홈은 凡安心立命은 其人의 信念上에 在훈則타인이 强制키 不能하니 何如훈 宗敎던지 信仰온 其인의 自由니라此等을 인民의 自由라 總稱하나니 所謂民權이라 此民權을 擴張하야 政治上에 應用하면 인民이 國家의 經用올 支出허논[15]

위 내용은 대한자강회의 제1호에 실린 오오키 다케오(大垣丈夫, 1861~1929)의 연설을 『대한매일신보』가 수록한 것이다. 이 연설에서 오오키 다케오는 각 개인이 자신의 신념과 신앙을 자유롭게 선택하고 실천할 권리를 강조한다. 오늘날의 관점에서 오오키 다케오는 극우적인 인물로 평가되지만, 당시에는 계몽운동의 실세로 인정받았다.[16] 그가 언급한 종교

15 『대한매일신보』, 1906.11.22.「大韓自强會의 大垣丈夫氏演說 續」
16 『한겨레21』, 2004.08.12.「애국계몽운동은 '애국'이었나」

와 신앙의 자유는 미국 독립전쟁과 프랑스 혁명과 같은 역사적 사건에서 파생된 개념으로, 19세기 말에서 20세기 초에 이르는 근대 이행기 동안 전 세계적으로 확산하고 있었다. 『대한매일신보』가 오오키 다케오의 연설을 소개하고 강조하는 것은 당시의 지식인들이 서구의 사상과 가치를 적극적으로 수용하고 있었다는 점을 시사한다. 오오키 다케오의 연설에서 나타난 종교와 신앙의 자유 개념은 한국 사회가 근대 이행기 동안 새로운 사상과 개념을 어떻게 받아들이고 있었는지를 보여주는 중요한 예시이다. 여기서 말하는 종교 개념은 서양에서 유래한 'religion'의 의미를 흡수하고 도입한 것으로 해석할 수 있다. 이는 근대적인 개념과 가치가 한국 사회에 스며들며 서양과의 교류를 통해 새로운 시각과 이념이 확산하고 있었음을 나타낸다. 종교와 신앙의 자유에 대한 논의는 당시의 계몽적 사고와 개혁적 흐름을 반영하며, 한반도의 지식인들이 종교에 대한 이해가 변화하는 가운데 서양의 지식인들은 유교를 자연스럽게 'religion'이라는 의미의 종교로 받아들이고 있었다는 점을 보여준다.

> 上海에 在留ᄒᆞᄂᆞᆫ 英國문學博士李提摩太氏가 韓國教育界를 視察ᄒᆞ고 言曰 한國은 宗教가 儒教인즉 韓國人心을 開불코ᄌᆞᄒᆞ랴 ᄒᆞ면 元來信仰ᄒᆞ던 儒教의 奥旨를 先爲辯明ᄒᆞᆫ 然後에야 上帝의 眞理를 可以闡明이라 ᄒᆞ야 鐘路青年會에 金貨壹百元을 寄附ᄒᆞ고 儒教와 耶蘇教의 關係라ᄂᆞᆫ 問題로 國內博학紳士에게 著說홈을 請求ᄒᆞ야 優等에게ᄂᆞᆫ 施賞ᄒᆞ고 該著說은 印出廣布ᄒᆞ기로 酌定ᄒᆞ얏다더라[17]

위 인용은 이 제마타이李提摩太[18]가 '懸賞求論현상구론'이라는 제목으로

17 『대한매일신보』, 1909.02.25. 「懸賞求論」.

18 영국 출신으로, 본명은 티모시 리처드(Timothy Richard, 1845년~1919년)이다.

게재한 광고 형태의 기사이다. '懸賞현상'은 보상금을 의미하며, '求論구론'은 논문 또는 논의를 요청하는 뜻이다. 그가 상금으로 제시한 논문의 주제는 '유교와 기독교의 관계'였다. 이는 대한제국에서 개신교를 전파하기 위해서는 먼저 한반도의 주된 종교인 유교에 주목해야 한다고 생각했음을 보여준다. 이 기사에서 그는 유교를 개신교와 유사한 종교의 의미로 이해하고 있음을 알 수 있다. 따라서 그는 유교를 격의格義 방식으로 해석하여 개신교를 소개한다면, 한반도의 지식인들이 자연스럽게 개신교를 수용할 수 있다고 믿었던 것으로 보인다. 또한, 1910년 무렵에는 한반도의 지식인들도 유교를 개신교와 유사한 범주의 종교로 점차 받아들이기 시작한 것으로 보인다.

> 儒教ᄂᆞᆫ 數百年韓國宗教界에 大勢力을 有ᄒᆞᆫ 者나 然이나 只今은 大概拘泥가 甚ᄒᆞ며 腐敗가 極ᄒᆞ엿고 佛教ᄂᆞᆫ 勢力이 甚微ᄒᆞ야 足論ᄒᆞᆯ것도 無ᄒᆞ고 天道教ᄂᆞᆫ 信徒가 頗盛하나 吾儕ᄂᆞᆫ 但其將來를 眺望ᄒᆞᆯᄲᅮᆫ이며 基督教ᄂᆞᆫ 勃勃의 勢가 有ᄒᆞᄂᆞ 然이나 此亦近日에ᄂᆞᆫ 一種의 沮害力이 侵入ᄒᆞᆫ다ᄒᆞ니엇지 可驚ᄒᆞᆯ바아닌가 然이나 只今韓國宗教界에 在ᄒᆞ야 最히 盡力ᄒᆞᆯ것은 (一)儒教를 改良ᄒᆞᄂᆞᆫ 同時에 其發達을 勵圖ᄒᆞ며 (二)耶蘇教를 擴張ᄒᆞᄂᆞᆫ 同時에 其精神을 保全ᄒᆞᆷ이니 吾儕의 斯言이 何故오ᄒᆞ면 儒教ᄂᆞᆫ 韓人에게 敷與ᄒᆞᆫ바 感化力이 甚大ᄒᆞᆫ지라 故로 此를 良法으로 發揮ᄒᆞ야 現世界國民的宗教의 地位를 得케ᄒᆞ며 耶蘇ᄂᆞᆫ 各方面으로 韓國宗教界의 第一位를 占領ᄒᆞ야 果然二十世紀新國民的宗教의 價値가 有ᄒᆞ나니 此를 擴張ᄒᆞᄂᆞᆫ 同時에 其教徒中無精神者를 警起ᄒᆞ며 又外來의 侵力을 驅除ᄒᆞ면 可히 國民前途의 大福音을 作ᄒᆞᆯ줄로 思ᄒᆞᄂᆞᆫ 故니라論을 此에 結ᄒᆞ리로다 吾儕

1870년에 중국에 온 침례회 선교사로, 주로 산둥(山東)과 동북(東北) 지역에서 선교활동을 했다.

가 二十世紀新國民이라고 題호 第一日부터 國民同胞에게 何言을 모호엿는고 曰吾儕가 국民의 覺悟를 論홀 時에 世界趨勢, 文明

위 인용은 신채호가 『대한매일신보』에 "이십 세기 신국민二十世紀新國民"이라는 제목으로 연재한 논설에서 발췌한 것이다. 이 논설에서 신채호는 무엇보다 유교를 개선하고 발전시키는 노력이 필요하며, 동시에 개신교를 확장하고 그 정신을 보존해야 한다고 주장한다. 이는 유교와 기독교가 한국인에게 강력한 영향력을 미치고 있으며, 특히 기독교의 세력이 점점 커지고 있다는 판단에 근거한 것이다. 따라서 이를 효과적으로 활용하면 국민의 종교적 지위를 강화할 수 있을 뿐만 아니라, 기독교가 한국 종교계에서 선두에 오를 것으로 기대된다고 주장했다. 이러한 주장은 유교와 기독교가 같은 범주의 종교로 인식된다는 전제에서 비롯된다.

이러한 종교 개념의 자생적 변화과정에서는 갑작스러운 외부 충격 또한 하나의 요인으로 작용했던 것으로 보인다. 여기서 외부 충격이란 1915년 8월에 발포된 조선총독부령 제83호인 "布教規則포교규칙"을 의미한다. 이 규칙은 식민지 조선의 종교를 통제하고자 하는 정책이었다. 이 정책의 핵심은 '제1조는 "신도神道, 불도, 기독교를 종교라고 이른다'에 있다.[19] 포교규칙으로 인해 유교는 하루아침에 종교의 지위를 상실하게 되었다. 이것은 1899년 고종이「尊聖綸音존성륜음」를 통해 유교를 국교國教 삼고자 했던 모든 노력을 헛되게 만들었다. 반면 기독교는 한반도 내에서 종교의 지위를 굳건하게 만드는 계기가 되었다. 이러한 사태는 몇몇 지식인들에게 유교를 종교로 인식하고, 잃어버린 유교의 종교적 지위를 회복해야 한다는 사명감을 불러일으키게 했다. 이 과정에서 신도, 불도

19 『朝鮮總督府官報』, 1915.08.16. 154쪽.

와 함께 종교적 지위를 획득한 기독교는 불가피하게 관심의 대상이 되었습니다. 그들이 특히 주목한 것은 처음부터 종교宗教로 들어온 개신교였을 것이다. 왜냐하면 전수 과정에서 박해받고 사문난적으로 취급되었던 천주교와 달리, 처음부터 국가의 인준을 받아 교教나 학學이 아닌 종교宗教로 들어온 개신교[20]는 유교를 종교로 만들려고 했던 이들에게 있어 좋은 교보재였을 것이기 때문이다. 그리고 당시 영남지역에는 실제 유교를 종교로 만들고 그 과정에서 개신교를 참고했던 이들이 있었다. 그들은 바로 진암眞菴 이병헌(李炳憲, 1870~1940)과 해창海昌 송기식(宋基植, 1878~ 1949)이다.

3. 진암 이병헌의 공자교와 religion

1) 이병헌의 종교에 대한 이해- 신비神祕와 신도神道

이병헌의 『유교복원론』 제7장에는 "오방역자종교령발포이후유교

20 1884년 7월, 일본주재 미국 감리회 선교사 맥클레이는 김옥균의 협조로 고종으로부터 학교와 병원 운영에 대해 공식적으로 허가받았다. 동시에 최초로 주재한 선교사인 미국 북장로회 선교사 알렌은 미국, 영국 등 외국 공사관의 지원을 받아 작은 규모의 병원을 운영하기 시작했다. 1885년 9월, 정동 시역에 신료소가 설립되었고, 1888년 4월에는 여성 전용 병원이 개설되었으며, 동대문, 애오개, 모화관 등 여러 지역에서도 진료소가 설립되었다. 1890년대 중반 이후, 각 지역에서 선교활동을 하던 선교사들이 병원과 진료소를 세우며 개신교 선교에 크게 이바지했다. 특히, 이러한 병원과 진료소를 찾는 환자들은 대부분 일반 민중이었는데, 이들을 거의 무료로 치료하면서 개신교와 자연스럽게 접촉할 기회를 제공했다. 이는 개신교가 조선 사회에서 수용되고 성장하는 과정에서 중요한 역할을 한 것으로 평가된다. (참고: 이명호, 「근대 전환기 종교 영역의 변화와 사회 인식: 기독교의 수용과 성장을 중심으로」, 『사회사상과 문화』, 29호, 2014, 456쪽)

삭제吾邦亦自宗教令發布以後儒教削除"라는 구절이 포함되어 있다. 이 구절에 대한 추가적인 설명은 없지만, 1915년 8월 조선총독부령 제83호로 발포된 「布教規則포교규칙」을 가리키는 것으로 추정된다. 이 규칙으로 인해 유교는 종교로 인정받을 수 없게 되었다. 이러한 사건이 이병헌이 『유교복원론』을 집필하는 과정에서, 당시 일반적으로 통용되던 종교宗教에 대한 인식에 직·간접적으로 영향을 미쳤던 것으로 보인다. 따라서 이병헌의 종교에 대한 이해는 근대 이행기 영남 지식인의 입장과 관점을 엿볼 수 있는 중요한 자료 중 하나로 간주 될 수 있다.

이병헌의 자는 자명子明, 호는 추연秋淵, 진암眞菴, 백운산인白雲山人이다. 그의 본관은 합천陜川이며, 이병헌은 경상남도 산청군 단성에 거주한 청향당淸香堂 이원李源의 13세손이다. 10대조인 이전李銓 때 함양으로 이거移去했다. 그는 면우俛宇 곽종석郭鍾錫의 문인으로, '한주寒洲학파' 학자들과 교유하였다.

1903년고종 40년, 이병헌은 서울에서 시국의 변화를 접하고 청나라의 강유위(康有爲, 1858~1927)의 '변법설變法說'을 읽으면서 개화사상에 눈을 뜨기 시작했다. 1910년 경술국치 이후, 그는 고향인 경상남도 함양군 병곡면 송평리에 학교를 설립하여 계몽운동에 앞장섰으며, 송호서당에 의숙義塾을 세워 아동들을 교육했다. 1914년부터 1925년까지 다섯 차례에 걸쳐 중국을 방문하여 직접 강유위의 지도를 받았다.

이병헌은 강유위의 영향을 받아 금문경학今文經學과 춘추공양학春秋公羊學 연구에 매진했으며, 공교孔教 사상가로서 경학 기초를 확립하는 데 노력했다. 그는 전통 향교식鄕校式 유교가 아니라 기독교식 방식으로 유교를 전수해야 한다고 강조하였다. 이를 위해 1923년에 경상남도 산청군 단성면 배양마을에 '배산培山서당'이라는 최초의 '민립문묘民立文廟'를 설립했다. 또한 중국 취푸曲阜의 공교회로부터 한국 공교회 지부의 설치를 인가받아 활동 기반을 마련했다. 그러나 이병헌의 공교 운동은 보수적인 유림의 강경한 저항에 부닥쳐 실패하였다. 이에 따라 그는 금문경학 연구와 저술에 전념했으며, 『공경대의고孔經大義考』(1924), 『시경부주삼가설고詩經附注三家說考』(1926), 『서경전주금문설고書經傳注今文說考』(1926), 『예경금문설고禮經今文說考』(1927), 『역경금문설고易經今文說考』(1928) 등 금문경학의 체계적 주석을 남겼다.[21]

이병헌은 평생을 유교의 종교화 운동에 헌신했다. 그의 유언에는 "다른 종교들은 미신迷信으로 인해 신비종교神秘宗教이지만, 유교는 미신이 아닌 참으로 신묘한 종교眞神妙的宗教이니, 다른 이들과 교제할 때 반드시 이같이 전파하라"[22]는 부분이 있어 그의 삶과 신념을 엿볼 수 있다. 1903년 이후 꾸준히 유교의 종교성에 관한 의견을 개진한 그는, 특히 1919년 중국 칭다오靑島의 동문인쇄국同文印刷局에서 발간한 『유교복원론儒教復原論』에서 종교에 대한 논의를 펼쳤다. 여기서 주목할 점은 이병헌이 처음부터 종교개념을 'religion'으로 전제하고 있다는 점이다. 『유교복원론』에서 이병헌은 "종교宗教"라는 명칭은 'religion'의 번역어이며, 앞서 메이지유신明治維新 초기에 영어 단어 'religion'이 종교 또는 법교法教로 번역되었음을 언급한 후, 한자와 번역어 사이에 의미상의 간극間隙이 있음을 지적한다. 그는 이어서 "원래 유교의 '교教'에는 '종宗'이라는 글자를 붙이지 않아도 그 자체로 충분한 의미가 있지만, 요즘 극동의 용어로서 세계적으로 통용되는 가르침을 '종교'라고 통칭하고, '종宗'이라는 글자가 신비로운 색채를 띠고 있으니, 어찌 공자를 종교가가 아니라고 하겠는가!"[23]라고 말했다. 다시 말해, 당시 'religion'의 번역어로 '종교'라는 말이 일반

21 『한국민족문화대백과사전』(https://encykorea.aks.ac.kr/), 『디지털 함양문화 대전』.(https://hamyang.grandculture.net/hamyang), 항목 - 이병헌 참조.

22 이병헌, 『李炳憲全集』下 부록 『我歷抄』, 서울 : 亞細亞文化社, 1989, 623쪽.

23 같은 책, 179쪽 宗教之稱, 譯自英文'釐離盡RELIGION'而來. 日本維新之初, 譯'釐離盡'爲'宗教'. … 儒教之'教'字, 不加毫末而其意自足, 則不必添'宗'字也. 但挽近以來極東名詞以世界現行之教通謂之宗教而宗字又常神秘的色彩則烏得以孔子爲非宗教家哉.

적으로 사용되고 있었는데, 공자가 신비적 색채를 띤 가르침을 전했으므로 종교가이고, 그의 가르침인 유교 역시 종교로 볼 수 있다는 주장이었다.[24]

여기서 주목할 점은 '종宗'을 신비神祕로 이해한 부분이다. 사실 '종宗'에는 원래 신비적인 의미가 없다. '종교'라는 단어는 본래 불교에서 처음 사용되었는데, 불교가 중국에 들어와 산스크리트어 불교 경전을 번역할 때, 불교 용어 '싣다아안타siddhānta'가 '종'으로 번역되었다고 한다. '싣다아안타'는 '완전한 성취'를 뜻하는 '싣다siddha'와 '종료' 또는 '극치'를 의미하는 '안타anta'의 합성어로, 불교에서 '종'은 진리의 궁극적 경지를 의미한다. 이러한 '종'에 이르기 위한 가르침이 '교敎'로 성립된다. 불교에서 사용된 '종교'라는 용어가 일반적으로 종교의 유개념類槪念으로 확장된 것은 일본의 영향에 기인한다. 이로 인해 '종교'라는 용어는 불교뿐만 아니라 다양한 종교를 포괄하는 개념으로 사용되기 시작했다. 따라서 '종宗'을 신비적으로 이해하는 것은 원래의 의미에서 벗어나 일본에서 일반화된 종교 개념을 한반도에 적용한 결과로 볼 수 있다.

일본이 1869년메이지 2년 독일북부연방과 수호통상조약을 체결할 때, 독일어 '레리기온스위붕Religionsubung'을 '종교'로 번역한 데서 이 용어의 사용이 시작되었다. 이 독일어 '레리기온스위붕'은 오늘날 종교를 의미하는 '레리기온Religion'과 행위 또는 실천을 뜻하는 '위붕ubung'의 합성어이다. 라틴어 '레리기오religio'에서 유래하는 '레리기온'의 어원과 의미는 두 가지로 설명되었다. 첫째는 '반복하여 다시 읽는다'는 뜻이 엄숙하게 집행되는 의식이나 예배를 가리키는 것이며, 둘째는 '재결합'의 의미로, 신을 배반하고 떠난 인간이 다시 신에게 결합하거나 연결되는 것을 나타낸다

24 이연승, 「이병헌의 유교론 "비미신적인 신묘한 종교"」『종교문화비평』, 27호, 한국종교문화연구소, 2015. 244쪽.

는 견해였다. 기독교 문화권인 유럽에서는 이 '재결합'의 의미에 따라, 기독교만이 진정한 종교라는 이해가 보편적이었다. 그러나 '레리기온'의 이러한 어원설은 언어학적 정당성을 잃었다. 라틴어 '레리기오'의 문헌적 용례를 조사한 결과, 이 용어는 알 수 없는 사물에 대한 공포나 불안, 의혹을 나타내는 감정을 의미하며, 이후 그러한 감정을 유발하는 대상이나, 그 대상에 대한 태도 또는 의례 등을 가리키게 되었다. 이처럼 독일어 '레리기온'이 일본에서는 불교 용어인 '종교'로 번역되었으나, 점차 특정 종교를 넘어서 유개념으로 사용되면서, 한문 문화권 전반에 걸쳐 일반화되었다.[25] 그러나 종교를 전통적인 불교의 용례로 보거나 일본의 번역어로 보더라도, '종宗'자가 신비神祕로 해석될 수 있는 근거는 확보할 수 없다. 따라서 '종宗'을 신비로 풀이한 것은 종교에 대한 이병헌의 고유한 견해라고 볼 수 있다. 이 외에도 그는 "세상을 구원하는 것救世"과 관련하여, 서양 종교西教는 "위에서 아래로 내려오지만, 유교는 아래에서 위로 올라간다"하며, 서교西教와 유교 모두 세상의 사람들을 도에 대해 미혹되는 것을 가엾이 여겨 그들을 구하려는 마음에 있어서는 같다고 주장했다.[26]

이병헌의 유교 이해에서 가장 독특한 측면은 유학의 도통道統을 부정하는 형태를 띠고 있다는 점이다. 그는 요堯, 순舜, 우禹, 탕湯, 문文, 무武, 주공周公과 공자孔子 사이의 관계를 다음과 같이 이해했다. 요, 순, 우, 탕, 문, 무, 주공의 도는 각각 그 시대에만 시행되었고, 이는 마치 장강長江, 회수淮水, 황하黃河, 제수濟水와 같은 개별적인 강줄기와 유사하지만, 공자의 도는 동해東海가 모든 강줄기를 받아들여 대양을 이루는 것처럼, 앞선 이들의 도를 집대성한 것이라고 보았다. 따라서 이병헌은 오직 공자

25 한국학중앙연구원, 『한국민족문화대사전』, 항목명 : 종교교육(宗教教育) 참조.

26 이병헌, 『李炳憲全集』「儒教復原論」 1장 아세아문화사, 1972. 179쪽, "蓋能救天下後世之大衆, 故曰教." 177쪽, "西教自上而達下者也, 儒教下學而上達者也. 然悶天下後世之迷於道,而其救之之心, 則一也."

의 가르침만이 세상에서 영구히 적용될 수 있다고 보았다.[27] 즉, 그의 관점에 따르면 공자는 이전 성현들의 도를 집대성하여 영원불멸하는 진리를 제시한 유일무이한 존재가 된다. 그러나 이는 술이부작述而不作과 온고이지신溫故而知新을 강조하여 보수의 상징으로 여겨지는 공자의 학문관에 반하는 주장이다. 그럼에도 불구하고 이병헌이 이러한 견해를 피력한 이유는 강유위(康有爲, 1858~1927)의 영향을 크게 받았기 때문이다.[28] 특히, 공자소왕孔子素王과 탁고개제托古改制를 통해 공자를 새롭게 해석하고자 한 강유위康有爲의 영향이 이병헌에게서 두드러지게 나타났다. 이는 이병헌이 강유위의 주장을 상당 부분 인정하고 이를 자신의 주장을 뒷받침하는 근거로 삼았기 때문이다. 먼저, 이 개념들에 대해 간략히 알아보자. 공자소왕孔子素王은 강유위의 『공자개제고』에서 핵심 개념으로, '소왕'은 공자의 별칭으로 사용된다. '소왕'은 왕의 품성은 있지만 왕의 명분은 없다는 의미를 지닌다.[29] 강유위는 공자가 기존의 체제를 개혁하는 역할을 했다고 보았고, 이러한 해석은 이병헌의 유교 종교화 운동에 영향을 미쳤다. 강유위는 공자를 하늘天이 정해준 개혁자로, 천명을 받아 제도를 바꾸는 자로 보았다. 전통적인 '소왕설'은 공자의 정치적 이미지를 강조하며 '소왕개제素王改制'의 형태를 나타냈다. 이는 강유위의 정치적 요구와 부합했기 때문에, 그는 전통적인 '소왕설'에 기초한 자신의 '소왕개제설素王改制說'

27 같은 책, 譬諸水, 江·淮·河·濟, 固水也. 東海, 亦水也. 然江·淮·河·濟, 則流通乎九州之內, 東海則放諸四溟之外. 孔子之修堯·舜·禹·湯·文·武·周公之道而集大成, 猶東海之收江·淮·河·濟之水而爲大洋也. 古堯·舜·禹·湯·文·武·周公之道, 則行乎支那之一世, 而孔子之敎, 則垂于大地之萬世.

28 이병헌은 1914년에 중국으로 건너가 처음으로 강유위(康有爲)를 만났으며, 이후 1925년까지 다섯 차례 중국을 방문하며 학문적 교류를 이어갔다. 경상남도 산청군에 있는 배산서원에는 강유위의 친필이 새겨진 현판이 걸려있다. 이는 1923년에 배산서원을 다시 세운 이병헌이 강유위의 공교 운동을 도입하려는 의도로, 이곳을 국내 공교 운동의 지부로 잠시나마 활용하려 했기 때문이다.

29 馮友蘭, 『中國哲學簡史』長江文藝出版社, 2015. 孔子修『春秋』是代王者立法, 有王者之道, 而無王者之位, 故被稱爲'素王'.

을 내세웠다. 그는 공자가 왕자의 덕을 갖추었으며, 『춘추』에 공자의 '미언대의微言大義'가 담겨 있다고 생각했다. 청나라 말기의 금문경학자 피석서皮錫瑞는 "삼전三傳 가운데, 『춘추』는 후대에 입법立法이 되었고, 오직 『공양公羊』만이 대의大義를 밝혀낼 수 있다"고 하였다. 피석서는 또한 "『공양』만이 『춘추』의 미언과 대의를 모두 전달했으며, 『곡량穀梁』은 미언을 전하지 않고 대의만 전했다. 반면 『좌씨左氏』는 대의를 전하지 않는다"라고 설명했다.[30] 강유위는 공자가 『춘추』를 통해 개제改制의 중요성을 강조했고, 『춘추』의 미언대의가 『공양』에 계승되었기 때문에, 이를 통해 변법變法이 순리적으로 이뤄질 수 있다고 보았다. 따라서 전통적인 공자 소왕설과 강유위의 공자소왕설을 근거로 한다면, 이는 공자를 유교의 교주敎主로 삼으려는 그의 주장이 나름의 정당성을 갖는다는 논리가 성립된다.

소왕설을 통해 교주를 확보했다면, 종교의 정수를 담고 있는 경전經典이 필요하다. 이때 강유위가 취한 방법이 바로 탁고개제托古改制였다. 탁고개제는 '옛것을 빌어 현재를 바꾼다'는 의미로, 강유위는 하夏·은殷·주周 삼통三統을 공자의 가탁假托으로 보았다.

> 하·은·주 삼통三統은 모두 공자가 가탁假托한 것이기 때문에 '주나라에 가탁하는 것을 위주로 한 것이 아니다.[31]

대체로 하·은·주 세 왕조의 문교文敎가 흥성하게 된 것은 사실 공자가 자신의 문교를 세 왕조로 넘겨서 가탁했기 때문이다.[32]

---

30 "『春秋』爲後世立法, 惟『公羊』能發明斯義", "惟有公羊兼傳『春秋』微言大義, 『穀梁』不傳微言, 而傳大義, 『左氏』並不傳義, 特以記事詳贍. 有可以證, 『春秋』之義者." 皮錫瑞, 『經學通論』, 中華書局, 2011, 368쪽.

31 康有爲, 『孔子改制考』, 上海大同译书局, 1898. 卷十一 夏·殷·周三統, 皆孔子所托, 故曰'非主假周'也.

32 같은 책, 三代文敎之盛, 實由孔子推託之故.

즉, 공자는 하夏·은殷·주周 삼통三統을 잇기 위한 수단으로 주례周禮를 활용했을 뿐, 단지 주례만을 위해 그의 학설을 펼친 것이 아니었다는 의미이다. 그 결과, 강유위는 공자가 잊혀졌던 도의道義를 부활시킬 수 있게 되었다고 판단했으며, 동시에 상고시대上古時代를 자료가 부족하여 고증할 수 없는 시대로 판단했다. 따라서 요堯·순舜의 도를 고증학적으로 직접적으로 언급하는 것 또한 불가능하다고 여겼다. 그렇기에 공자가 언급한 성인聖人들은 어디까지나 권위를 빌려오기 위한 수단에 불과하며, 그 존재를 증명할 길이 없다고 보았다. 이러한 관점에서, 강유위는 공자 탄생 이전의 저작을 포함해 육경六經 전체를 공자의 저작으로 단정했다.

> 공자는 육경을 바로잡아서 그 대의와 도를 실행했다.[33]

공자는 교주敎主이자 신령스럽고 밝은 성왕聖王으로, 천지와 짝이 되어 만물을 기르며, 어떤 사람이나 어떤 일이나 어떤 의리도 모두 공자의 큰 도道 속에 포섭되지 않는것이 없다. 따라서 인류의 출현 이래로 지금까지 존재한 적이 없는 대성지성大成至聖이다. 그런데 공자의 큰 도를 찾아보아도 한 글자도 없고, 단지 제자들이 기록한 [공자의] 어록인 『논어』와 외교문서·사령장·사건 발체문 등에 근거하여 기록된 조정의 조각난 문서인 『춘추』가 있을 뿐이다. 만약 『시』, 『서』, 『예』, 『악』, 『역』이 모두 복희씨伏羲氏, 하夏나라, 상商나라, 문왕文王, 주공周公의 옛 전적이며 공자와는 무관하다면, 공자는 겨우 후세의 어진 사대부일 뿐이기 때문에 정현鄭玄이나 주자에 비교해도 오히려 미치지 못할 것이니, 어찌 인류의 출현 이래로 인류의 전체 역사를 통틀어서 존재하지 않았던 지성至聖이 될 수 있

33 董義華, 張榮華編校, 『康有爲全集』, 第3集, 中國人民大學出版社, 2007, 139쪽. "孔子定六經以行其道."

겠는가?[34]

인용문에 따르면, 강유위는 천지天地의 모든 이치가 공자의 도道에 내재하여 있으므로, 공자를 교주敎主이자 신령하고 밝은 성왕聖王으로 인식해야 한다고 주장한다. 그는 공자의 도가 나뉘어 『육경六經』으로 전해졌다고 보았다. 이러한 관점은 이병헌에게도 이어져, 그 역시 공자를 교주로 보고, 그의 도가 『육경』에 담겨 있다는 견해를 수용했다.

> 교주敎主는 공자孔子이다.[35]

> 육경六經은 공자가 직접 작성한 것이기 때문에, 공자의 큰 도가 육경에 전해졌다. (다만) 육경의 뜻이 분명치 않은 것은 공자의 도道가 숨겨졌기隱 때문이다.[36]

여기서 주목할 부분은 '도道'가 숨겨져 있다는 부분이다. 이는 해석에 따라 신비주의적인 접근이 가능하다. 이병헌은 공자를 신비한 진리에 달통한 인물로 여겼기 때문에, 육경六經 역시 그 속에 신비한 비밀이 숨겨져 있다고 믿었다. 이는 공자의 학설을 미언대의微言大義로 보고, 그 속에서 성인의 숨은 뜻을 찾으려 한 이병헌을 비롯한 금문학파의 공통된 이해였다. 이병헌의 『유교복원론』 또한 이러한 관점에서 집필된 작업으로 볼 수

---

34 같은 책, 127쪽. 孔子爲教主, 爲神明聖王, 配天地, 育萬物. 無人無事無義, 不圍範於孔子大道中, 乃所以爲生民未有之'大成至聖'也. 而求孔子之大道, 乃無一字, 僅有弟子所記之語錄, 曰『論語』, 據赴告策書鈔眷之斷爛朝報. 曰『春秋』耳. 若『詩』'『書』'『禮』'『樂』'『易』, 皆伏羲'夏'商'文王'周公之舊典, 於孔子無與, 則孔子僅爲後世之賢士大夫, 比之康成'朱子, 尚未及也, 豈足爲生民未有'範圍萬世之至聖哉?

35 이병헌, 『易經今文考通論』, 韓國經學資料集成(119) · 易經(三十三), 成均館大學校 大東文化研究院, 成均館大學校出版部, 1996, 230쪽.

36 이병헌, 『李炳憲全集』「蹈海叢談」, 六經者, 孔子所手定, 而孔子之大道, 專在六經. 六經之義不明, 則孔子之道隱矣.

있다. 미언대의微言大義의 사전적 의미는 다음과 같다. 이 용어는『춘추春秋』에서 비롯된 독특한 필법으로, 역사적 사건이나 인물을 간결하고 형식적인 문장으로 엄격하게 평가하는 것을 의미한다. 이 필법은 대의명분大義名分을 명확히 드러내고, 엄숙한 논증을 통해 역사를 기록하는 사필史筆이 높은 기준을 갖춘 것으로 간주한다. 결국, 춘추필법春秋筆法은 공자의『춘추』에 담긴 미언대의를 가리키며, 이는 역사적인 사건과 인물을 평가하는 명확하고 중요한 원칙으로 여겨진다.[37] 동시에, '미언대의微言大義'는 다음과 같이 신비적인 의미로도 이해된다. 이 경우 '미언'은 세언細言이나 은어隱語처럼 미래의 징후나 예언을 나타내는 은밀한 말을 뜻하며, '대의'는 인간의 의도된 노력이나 행위로는 결코 이루기 어려운 큰 의미로 해석된다. 이병헌은 이러한 신비주의적 해석에 주목하여, 공자의 학문을 이해했다. 예를 들어, 그는『역경금문고통론易經今文考通論』에서 공자의 학문을 다음과 같이 설명했다.

> 일찍이 듣기로 공자가 죽고 미언微言이 끊어졌고, 70명의 제자가 떠난 뒤에는 대의大義가 어그러졌다.[38]

위 문장은『한서예문지』의 한 구절을 인용한 것이다. 다만,『한서예문지』에서는 "석중니몰이미언절, 칠십자상이대의괴昔仲尼沒而微言絶, 七十子喪而大義乖."로 기록되어 있지만,『역경금문고통론』에서는 "상문공자몰이미언절, 칠십자상이대의괴.嘗聞孔子沒而微言絶, 七十子喪而大義乖."로 기재되어 있어 원본과 다소 차이가 있다. 여기서 상문嘗聞은 '일찍이 들었다'는 의미로,『한서예문지』를 지칭하는 표현으로 이해된다. 이 문맥에서 언급되는 미언微言

---

37 한국문학평론가협회,『문학비평용어사전』, 국학자료원, 2006. '미언대의'항목.

38 이병헌,『易經今文考通論』, 嘗聞孔子沒而微言絶, 七十子喪而大義乖.

과 대의大義는 미언대의微言大義로 간주할 수 있다. 그러나 이병헌이 생각한 미언微言의 특성에 대한 깊은 이해가 필요하다. 그 이유는 미언微言을 어떻게 해석하느냐에 따라 공자의 학문적 성격이 크게 달라질 수 있기 때문이다. 『춘추』의 필법을 미언대의로 해석하기 시작한 사례를 살펴보면, 순자荀子는 「권학편勸學篇」[39] 및 「유효편儒效篇」[40]에서 『춘추』의 속성을 '미微'로 규정했고, 양경楊倞은 「유효편儒效篇」의 주注에서 "한 글자 (마다) 칭찬과 폄하의 뜻이 있으니, 그 문장이 은미隱微하며 그 뜻이 감추어져 있는 것들이 (바로) 이런 것이다"라고 언급했다.[41]

이러한 사례들을 종합해보면, '미微'란 특정 문장을 수단으로 활용하여 원래 의도를 은폐하는 행위로 이해될 수 있다. 또한, 이 숨겨진 의미에 대한 해석은 해석자의 관점에 따라 다르게 이루어질 수 있다. 이는 같은 문장이라도 해석자에 따라 현실적인 의미로 해석될 수 있고, 때로는 초월적인 의미로도 읽힐 수 있다는 것을 의미한다. 이병헌의 경우, 공자를 교주敎主로 간주하고 육경六經을 그의 은밀한 의도가 담긴 경전으로 해석함으로써 탁고개제托古改制 형식을 따랐다. 이러한 해석 방식은 필연적으로 신비로운 태도를 불러일으킬 수밖에 없었다. 이병헌은 육경을 공자의 저서로 간주하면서 다양한 경전을 탐구했고, 공자가 남긴 숨겨진 의미를 찾고자 했다. 특히, 그는 『주역』에서 신도설교神道說敎에 주목하였다.

> 역易은 신도설교神道設敎의 대경大經이다"[42]

---

39 『荀子』「勸學」故書者政事之紀也, 詩者中聲之紀也, 禮者法之大分, 類之剛紀也. 故學之至乎 禮而止矣. 夫是之謂道德之極. 禮之敬文也. 樂之中和也, 詩書之博也, 春秋之微也, 在天地之間者畢矣.

40 『荀子』「勸學」: 故詩書禮樂之歸是矣. 詩言是其志也, 書言是其事也, 樂言是其和也, 春秋言是其微也.

41 안영호, 「『春秋公羊傳』解釋體例硏究」, 漢陽大學校大學院, 박사청구논문, 2003. 2쪽 참조.

42 이병헌, 『易經今文考通論』, 230쪽.

이병헌이 이해한 '신도설교'의 개념은 이를 다루는 몇몇 현대 학자들의 관점과는 다르다. '신도설교'에 대한 다양한 해석을 살펴보면, 다음과 같은 견해가 존재한다. '신도설교'라는 용어는 『주역』 관괘觀卦 단전彖傳에 나오는 문구인 "하늘의 신묘한 도를 봄에 사시四時가 어긋나지 아니하니 성인이 신도神道로 가르침을 베푸니 천하가 복종한다."[43]로부터 유래한다. 이 문구는 『彖傳단전』 관괘(관괘)의 "맹이불천, 유부전약, 하관이화야. 관천지신도, 이사시불특, 성인이신도설교이천하복야盥而不薦, 有孚顒若, 下觀而化也. 觀天之神道, 而四時不忒, 聖人以神道設教而天下服也"라는 구절에서 찾아볼 수 있다. 여기서 '신도설교'는 '신도의 방식으로 교화를 행한다'는 의미로, 시·서·예·악으로 대표되는 전통적인 인도人道가 아닌, 제사나 점복占卜 등과 같은 신비적인 방식을 통해 사람들을 교화하는 것을 가리킨다.[44] '신도'에 대한 이해는 크게 두 가지 관점으로 나뉜다. 하나는 '신도'를 신명神明의 도로 보는 시각이고, 다른 하나는 '신도'를 자연의 도로 해석하는 견해다. 전자의 대표적인 해석가로는 고형高亨이 있다. 고형은 "사람이 신에게 제사를 지내는 이유는 천상에 신이 있고 신도가 존재하기 때문이다. 그렇다면 하늘의 신도를 어떻게 보는가? 이는 사시四時가 정확히 운행하는 것을 통해 알 수 있다. 그러므로 '하늘의 신도를 봄에 사시가 어긋나지 않는다'고 했다. 성인은 이 원리를 토대로 '신도로 가르침을 세우며', 사람들로 하여금 신을 믿게 하고, 신이 선한 자에게는 상을, 악한 자에게는 벌을 주며, 신이 사람의 빈부귀천을 좌우할 수 있다는 믿음을 형성한다. 이는 사람들이 감히 예의를 벗어나거나, 간사한 행위를 하거나, 상급자를 대항하거나 반란을 일으키지 않도록 하는 데 목적이 있다. 따라서

---

43 『彖傳』 觀卦 "盥而不薦, 有孚顒若, 下觀而化也. 觀天之神道, 而四時不忒, 聖人以神道設教而天下服也."

44 정병석, 「周易과 神道說教」, 『태동고전연구』, 제39집, 한림대학교 태동고전연구소, 2017, 168쪽.

'성인이 신도로 가르침을 세우면 천하가 복종한다'는 의미로 받아들여진다."[45]고 설명했다.

다른 한편으로는 '신도'를 '자연의 도'로 해석하는 관점이 있다. 이 관점을 대표하는 학자로는 황수기黃壽棋와 장선문張善文이 있다. 그들은 "신도는 '신묘한 자연의 규율'을 의미한다"고 설명한다. 또한, 아래의 네 가지 구절은 대자연의 신묘한 법칙이 지닌 놀라운 측면과, '성인'이 자연의 규율을 본받아 가르침을 세우는 과정을 의미하는데, 이는 '우러러 살펴보는' 도道의 매우 깊은 의미를 보여준다.[46] 이와 같이, '신도'에 대한 해석은 두 가지 주요 관점으로 나뉘며, 대부분의 해석은 고형의 관점이거나, 아니면 황수기와 장선문의 관점에 귀속되는 것이 일반적이다.[47]

위의 두 관점은 '신도'를 전혀 다른 의미로 해석하는 것이 아니다. 고형은 주로 신도의 사회적 기능과 그 영향에 중점을 둔다면, 후자의 관점은 자연이 지닌 신묘한 법칙에 초점을 맞추고 있다는 점에서 차이가 있을 뿐이다. 고형도 "어떻게 하늘의 신도를 보는가? 사시가 운행하는데 어긋나지 않음을 통해서이다."라고 언급하며, 사시, 즉 자연의 법칙성을 통해 '신도'를 바라본다. 이는 두 관점이 충돌하지 않음을 보여준다. "천의 신도를 봄에 사시가 어긋나지 않는다."는 관점에서 '신도'는 자연의 천도天道로 해석될 수 있으며, 신도설교는 자연의 법칙에 기반하여 이를 창의적으로 해석한 것을 의미한다. 이는 종교적 도구주의를 암시하는 후대의 개념과는 거리가 있다. 이러한 맥락에서 '신도'는 근본적으로 자연의 질서와 일치하며, 이를 바탕으로 한 가르침은 창조적인 해석을 반영하는 것으로 볼 수 있다.[48]

45 高亨, 『周易大傳今注』, 齊魯書社, 1979, 214쪽.

46 黃壽棋 · 張善文, 『周易譯注』, 上海古籍出版社, 1989, 173쪽.

47 陳望衡, 「『周易』"神道"析」, 『周易研究』, 제2집 1999, 54~55쪽 참조.

48 정병석, 「周易과 神道說敎」, 171쪽.

> 공자가 교주인 이유는 … 신령스러운 교화의 뜻을 올바로 다한다는 데에 있으니, 이것이 (공자가) 요순보다 더 현명하여 사람이 생겨난 이래 일찍이 없었던 분이 되는 까닭이다.[49]

이병헌은 공자가 교주敎主로 여겨지는 이유를 신성한 교화神化에서 찾았으며, 『주역』과 『논어』에 나타나는 비일상적인 내용들을 모두 '신도神道'의 영역으로 해석했다. 예를 들어, 『주역』에서 언급되는 궁신窮神과 진신盡神 등은 성령계性靈界의 현상으로 보았으며, 『논어』에서 언급된 살신성인殺身成仁은 성령性靈을 강조하고 육체를 경시하는 것으로 해석했다.[50] 이러한 해석은 공자의 가르침에 대한 종교적 또는 영적 측면을 강조하며, 이병헌이 신도에 관한 기존의 관점을 확장시켰음을 보여준다. 그의 해석은 공자의 교리를 단순한 철학적 또는 윤리적 맥락을 넘어서, 신성한 의미와 영적인 요소로 파악하는 접근법을 제시하고 있다.

2) 기독교 본따르기 한 이병헌의 공자교

이병헌이 기독교를 모델로 삼은 이유는 당시의 시대적 상황을 고려할 때 합리적인 것으로 보인다. 이병헌이 활동했던 시기는 동양이 힘을 잃고 서양이 부상하던 시기였으며, 이에 따라 서양 문화, 특히 종교적 측면에서의 관심이 높아졌다. 이러한 배경 속에서 이병헌은 유교를 종교로 해석하면서 기독교의 개념을 참조한 것으로 보인다. 이병헌은 과학에 대한 언급을 자주 했는데, 이는 서양의 과학적 성과와 함께 서양 정신의 기저에 깔린 'religion'에 대한 관심이 높아졌기 때문으로 해석된다. 이러한

49 이병헌, 『李炳憲全集』 孔子所以教主者 … 盡神化之義其所以賢於堯舜生民未有之實
50 이연승, 「이병헌의 유교론 "비미신적인 신묘한 종교"」, 27쪽 참조.

맥락에서 종교의 개념을 이해하는 데 기독교를 본보기로 삼는 것은 시대적 흐름과 부합한다고 볼 수 있다. 이병헌의 글에서는 기독교와 예수를 연상시키는 내용이 종종 나타나는데, 이는 유교를 종교적으로 설명하기 위해 기독교를 참고했음을 시사한다. 이병헌이 주장한 '구원'과 '구세'는 교주의 가르침을 통해 세상을 구하는 형식을 취하고 있으며, 이 과정에서 구원자로서의 공자孔子의 역할을 강조한다. 이는 유교의 종교적 측면을 이해하는 데 기독교의 개념을 모델로 삼았다는 결론으로 이어진다.

> 유교가 어떤 종교인가 묻자 (이병헌은) '유교란 (오직) 공자의 가르침이다.' 답했다.[51]

그는 유교의 성격을 묻는 물음에 대해, 공자의 가르침이 유교의 전부라고 단언한다. 이러한 해석은 신약 성경에서 예수를 이스라엘 역사상 유일무이한 왕, 대제사장, 예언자로 정의하는 것과 유사한 방식으로 이해될 수 있다. 예수가 이스라엘 민족의 중요한 역할을 통합적으로 수행하고 최종적으로 인지된 존재라면, 공자는 유교의 핵심이자 유일한 교주로서 유교 사상의 본질을 완전히 아우르는 인물로 자리매김하고 있다. 이처럼, 공자를 유교의 유일한 원천으로 보는 그의 견해는 유교의 정체성을 확고하게 규정한다.[52]

> 그러므로 만물이 그를 위하고 또한 그로 말미암은 이가 많은 아들들을 이끌어 영광에 들어가게 하시는 일에 그들의

51 이병헌,『李炳憲全集』, 177쪽. 儒教名義 "問儒教者, 何教也. 答儒教者, 孔子之教也.

52 이상성「진암 이병헌의 유교개혁론과 공교운동 – '유교복원론'을 중심으로」『한국철학논집』 제4권, 한국철학사연구회, 1995, 141쪽에서, 진암 이병헌이 서양의 기독교적 유일신 사상을 의식하고 있었으며, 이러한 관점이「儒教復原論」전반에 나타났다고 결론을 내렸다. 논자는 이상성의 견해에 동의하는 바이다.

구원의 창시자를 고난을 통하여 온전하게 하심이 합당하도다.(개역개정4판, 히브리서 2:10)

In bringing many sons to glory, it was fitting that God, for whom and through whom everything exists, should make the author of their salvation perfect through suffering.(NIV, Hebrews 2:10)

이르되 주 예수를 믿으라 그리하면 너와 내 집이 구원을 얻으리라.(개역개정 4판 사도행전 16:31)

They replied, 'Believe in the Lord Jesus, and you will be saved-you and your household.'(NIV Acts 16:31)

예수가 구원의 창시자이며, 그의 가르침을 믿고 따르는 것으로써 구원을 얻을 수 있다는 믿음은 이병헌이 공자를 대하는 태도와 유사하다. 이는 이병헌이 공자를 교주로 인식하는 핵심 조건을 세상을 구원하려는 의지로 보았기 때문이다. 이병헌은 공자의 가르침을 통해 세상을 구원하고자 하는 사명감을 강조했으며, 이는 예수가 자신의 가르침을 통해 구원의 길을 제시하는 것과 유사한 구조를 가진다. 이러한 유사성은 이병헌이 공자를 교주로 해석하면서 개신교의 구원 개념으로부터 영감을 받았을 가능성을 시사한다. 비록 이병헌이 직접적으로 개신교의 영향을 언급하지는 않았지만, 구원이라는 개념이 개신교의 핵심 요소임을 고려할 때, 그의 공자 해석 방식에 개신교의 영향이 존재했을 것으로 추정할 수 있다.

공자는 하늘에 짝하는 덕이 있어, 만세의 백성을 구원하기

에 교주敎主가 될 수 있다.[53]

이때 '구원'은 성령性靈의 구원을 의미한다. 원래 유학에서는 '성령'이라는 용어를 사용하지 않는다. 그러나 이병헌은 유학을 신도神道를 추구하여 현세에서 구원을 이루는 종교로 인식했기에, 인간의 본질을 나타내는 '심心'을 '성령性靈'으로 해석했다. 이는 그가 1921년에 쓴 『심여신心與神』에서 '심心'과 '신神'을 동일시하는 것으로 그의 입장을 확인할 수 있다.[54] 이처럼 이병헌은 유학의 맥락에서 성령이라는 개념을 도입하여, 인간의 심心이 신도와 연결되어 구원으로 나아가는 종교적 의미를 부여했다. 나아가 구원을 얻기 위해서는 영적 스승인 공자를 따라야 한다. 이로써 공자는 영적 지도자이면서 동시에 스승으로서의 역할을 수행하게 된다. 이러한 구조는 예수의 역할과 유사하다. 예수가 신약 성경에서 구원을 이끌고 스승의 역할을 수행하는 것처럼, 이병헌이 묘사하는 공자 또한 유교의 영적 지침을 제시하며 인도하는 역할을 한다. 이러한 유사성은 이병헌이 공자를 종교적 맥락에서 해석하고 있음을 보여주며, 이를 통해 유교의 종교적 측면을 강조하고자 했던 그의 의도를 드러낸다.

> 주께서 너희에게 환난의 떡과 고생의 물을 주시나 네 스승은 다시 숨기지 아니하시리니 네 눈이 네 스승을 볼 것이며 (개역개정 4판, 이사야서 30:20),

---

53 이병헌, 『李炳憲全集』 孔子則以其爲敎主而其所以爲敎主者則以其有配天之量救萬世之民也.

54 이병헌, 『心與神(上)』夫神也者, 位乎形氣之上, 行乎形氣之中, 其反復往來之燦然, 有端緖家可見, 脈絡可尋者, 謂之理也. 然其當體而言, 則理非神也, 乃所以狀神之德者也.", 371쪽, "且就形氣理神名義而論之, 凡於天地之間, 視之而可見, 觸之而可捫者, 謂之形. 以精元之凝聚而謂之氣, 以端緖之條暢而謂之理." 372쪽.

Although the Lord gives you the bread of adversity and the water of affliction, your teachers will be hidden no more; with your own eyes you will see them.(NIV. Isaiah 30:20)

이병헌은 공자의 가르침을 따르고 실천하는 것이 구원을 얻을 수 있는 유일한 길임을 거듭 강조했다. 그 이유는 공자가 상제上帝의 대리자이자, 신도神道를 설교할 수 있는 유일한 존재로 간주했기 때문이다. 이병헌에게 있어 공자는 예수와 마찬가지로, 상제가 이 땅에 인도를 선포하고 구세를 위해 현존한 존재였다. 이러한 관점은 공자를 단순한 철학자나 교사로 보는 시각을 넘어서, 종교적 맥락에서 상제의 대리자로 바라보는 이병헌의 해석을 잘 보여준다. 이를 통해 이병헌은 유교의 종교적 측면을 부각시키며, 공자를 통해 구원의 길을 제시하려 했다.

> 진실로 내가 본래부터 지닌 성령性靈으로서 직접 상천上天에 나아가 성사聖師, 즉 공자를 감촉한다면 좌우에서 근원을 만날 것이며, 일을 행하는 데에도 무사할 것이니, 오직 걱정할 일은 진심으로 공자를 배울 수 없는 일이다.[55]

위 문장에서 "성령性靈"의 정확한 의미는 명확하지 않지만, 문맥상 이를 개인의 본질이자 주체인 '마음心'으로 해석할 수 있다. "상천上天"이라는 표현은 신도神道의 스승인 공자가 머무는 곳으로 이해되며, 이는 기독교의 천국을 연상시킨다. 또한, "감촉感觸"이라는 표현도 기독교에서 영적 체험을 나타내는 용어로 해석될 수 있다. 이러한 표현들은 이병헌이 종

55 이병헌, 『李炳憲全集』「儒敎復原論」苟以吾人固有之性靈 直接於上天 感觸於聖師 則左右逢原 行其所無事 但患不能嗔心學孔子耳.

교를 신비神祕로 정의하고, 교주인 공자의 가르침을 신화神化와 신도神道의 관점으로 이해한 것과 관련이 있을 것이다. 이러한 해석을 통해 이병헌의 종교적 유교는 기독교적인 사유 방식을 본보기로 삼고 있음을 알 수 있다. 동시에 그는 단순히 기독교를 모델로 삼는 데 그치지 않고, 유교의 우월성을 강조하여 유교를 세계 종교로 자리매김하려 했다. 나아가 이병헌은 자신의 활동을 마르틴 루터의 종교개혁과 비교하며, 자신의 우월성을 강조하기도 했다. 이는 그가 유교를 재해석하고 이를 현대 사회에서 종교적 정체성을 확립하려는 노력을 보여준다.

> 루터가 복원한 것은 실제 머리와 얼굴만을 개조한 것이지만 내가 복원했다는 것은 (유교) 경전으로 돌아가 그 근본을 회복한 것이다.[56]

이병헌은 개신교와 공자교를 모두 구세救世의 관점에서 접근하였다. 그의 저서 「儒教沿革유교연혁」에서 개신교가 예수를 구세주로 보는 것처럼, 공자교에서는 공자를 구세주로 여긴다고 강조하였다. 이를 통해 두 종교의 유사성을 부각시키며, 공자교가 개신교에 뒤지지 않는 종교적 정체성과 구원의 메시지를 지닌 종교임을 주장하였다. 또한, 공자교 운동에서 자신의 역할을 루터와 비교하며 더 우위에 있음을 자임하였는데, 이는 공자교가 현대 사회에서 새로운 종교적 흐름을 주도할 수 있다는 자신감에서 기인한 것으로 보인다. 다음은 「유교연혁」에 나타난 이병헌의 주장을 대략적으로 정리 한 것이다. "유교의 진리는 태일太一에서 근원 하니 충막무짐沖漠無朕 하며 천지의 큰 기운을 타고서 온 우주를 마음껏 노닐 수 있다고 정의한다. 그리고 이를 바탕으로 복희·단군·요·순·우·탕

56 같은 책, 儒教名義, 路得氏之復原, 實改頭換面, 而吾所謂復原者, 乃反經歸本也.

·문·무·석가·노자·소크라테스·예수·정·주·퇴·율·육·왕·루소·와싱톤워싱턴 등 동서고금의 여러 성인과 철인哲人들의 업적이 이루어졌다고 주장한다. 그는 다시 석가·노자·예수에 비해 공자의 도리는 무외극태無外極太하여 천하의 공리公理가 될 수 있고, 따라서 유교적 진리는 이들의 교리를 다 포함하는 것으로 무한하다고 덧붙인다. 특히 석가와 예수의 가르침은 크고 영구하기는 하지만, 하나는 상上 말하였으되, 하下를 잃어버렸으며, 다른 하나는 세간世間을 벗어났지만, 다시 세간으로 들어오지는 못하였으니, 잡박편전雜駁偏全 하여 가지런하지 못하다고 평하고 그 완전성을 교주 공자에서 찾을 수 있다고 밝혔다."[57] 이처럼 이병헌이 유교를 모든 종교의 우위에 둔 까닭은 오직 유교만이 완성된 종교이며 언젠가 모든 종교가 그것에 귀일한 것이라 여겼기 때문이다.[58]

또 이병헌은 유교가 종교로서 완성될 수 있었던 것은 교주인 공자의 역할 덕분이라고 주장한다. 공자가 유교의 기초를 세우고, 그의 가르침을 통해 종교적 가치를 부여했기에 유교가 종교로 자리 잡을 수 있었다는 것이다.

> 만약 공자가 인류의 불변하는 궤도를 벗어나 오로지 출세간법만을 행하였다면, 만세를 위하여 태평을 연 교조가 될 수 없었을 것이다.[59]

그는 여타 종교가 신도神道 인도人道 가운데 하나에 치우치는 데 비해 유교는 일상적 삶을 이야기하면서도 동시에 하늘의 이치와 합일 되는 하학상달下學上達을 내용으로 가지기에 완성된 종교로 주장한다. 또 공자가

57 같은 책, 「儒教沿革」, 185쪽.
58 같은 책, 「儒教復原論」 儒教結果 孔子之教 必大行於全救 愚則曰 不必待百年也. 192쪽.
59 같은 책, 「儒教復原論」 儒教沿革, 189쪽.

천天과 성性을 언급하지 않은 것에 대해서는 말하지 않는 것이 아니라 말하기 쉽지 않기 때문이라 했다.[60] 이는 천과 성이 신도에 해당하기에 자칫 그 경지에 도달하지 못한 이들이 미혹됨에 빠져 미신으로 빠질 것을 두려워했기 때문이라 할 수 있다.[61] 따라서 그는 마음의 수양을 통해 인도人道를 실천함으로써 자연스럽게 공자가 제시한 신도神道의 경지에 도달할 수 있음을 강조했다. 그리고 이 경지는 곧 기독교의 천당이나 불교의 극락에 상응한다고 주장하며, 다시 한번 유교가 여타 종교를 포괄할 수 있음을 강조했다.

> 사람은 그 마음을 수양할 수 있으니, 지각과 기운을 나날이 밝힌다면 점차 신神의 경지로 들어갈 수 있다. 입신入神이란 (『주역』「계사전」에서 말하는) 감응하여 마침내 통하는 것感而遂通을 말하니, 하늘과 사람이 감응하여 통하면 즐거움이 다할 수 없게 되어 세상에서 숨어도 근심이 없고, 죽어도 괜찮게 된다. 이와 같다면 살아서는 심心이 천지와 더불어 참여하고, 죽어서는 신神이 조화와 더불어 노닌다. 이것을 일컬어 천당, 극락이라고 해도 옳지 않겠는가![62]

이상으로, 이병헌이 종교를 어떻게 이해했는지 살펴보았다. 그는 종교를 신비로운 현상으로 정의하면서, 공자의 유교 또한 이러한 정의를 충족시킨다고 보았다. 더 나아가, 그는 유교를 모든 종교를 통합할 수

60 같은 책, 「經說 · 中庸說」 孔子之敎, 雖主上達而必下學. 故罕言性 與天道, 非不言也, 言之不易出也. 不語神者, 言之尤甚難也. 是知聖人之學, 原於性與天道.

61 황지원, 「진암(眞庵) 이병헌(李炳憲)의 공교사상(孔敎思想)에 있어서 '심즉신(心卽神)'의 의미와 특성」『동아인문학보』. 55집. 동아인문학회, 2021, 344쪽 참조.

62 이병헌, 『李炳憲全集』「儒敎復原論」 儒敎希望 人能修養其心, 使知氣日明, 則漸進於神矣. 入神者, 卽感而遂通之謂也. 天人感通, 樂不可極, 遯世無悶, 夕死亦可. 如此者, 生而心與天地參, 死而神與造化遊, 此之謂天堂極樂, 不亦可乎. 191~192쪽.

있는 궁극적인 종교로 해석하면서, 종교의 다양성을 인정하되 공자의 우월성을 주장함으로써 유교의 사라진 종교적 지위를 회복하고자 했다. 비록 그의 해석이 다소 견강부회牽强附會의 요소를 포함하고 있지만, 'religion'이라는 개념을 통해 종교를 이해하고 자신의 관점에 따라 해석하려는 노력은 근대 이행기 유교를 복원하려는 지식인으로서 의미 있는 시도라고 볼 수 있다. 다음은 그와 마찬가지로 근대 이행기 영남지역에서 활동했던 해창 송기식에 대해 자세히 살펴보도록 하겠다.

4. 해창 송기식 신앙으로서의 종교

송기식의 본관은 진천鎭川이고, 자는 치공穉鞏, 호는 해창海窓이다. 그는 1878년에 현재의 경상북도 안동시 송천동에서 태어났다. 그의 스승들은 조부祖父 정구현(鄭九鉉, 1839-1919), 척암拓庵 김도화(金道和, 1825-1912), 서산西山 김흥락(金興洛, 1827-1899), 향산響山 이만도(李晩燾, 1842-1910) 등이었다. 초기에는 조부와 김도화를 따라 의병 활동을 비롯한 위정척사파로 활동하였으나, 1910년 이후 무력 투쟁의 한계를 느끼고, 교육을 통해 개혁과 구국 활동으로 노선을 변경하였다. 이 과정에서 서양 학문과 사상을 유학 관점에서 수용하고, 유교의 폐단을 지적하며 나아갈 방향을 제시하는 등 유교 개혁론에 힘썼다. 그의 교육 활동은 1909년 이상룡의 지시에 따라 건립한 근대식 학교인 봉양서숙鳳陽書塾을 시작으로, 1925년 인곡서당麟谷書堂, 그리고 1932년 녹동서원鹿洞書院의 강의로 이어졌다. 특히 녹동서원에 재직 당시, 송기식은 서원의 커리큘럼에 자신의 교육 철학과 이론을 반영하여 현실에 적용하고자 노력했다. 이후 고향인 안동으로 돌아와 유교회儒敎會 지부를 설치하여 자신의 교육 신념을 이어가고자 했으나, 지역 인사들의 반대로 실패하고 말았다. 송기식은 다수의 저서를 남겼는데, 대표적인 저서로는 『한문훈몽漢文訓蒙』, 『유교유신론儒教維新論』, 『국문사서國文四書』, 『사서차의四書箚疑』, 『격치도格致圖』, 『시학운총詩學韻叢』 등이 있다. 이 가운데 종교에 대한 그의 생각이 가장 많이 담긴 것은 『유교유신론儒教維新論』이다.

1) 신앙으로서의 종교 - 믿음信에서 신앙信仰으로

이병헌이 종교宗教를 'religion'의 의미로 이해하며 신비적 측면에 초점을 맞췄다면, 송기식은 신앙信仰의 개념을 통해 종교를 이해했다. 여기서 신앙信仰은 유교유신儒教維新을 통해 기존의 앎을 버리고 공자에 대한 절대적인 믿음을 가진 상태를 뜻한다. 신앙이란 단어는 『유교유신론儒教維新論』 서문序文에 나오며 신앙심信仰心 또는 신앙력信仰力과 같은 개념으로 사용되는데 그것을 가진 최초의 대상으로 송기식 자신을 삼는다. 이것에 대해서는 논의를 진행하는 과정에서 자세히 다루도록 하겠다. 우선 그가 유교유신에 도달한 까닭을 살펴 볼 필요가 있다. 그것에는 여러 가지 요소들이 있겠지만 특히 주목할 부분은 '총원설總原說'로 대표되는 그의 학문적 태도이다. 총원설은 일찍부터 그가 가졌던 학문적 경향에 정수로서 그 내용은 세계에 존재하는 종교, 사상, 철학, 과학 등의 모든 지적知的 대상이 본래 하나였으며, 분열과 분화된 것을 다시 하나로 통합해야 한다는 주장을 내용으로 가진다. 이는 개방적이고 진취적이며 종합적인 그의 학문적 태도에서 기인한 것으로 보인다.

오늘날은 세도가 크게 열려서 각종 여객 수단으로 왕래를

> 끊임없이 하는지라 세계라고 하는 것이 옛날의 백배가 되었다. 이에 백인의 학설을 들을 수 있으니, 루소의 사회계약론이 마침내 공화제를 이루었고, 다윈의 진화론이 문명의 발전을 고무시켰고, 제임스 와트의 증기에 관한 학설과 벤자민 프랭클린의 전기에 관한 학설이 천지를 뒤흔든 것이 과연 어떠했는가. 게다가 마르크스의 과학설과 톨스토이의 노동설이 천지를 휩쓸어오고 있다. … 오늘날 배우는 자들은 살피지도 않고 법문으로 삼으니, 그 또한 그릇된 것이다. 그렇다면 장차 어떤 학설로 천하를 환하게 밝힐 것인가. 나는 그래서 '총원설總原說'이 오늘날의 급선무라고 말하니, 이는 무엇인가. 옛날에 성선설과 성악설이 공자의 문하를 분열시켰고, 주자朱子의 설과 육상산陸象山의 설이 송학宋學을 분쟁시켰으니, 신구新舊의 학설이 서로 용납하지 못하여 민족이 어지러웠다. 그렇다면 이것으로 끝나 버리고 말 것인가.[63]

위 내용은 『해창집海窓集』에 수록된 「학설좌우세계론學說左右世界論」의 일부이다. 이 글에서 송기식은 서양의 제도와 문물의 혁신성을 언급하면서, 동양의 분열적인 한계를 지적하고 이러한 차이를 통합할 필요성을 강조한다. 그리고 그는 다음과 같은 결론을 제안한다.

> 천하의 일에 어찌 원만하여 아무리 던져도 깨지지 않을 이치가 없겠는가. 지금 성리니 학설이니 종교이니 과학이니 하는

63 宋基植, 『海窓集』, 권5 「學說左右世界論」, 今世道大闢, 梯航絡繹, 所謂世界者, 百倍昔日矣. 於是乎, 得聞白人之所謂學說者, 盧陵民約之說, 終致共和之制, 達爾文進化之說, 鼓發文明之階, 瓦特之汽說, 富蘭克 令之電說, 其掀天地者, 果如何也. 況麥喀士之科學說, 杜翁之勞動說, 方捲地而來矣. …今學者不省以爲法門, 其亦誤矣. 然則將以何等說, 白日于中天耶. 余故曰總原說. 爲今日急務何 也. 昔者, 性善惡說, 分孔門裂, 朱陸說, 分宋學爭, 新舊之說, 不相容而民族駁, 然則終此而已乎. 天下之事, 豈圓活顚樸不破之理乎.

> 것을 서로 포괄하여 장차 여러 학설을 합하고 절충하여 '총원설'이라고 한다. 이 학설은 공자의 '시중설時中說'로부터 나왔으니, 바로 대동설大同說의 선구이고 집대성의 원안이다.[64]

그가 내린 결론은 공자의 시중설時中說과 대동설大同說이다. 이는 그가 서양의 학문을 중요하게 여겼지만, 당시 지식인들과 마찬가지로 동도서기東道西器, 중체서용中體西用 등과 같이 동양의 정신을 중시하는 태도를 지녔기 때문일 것이다. 그는 공자의 시중설이 동서의 사상을 융합하고 서로 다른 사상들을 하나로 통합할 수 있다고 믿었다. 이러한 견해는 공자의 대동大同에 대한 그의 이해를 통해 확인할 수 있다.

> 仙教의 至治, 佛教의 大乘, 곧 널리 人間의 全般的 救濟를 목표로 삼는 것, 예수教의 審判 천도교의 廣濟는 모두가 儒教의 大同이 이것이며 …[65]

위의 글은 『유교유신론』 12장 「현금 각종교와 서구 각학설의 고증비례現今 各宗教와 西歐 各學說의 考證比例」의 내용이다. 여기서 송기식은 도교, 불교, 천도교의 주요 개념인 지치知致, 대승大乘, 광제廣濟를 대동大同 개념 아래에 통합하겠다고 선언했다. 실제로 이들 종교를 하나로 묶거나 언급된 개념들을 종합하는 것은 어려운 일이지만, 그는 이를 거침없이 진행하고자 했다.

이는 유교와 공자의 절대성에 대한 강한 신념에서 비롯된 것으로 해석될 수 있다. 이러한 신념은 상당 부분 송기식의 종교에 대한 이해가 뒷

64 같은 책 「學說左右世界論」 今性理云學說云宗教云者, 互相包容, 將合衆說而折衷之, 曰總原說. 此說自孔子時中說來, 卽大同說之先聲 也, 集大成之原案也.

65 송기식, 『유교유신론』, 대구(발행처미상), 1998, 99쪽.

받침하고 있다. 송기식은 종교에 대한 자신의 주장을 특히 『유교유신론』에서 자세히 다루었는데, 여기서 그는 종교를 단순한 개념으로 정의하지 않고, 실천적인 관점에서 신앙信仰과 결합해 설명하고자 했다. 그의 『유교유신론』에는 '신앙信仰' 또는 '신앙력信仰力'이라는 표현이 자주 등장하는데, 이는 그가 종교의 이해에 있어 기독교를 상당 부분 참고했음을 시사한다. 왜냐하면 '신앙信仰'이라는 두 글자는 기존에 통용되던 용어가 아니라, 20세기에 접어들어 드물게 사용되기 시작한 개념이기 때문이다.

이전에는 도불道佛을 따르는 이들을 지칭할 때 '신信' 한자一字로 표기하는 것이 일반적이었다.[66] 가끔 '신信'과 '앙仰'을 결합하여 '신앙信仰'이라는 용어를 사용하기도 하지만 종교적 의미로 사용된 경우는 보이지 않는다.[67] '믿고 경모景慕한다'는 종교적 의미로 신앙이 사용되기 시작한 것은 1905년부터다.[68]

---

66 『세종실록』 3권, 세종 1년 1월 11일 병진(丙辰) 2번째 기사에서는 "불교를 존중하고 믿는 것은 제왕의 성덕이 아니기에, 신은 이것을 취하지 않습니다."(崇信釋教非帝王盛德臣竊不取)라고 기록되어 있다. 『세종실록』 5권, 세종 1년 9월 1일 계묘(癸卯) 7번째 기사에서는 "황제께서 그 사실을 모르고 불교를 숭상하며 공경한다면, 이는 내가 하늘을 속이는 것이 될 것입니다."(皇帝若不知其實崇信致敬則是吾欺天)라고 기록되어 있다. 또한, 『세종실록』 45권, 세종 11년 9월 30일 계유(癸酉) 3번째 기사에서는 "지금의 세속은 옛 습관을 따라 무당과 박수의 요사하고 허탄한 말에 미혹되고 있어, 이를 높이고 믿어 어떤 때는 집에서, 어떤 때는 들에서 행하지 않는 데가 없습니다."(今之世俗尚循舊習惑於巫覡妖誕之說, 是崇是信或家或野, 無地不作)라고 언급되었으며, 『세종실록』 67권, 세종 17년 3월 8일 경진(庚辰) 4번째 기사에서는 "법이 시행되지 않는 것은 군상(君上)으로부터 시작되기에, 이를 금지하지 않으면 백성의 불교 숭배를 금지하기 어려울 것입니다."(法之不行自上始之不禁此事而禁下民之崇信殆亦難矣)라고 기록되어 있다.

67 『숙종실록』 15권, 숙종 10년(1684) 9월 20일 계미(癸未) 2번째 기사에는 "바야흐로 의지하고 믿으면서 성공하기를 바라는 마음이 간절한 때"(方切倚信仰成之辰)라고 기록되어 있다. 『숙종실록』 60권, 숙종 43년(1717) 10월 26일 병오(丙午) 2번째 기사에서는 "내가 존신(尊信)하면서 도와서 완성시켜 주기를 바라는 마음"(余之尊信仰成)이라고 언급하고 있다.

68 이 기록들은 국사편찬위원회에서 제공하는 '한국사 데이터베이스(https://db.history.go.kr/)'와 국립중앙도서관에서 제공하는 '대한민국 신문 아카이브(https://www.nl.go.kr/newspaper/)'의 검색 결과를 기반으로 한다.

李倅熱誠義州監理 李民溥氏가 耶蘇敎會小學校에 屢次 來臨ᄒᆞ야 熱心勸奬ᄒᆞ고 兼ᄒᆞ야 耶蘇敎의 信仰心이 大有ᄒᆞ야 逢人輒勸ᄒᆞᆫ다더라.[69]

위 기사에서 '신앙심'이라는 단어가 등장하는 문맥은 예수교, 특히 개신교와 관련된 것으로 이해될 수 있다.

夫吾敎ᄂᆞᆫ 天道之大原일ᄉᆡ 曰天道敎라 吾敎之刱明이 及今四十六年에 信奉之人이 如是其廣ᄒᆞ며 如是其多로ᄃᆡ 敎堂之不遑建築은 其爲遺憾이 不容提說이오 現今人文이 闡明ᄒᆞ야 各敎之自由信仰이 爲萬國公例오 其敎堂之自由建築도 亦係成例니 吾敎會堂之翼然大立이 亦應天順人之一大表準也라 惟我同胞諸君은 亮悉喜敎會堂建築開工은 明年二月노 爲始事天道敎大道主 孫秉熙[70]

위 인용에서 '교지자유신앙敎之自由信仰'이라는 표현에 '신앙信仰'이 사용되었다. 이 기사는 1906년 '오오키 다케오의 연설'보다 1년 앞서 등장했기 때문에, 당시에도 종교와 신앙의 자유 개념이 사용되고 있음을 확인할 수 있다. 이 기사에서 신앙의 대상은 천도교로 언급되었으며, 시간이 지나 1908년 기사에도 '신앙信仰'이라는 표현이 등장한다.

本人이 一進會에 退出ᄒᆞ야 天道敎를 信仰ᄒᆞ오니 僉君子ᄂᆞᆫ 照亮ᄒᆞ시옵順安郡居康彦 告白[71]

---

69 『황성신문』, 1905.10.27.
70 『대한매일신보』「夫吾敎ᄂᆞᆫ 天道之大原일ᄉᆡ 曰天道敎라」 1905.12.13.
71 『대한매일신보』「本人이 一進會에 退出ᄒᆞ야 天道敎」 1908.02.19.

위 기사는 일진회를 탈퇴한 후 천도교를 믿게 된 사실을 친구들에게 고백하는 내용이다. 이 기사에서 천도교가 '신앙信仰'의 대상으로 언급되었다.

> 海州郡朴昌鎭氏ᄂᆞᆫ 耶蘇教ᄅᆞᆯ 信仰ᄒᆞᆫ지 多年에 家本淸貧ᄒᆞ고 只有一婢矣러니 一日은 招致該婢ᄒᆞ야 驗之曰爾亦天賦ᄒᆞᆫ 人이라 我豈忍羈絆乎아ᄒᆞ고 燒券放釋則 該婢가 感泣而去ᄒᆞ니 一鄕人이 無不稱贊ᄒᆞᆫ다더라.[72]

위 기사는 개신교 신자가 천부인권天賦人權을 근거로 여자 노비婢를 해방한 내용을 다루고 있다. 여기에서도 '신앙信仰'이라는 표현이 사용되었으며, 그 대상은 개신교이다. 이러한 기사들을 통해 추론해 보면, 당시 '신앙信仰'으로 지칭된 대상은 개신교와 천도교, 즉 믿음을 기초로 한 종교임이 확인된다. 또한 지금까지의 자료를 고려하면, 유교는 아직 신앙의 대상이 아니었던 것으로 보인다. 이는 종교宗教의 개념이 'religion'으로 변화하던 시기와 궤를 같이하는 것으로 여겨진다. 이러한 변화는 1908년 무렵부터 민간뿐만 아니라 국가의 공식적인 의견에서도 '신앙'이라는 표현이 사용되기 시작했다는 점에서 추론할 수 있다.

> ① 人民의 信仰ᄒᆞᆷ을 從ᄒᆞ야 別로히 管理ᄒᆞᆯ 方法을 定ᄒᆞᆷ。歷代廟殿陵祠及地方에 設置ᄒᆞᆫ 社稷壇、文廟ᄂᆞᆫ 總히 政府에 所管으로ᄒᆞᆷ。本令은 頒布日로븟터 施行ᄒᆞᆷ.[73]

> ② 第七條 大報壇 萬東廟 崇義廟 東關廟 南關廟 北關廟及地方

72 『대한매일신보』「善哉朴氏」 1908.03.06.

73 『순종실록』 2권, 순종 1년 7월 23일 陽曆 3번째 기사.

(安東星州莞島南原全州開城平壤)關廟의祭祀를廢止ᄒᆞ고大報壇基址ᄂᆞᆫ宮內府에셔保管ᄒᆞ며崇義廟北關廟ᄂᆞᆫ國有에移屬ᄒᆞ고萬東廟 東關廟 南關廟及地方關廟ᄂᆞᆫ該地方官廳에下付ᄒᆞ야ᄡᅧ人民의信仰ᄒᆞᆷ을從ᄒᆞ야別로히管理ᄒᆯ方法을定ᄒᆞᆷ[74]

③ "嗚乎라 韓國은 儒教國이라 今日 韓國의 衰弱이 此에 至ᄒᆞᆷ은 其惟儒教를 信仰ᄒᆞᆫ 所以가 아닌가 曰否라奚其然이며 奚其然이리오 儒教를 信仰ᄒᆞᆷ으로 衰弱ᄒᆞᆷ이 아니오 儒教의 信仰이 其道를不得ᄒᆞᆫ 故로 衰弱이 此에 至ᄒᆞ니라 … 抑又壹二哲人君子가 有하야 眞心으로 儒教를 崇奉ᄒᆞ며 儒教를 信仰ᄒᆯ지라도 此亦其眼光이 太同에 不及ᄒᆞ고 只是小節에 區區ᄒᆯ ᄲᅮᆫ이라 於是乎 道德이 破壞ᄒᆞ고 民智가 腐敗ᄒᆞ야 今日에 遂至ᄒᆞ얏스니 故로 余ᄂᆞᆫ 曰儒教의 信仰이 其道를 不得ᄒᆞᆷ으로 衰弱이 此에 至ᄒᆞ얏다 ᄒᆞ노라"[75]

④ 九 宗教欄에ᄂᆞᆫ其信仰ᄒᆞᄂᆞᆫ宗教名을記ᄒᆞᆷ이可ᄒᆞᆷ但雜神教를信ᄒᆞᄂᆞᆫ者ᄂᆞᆫ其名稱을記ᄒᆞᆷ이可ᄒᆞᆷ[76]

①과 ②는 1908년 7월 23일에 향사이정享祀釐正과 관련해 어전御前에서 논의된 내용이 4일 후 조선·대한제국 관보를 통해 칙령勅令으로 반포된 것이다. 이 칙령은 "민간의 믿음을 적절히 관리하는 방법을 제정하여, 역대 사당, 묘소 및 지방에 설치된 사직단, 문묘 등을 모두 정부가 관리한다"는 내용을 담고 있다. 이는 일제의 강압에 따른 결과로, 일부 관

74 조선·대한제국 관보「享祀釐正에關ᄒᆞᆫ件- 勅令第50號」1908.07.27.
75 『대한매일신보』, 1909.02.28.
76 『조선·대한제국 관보』「在監人名籍表를別紙式樣과如히定ᄒᆞᆷ - 法部訓令第3號」. 1909.04.10.

점에서는 정유재란 때 명군이 전쟁에서 승리하면서 세운 관왕묘를 일제가 항왜抗倭와 승왜勝倭의 상징으로 여겨 줄였다고 해석하기도 한다. 여기서 '신앙'으로 기록된 대상은 주로 민간에서 일반적으로 믿는 것으로, 이전에는 '신信' 또는 '숭신崇信'으로 기록되던 것들이 해당된다. 이는 민간의 믿음이 종교와 신앙의 범주로 재편되고 있음을 보여주는 사례로 볼 수 있다.

③은 『대한매일신보』 1909년 2월 28일 자에 실린 신채호의 논설로, 제목은 「儒教界에 對흔 一論」이다. 이 논설에서 신채호는 유교를 신앙의 범주에 포함한다. 그는 유교망국론에 대응하기 위해 유교 자체가 문제가 아니라 적합한 도道를 찾지 못한 것이 국가 위기의 원인이라고 주장한다. 이 논설은 송기식의 『유교유신론』과 유사한 태도를 보여주며, 종교와 신앙이 지식인들 사이에서 같은 범주로 인식되기 시작했다는 증거이기도 하다.

④는 1909년 4월 10일에 조선·대한제국 관보를 통해 발표된 훈령訓令으로, 법무 행정을 담당하던 법부法部에서 경찰서警察署에 발령한 것이다. 이 훈령은 수감자監人의 명부 작성과 관련된 내용을 다루며, 제8조 9항에서는 종교에 관한 사항을 다룬다. 해당 조항에 따르면, 종교 항목에 종교를 명시하되, 잡신을 믿는 신앙에 대해서는 그 명칭을 기재하도록 규정하고 있다. 이에 따라 종교와 신앙이 함께 기록되어 공식적으로 통용되기 시작한 시기를 확인할 수 있다.

종교와 신앙이 함께 사용되기 시작한 시기가 1908년 이후임을 고려할 때, 이 변화의 정확한 이유는 알 수 없지만, 당시 개신교가 한반도에 공식적으로 소개되고 그 영향력이 확대되던 시기였기 때문에, 개신교의 영향이 컸을 것으로 추정된다. 개신교 선교사들이 한반도에 도착하여 개신교의 가르침을 전파하고, 개신교 신자들이 증가하면서 이러한 변화가 나타났을 것으로 보인다. 이러한 개신교의 영향력은 ‘한일합병 : 국권피탈’이 공표된 당일 테라우치 마사타케寺內正毅 통감의 「諭告」를 통해서도 확인할 수 있다.

> 信教의 自由ᄂᆞᆫ 文明列國이 均認ᄒᆞᆫ바—라。各人이 其崇拜ᄒᆞᆫ 教旨ᄅᆞᆯ 倚ᄒᆞ야써 安心立命之地ᄅᆞᆯ 求ᄒᆞᆷ은 固雖其所—나 宗派의 異同으로써 漫히 試其紛爭ᄒᆞ며 又藉名信教ᄒᆞ야 叩議政事ᄒᆞ며 若企異圖ᄒᆞᆷ은 即荼毒良俗ᄒᆞ야 妨害安寧ᄒᆞᆫ 者로 認ᄒᆞ야 當히 按法處斷치아니치못ᄒᆞ리라。然이나 儒佛諸教與基督教ᄅᆞᆯ 不問ᄒᆞ고 其本旨ᄂᆞᆫ 畢竟人心世態ᄅᆞᆯ 改善ᄒᆞᆷ에 在ᄒᆞᆫ 故로 固히 施政之目的과 不爲背馳而已ᄲᅮᆫ아니라 도로혀 可히 此ᄅᆞᆯ 裨補ᄒᆞᆯ 者로 不疑ᄒᆞ니 以是로 各種宗教ᄅᆞᆯ 待ᄒᆞᆷ에 毫無挾於親疎之念을 勿論ᄒᆞ고 其布教傳道에 對ᄒᆞ야 適當ᄒᆞᆫ 保護便宜ᄅᆞᆯ 與ᄒᆞᆷ이 不吝ᄒᆞᆷ이라.[77]

「유고諭告」에서는 종교의 자유에 대해 언급한 후, 대표적인 종교로 유교, 불교, 기독교儒佛諸教與基督教를 거론하고 있다. 이는 당시 기독교가 조선에서 차지했던 위치를 나타내는 것으로 볼 수 있다. 특히, 송기식이 1921년에 저술한 『유교유신론』을 살펴보면, 이 「유고」가 그의 종교관에 영향을 미쳤을 가능성이 있다. 「유고」와 유사한 내용이 『유교유신론』에서 발견되기 때문이다. 이를 통해 송기식이 생각한 종교의 개념과 기독교가 어떤 형태로 유교와 융합되었는지에 대한 분석을 이어 나갈 수 있다.

---

77 『순종실록부록』 1권, 순종 3년 8월 29일 양력 2번째 기사 1910년 일본 명치(明治) 43년.

2)『유교유신론』의 신앙과 종교

송기식은『유교유신론』의「서언緖言」에서 다음과 같이 말한다.

> 오늘날 世界文化의 進展으로 君王의 地位도 憲法下에 있게 되었고, 또한 스승을 높이고 宗教의 자유를 提唱하게 되었다.[78]

이 문장은 송기식의 세계관을 엿볼 수 있는 내용을 담고 있다. 이 문장의 핵심은 입헌군주제와 종교의 자유다. 송기식은『유교유신론』에서 계급철폐와 부인 교육을 주장한 만큼, 그의 사고는 개방적이고 진취적이었다. 이는 그의 호號인 해창海昌에서도 확인할 수 있다. 해창은 바다를 창으로 삼아 동서고금을 종합하겠다는 포부를 드러낸다.[79]

그의『유교유신론』은 이러한 포부를 담은 저술이다. 이 책에서 그는 유교의 개혁이 이미 시작되었음을 언급하며, 그 핵심에 종교와 신앙이 있다고 주장한다. 그의 주장을 살펴보면 다음과 같은 내용을 포함하고 있다.

> 이 못난 사람은 … 그러나 經書 중에서 聖人을 뵈었으며 심중에 聖人을 信仰하였으며 言行을 聖人에 服從하였는지라 聖人을 위하여 犧牲되며 卒徒가 되며 人類大道를 維新하여야 良心에 부끄러움이 없을 것이라고 確信하여 백번 挫折되더라도 굽히지 않을 것이다.[80]

---

78 송기식,『유교유신론』, 23쪽.

79 송기식저, 곽민준 · 이지안 · 이효림역,『해창문집』「海窓說」, (안동역사인물국역총서 8), 한국국학진흥원, 2019, 155쪽.

80 송기식,『유교유신론』, 22쪽.

송기식은 자신이 세상을 변화시킬 만큼 뛰어난 인물은 아니지만, 경전經典을 통해 성인聖人을 만났으며, 마음 깊은 곳에는 신앙信仰이 자리하고, 복종과 희생을 두려워하지 않기에 이미 유신維新이 되었다고 말한다. 이 구절은 매우 중요하다. 왜냐하면 송기식이 생각한 종교의 핵심어가 모두 언급되었기 때문이다. 이 중요한 핵심어는 '희생犧牲'과 '신앙信仰'이다. 송기식은 이 개념들을 유교를 포함한 모든 종교의 핵심 요소로 간주했다. 이제 이 개념들을 기반으로 송기식이 생각한 종교가 무엇인지 살펴보도록 하겠다. 첫 번째로 살펴볼 개념은 '희생犧牲'이다.

> 今에 時勢를 洞見하야 何宗敎를 勿論하고 自己의 身命을 宗敎犧牲에 供코자하난人은 揔히 第二天을 變化하야 公理에 首를 屈하나니 更히 論할 必要가 無하며[81]

이 문장에서는 송기식의 '희생'에 대한 개념과 종교인에 대한 그의 견해가 드러난다. 여기서 '하종교何宗敎'는 특정 종교를 지칭하는 것이 아니라, 종교 전반을 의미한다. 그는 종교인과 비종교인을 구별하며, 종교인은 종교적 희생을 두려워하지 않고 근본을 따르기에 스스로 제2의 천성을 통해 사회 질서에 복종할 수 있다고 주장했다. 여기서 '제2의 천성'[82]은 습관이나 이에 해당하는 생활 태도를 의미한다. 이러한 관점에서 볼 때, 송기식은 종교인을 매우 상식적인 사람으로 인식했을 것으로 추정된다.

---

81 같은 책, 173쪽.

82 "'第二天性'은 'a second nature'로 해석될 수 있다. 이 표현은 키케로와 파스칼 같은 인물들이 언급했으며, 영어 속담 'Habit is a second nature'로도 사용된다. 송기식이 정확히 어떤 문헌에서 이 용어를 인용했는지는 분명하지 않지만, 그는 다양한 서양 학문에 정통했던 것으로 알려져 있다. 이러한 점을 고려할 때, '第二天性'을 'a second nature'로 해석하는 것은 타당하다고 할 수 있다."

두 번째로 살펴볼 개념은 '신력信力'[83]이다. '왜 신앙信仰이 아닌 신력인가'라는 의문이 제기될 수 있는데, 이는 서언緖言을 제외한 본문 전반에서 '신앙' 대신 '신력'이라는 용어가 사용되기 때문이다. 만약 이 용어의 사용이 단순한 오탈자가 아닌 의도한 것이라면, 문맥을 고려할 때 '신력'은 공자교로의 유신維新 과정, 즉 '신앙'으로의 진입 단계로 해석될 수 있다. 다음은 '신력'에 대한 언급이 나오는 부분이다.

> 現在 우리 同胞중에는 높고 밝은 才氣와 크고 넓은 範圍에 미치는 影響力과 偉大한 事業을 基盤으로 하는 여러 君子들이 各宗敎를 信하여 自己의 眞實한 信力을 얻을 뿐 아니라 우리 民族에게도 많은 문명의 惠澤을 입게 하였다.[84]

위 문장에서 송기식은 모든 종교各宗敎를 언급하며, 종교를 믿으면信 자연스럽게 신력信力이 발생한다고 단언한다. 또한 그는 많은 동포 종교인들이 민족의 발전에 이바지했다는 점을 강조하며, 종교를 재차 긍정적으로 평가한다. 이와 같은 관점은 송기식이 유신의 대상으로 무종교인無宗敎人과 비종교인非宗敎人을 구분한 맥락과 연관되어 있다.[85]

그렇다면 송기식은 왜 유교를 신앙의 대상으로 삼는 것을 유교 유신의 결과로 간주했을까? 그 이유는 유교가 종교적 요소뿐만 아니라 철

83 『유교유신론』에서는 '신력(信力)'이 정확히 무엇을 의미하는지 정의하지 않는다. 일반적으로 이 용어는 불교의 오력(五力) 중 하나로, 부처님의 교법을 의심하지 않고 믿으며 장애를 극복하는 힘을 의미한다. 송기식이 이 불교적 개념을 빌렸는지는 알 수 없으나, 그의 사용 사례는 불교와 유사한 면이 있다.

84 송기식, 『유교유신론』, 67쪽.

85 송기식은 무종교인(無宗敎人)과 비종교인(非宗敎人)을 구분했다. 무종교인은 유교에 귀의했지만, 유교의 해이로 인해 타락한 일곱 파벌(七派)을 가리킨다. 반면, 비종교인은 유교를 자신의 종교로 간주하지만, 공식적으로 유교에 귀의하지 않은 동포(同胞)를 의미한다. 이러한 구분은 『유교유신론』 제5장과 제8장에서 각각 확인할 수 있다.

학적 요소도 이미 충분히 갖추고 있었기 때문이라고 한다. 그는 종교성과 철학성의 균형을 절대로 간과하지 않았다. 그런데도 그가 종교를 중심으로 강조한 이유는 무엇일까? 이 질문에 답하려면, 송기식이 『유교유신론』을 집필한 정확한 의도와 배경을 이해해야 한다. 이 글의 중심에는 종교성宗敎性과 철학성哲學性이 항상 함께한다. 다음은 그가 종교성과 철학성에 대해 생각한 바를 표로 정리한 내용이다.

〈표 1〉

宗敎性	哲學性
信力이 生함	疑心이 生함
『주역』 寂然不動, 『중용』 未發謂中, 至誠無息	『대학』 格物致知, 『중용』 知天
內部에서 구함 靜이 爲主임	外部에서 求함 動이 爲主임
信力이 生하여 理原을 透徹할 수 있음	疑心이 生하여 慧竇가 穿鑿함
信力으로 因해 勇進自得 할 수 있음	문제를 一貫하고 明哲해짐
信力으로 因해 迷信과 固執에 빠짐	의심으로 인해 進退多端해짐

송기식에 따르면, 철학성은 의심을 불러일으키고, 이는 궁극적으로 지혜를 얻어 문제를 명확하게 판단하는 과정으로 이어질 수 있다. 반면 종교성은 신력信力을 형성하며, 강한 믿음으로 모든 의심을 제거하고 용맹을 발휘하여 근본적인 진리를 깨닫는 것으로 정의된다. 그러나 그는 이 두 요소가 지나치면 문제가 생길 수 있다고 보았다. 철학성은 의심이 과도하게 높아져 여러 방면으로 고민하게 되어, 근본적인 진리에 도달하기 어려워질 수 있다. 반면 종교성은 맹신으로 인해 미신과 고집에 빠질 위험이 있다고 지적했다. 따라서 송기식은 철학성과 종교성이 조화를 이룰 때 비로소 완전한 종교가 될 수 있다고 주장했다. 그리고 그에 따르

면, 이 완전한 종교가 바로 유교라고 언급했다. 이는 유교가 성인聖人인 공자孔子의 존재로 인해 철학성과 종교성이 조화를 이루고 있기 때문이라고 설명했다. 이러한 맥락에서, 송기식은 공자가 활동하던 당시에는 철학성만으로도 충분했다고 주장한다.

> 且當日學者도 聖人에 依歸心의 信力이 存하야 靜處를 已立한 故로 動處工夫만 用하야도 可한 所以니라[86]

그 당시 사람들은 눈앞에 공자가 존재했기 때문에 의심하지 않았고, 자연스럽게 신력信力이 형성될 수 있었다. 그러나 지금은 성인聖人이 이미 이 세상을 떠난 상황에서, 여전히 철학성만을 고집하다 보니 결국 유교의 본류를 잊고 지류에 얽매여 근본을 상실하게 되었다. 이것이 송기식이 판단한 현재의 유학儒學 상황이며, 동시에 종교성이 요청된 이유이기도 하다. 이러한 맥락은 『유교유신론』을 저술한 후 송기식이 지인에게 보낸 편지글에서도 확인할 수 있다.

> 대개 지금의 교육은 바로 공리학功利學이라 오로지 여기에만 힘을 쏟으면 그 폐단이 또 생기고 말 것이니, 반드시 먼저 종교로 도덕성을 함양하고서야 교육이 완전해질 것입니다. 어떻게 생각하십니까?[87]

『유교유신론』을 다시 검토해보면, 조선의 오백 년 역사 동안 유교가 종교성을 상실하고 부차적인 부분에만 매달리고 있었다는 점을 지적하

86 송기식, 『유교유신론』, 222~223쪽.

87 송기시, 『海窓集』 권3 「答李丈鼎民 李丈德純」, 蓋今教育, 乃功利學也, 若專務則其弊又生, 必以宗教, 先養道德性, 然後其教育乃完, 未知如何.

는 대목을 여러 곳에서 발견할 수 있다.

> 近朝鮮 五百年동안 果然 儒教를 眞情으로 崇尙하였는가? 그러하면 어찌 儒賢이 士禍로 犧牲되고 귀양살이를 不免하였는가? 外面으로 헛된 그림자만 崇拜하였음이다. 嗚呼라 이렇게 朝鮮時代 儒教 崇拜論을 말하는 사람은 聖人의 根本을 모르는 사람들이다.[88]

이때 '외면의 헛된 그림자'는 '철학성'을 의미한다. '성인의 근본을 모르는 사람들'은 공자에 대한 충분한 신뢰가 없어 신력信力을 갖지 못한 사람들을 뜻한다. 다시 말해, 신력만 찾아내면 유교는 본래의 모습을 되찾을 수 있다는 것이 송기식의 견해이다. 이것이 송기식이 종교를 통해 유교를 유신維新하려고 한 이유다. 그렇다면 비종교인들과 무종교인들을 어떻게 유교로 끌어들여 궁극적으로 신력信力을 가지게 할 수 있을까? 이를 위해 송기식은 현재의 유교 시스템을 개혁하고, 종교에 맞는 절차와 형식을 제정하며, 체계적인 신앙 교육과 포교에 힘쓰고자 했다. 그는 비록 구체적으로 언급하지 않았지만, 그의 개혁 방안의 세부 사항을 살펴보면 상당 부분이 기독교의 형식을 빌린 것으로 보인다.

3) 유교유신과 기독교

송기식은 유교의 종교화를 위해 다양한 종교의 개념적 유사성을 조사했다. 이는 단순한 비교에 그치지 않고, 다른 종교로부터 조직의 구성

---

88 송기식, 『유교유신론』, 41쪽.

과 예식, 절차를 차용借用하여 유교에 적합한 시스템을 구축하고자 하는 의도를 담고 있다. 다음의 표는 그의 주장에 따라 각 종교의 개념을 구분한 것이다.

〈표 2〉

儒教	仙教	佛教	基督教	道教	大倧教	天道教
敬	鍊性	參禪	祈禱	誦呪	祭天	呪文
大同	至治	大乘	審判			廣濟
福善禍惡		因果	赦罪			
天人爲一		唯我獨尊	獨生子		三神	人乃天
立名後世	延年	極樂	天堂			
禮		法	誡命			

송기식의 각 종교에 대한 이해는 근거가 없는 선언에 가까웠다. 이는 모든 종교가 궁극적으로 하나의 진리에 도달한다는 그의 독특한 관점에 기반하고 있었다. 이러한 시각 덕분에 그는 타 종교의 시스템을 주저 없이 빌릴 수 있었을 것이다. 그가 제시한 유교 시스템은 『유교유신론』 9장 '유교반정儒教反正'에서 찾아볼 수 있다. 그는 종교의 첫 번째 요건으로 믿음의 대상, 즉 종주宗主가 필요하다고 보았다. 이를 위해 그는 유교의 종주로 공자를 언급했다.

> 孔子는 上帝를 代表하여 人類에게 大道를 가르치신 진정한 聖人으로 받들어 自己 學統의 淵源을 繼承치 말고 聖人을 直接 根源으로 삼아야 道學을 받드는 人物이 점차로 줄어드는 일은 없어야 할 것이다.[89]

89 송기식, 『유교유신론』 69~70쪽.

송기식은 공자가 상제를 대표하여 인류에게 큰 진리大道를 전달하기 때문에 공자는 당연히 존경과 받듦의 대상이 되어야 한다고 주장했다. 이는 기독교에서 여호와와 예수의 관계를 떠올리게 한다.[90] 그리고 송기식이 상제上帝를 인격신人格神으로 해석한 것도 두 종교 간의 유사점으로 볼 수 있다. 다음은 『유교유신론』에서 상제를 언급한 부분이다.

> ① "너희들이 나의 道를 잘 받들어 닦으면 사랑할 것이며 나의 道를 背反하면 禍가 미칠 것이니 너희들이 萬萬年 修道할수록 나는 사랑을 그치지 않을 것이리라"고 반드시 말씀하실 것이다.[91]

> ② 天帝께서 내려오셔서 各人의 罪科 記錄을 뽑아 보시고 그에 대한 罰을 아니 내리실 것으로 보는가. 이 나쁜 마음을 올바르게 고칠지어다. 聖人이 말씀하시기를 "하늘에 罪를 얻으면 빌어서 容恕 받을 데가 없다."라고 하셨다.[92]

인용 ①의 출처는 정확히 확인되지 않는다. 추정컨대, 이것은 상제에 대한 송기식의 관점을 반영한 것으로 보인다. ②는 『논어』 「팔일八佾」의 '득죄어천무소도야得罪於天無所逃也'를 기반으로 한다. 『논어』는 해석자에 따라 내용이 다르게 해석될 수 있기 때문에, 무엇이 정답이라고 단정할 수는 없다.[93] 다만 이 해석에는 송기식의 견해가 반영되어 있다고 볼

---

90 황영례, 「한계 이승희와 해창 송기식의 공교 운동의 상이성」『유교사상문화연구』, 39집, 한국유교학회, 2010, 111쪽에서 '해창의 공자는 상제를 대표하는 신성을 지닌 기독교의 메시아 개념과 유사하다.'라고 주장했다.

91 송기식, 『유교유신론』 41쪽.

92 송기식, 『유교유신론』 58쪽.

93 예컨대, 이 문구에 대해 주희는 '천을 법칙으로 본다(天卽理也 … 言但當順理非特不當媚竈亦不可媚於奧也, 『논어집주』)'라고 해석한 반면, 정약용은 '천을 상제(上帝)로 본다(天謂上帝也 枉道求媚則獲罪於天 天之所怒非衆神之所能福故無所禱也, 『논어고

수 있다. 이는 유교가 상제를 계승한 공자의 종교라는 그의 확고한 믿음에서 비롯된 해석이다. 이 외에도 그는 유교의 종교화를 위해 경전의 한글화, 교회의 건설, 조직의 시스템화, 예배의 체계화 등을 포함한 11가지 방법을 제안했다. 다음은 그 주요 내용이다.

제1항 공자를 종교적 대상으로 받들어 단결할 것.
제2항 종교적 예식禮式의 절차를 갖출 것.
제3항 각 지방에 신도조직을 가지게 하고 신도가 수 10호가 되면 교회를 세우도록 할 것.
제4항 복일復日 강연회를 가져서 경전의 강연 및 토론을 통해 그 뜻을 새롭게 새길 것.
제5항 경의강습소經義講習所를 설립하여 경전에 밝은 강사를 두고, 지방교회에서 18세 이상의 유능한 사람을 강습생으로 선발하여 6개월, 1년, 3년의 기간으로 강습받게 하여 졸업 후 지방교회, 향교, 서원의 임원 또는 강사로 활용할 것.
제6항 한글로 경전을 번역하여 누구나 쉽게 경전의 뜻을 알 수 있도록 할 것.
제7항 인륜 기강에 관한 포상을 내릴 것.
제8항 제자의 수용에 차별이 없었던 공자의 정신을 본받아 계급을 타파하고 서로 차별 없이 사랑할 수 있는 환경을 조성할 것.
제9항 사례四禮의 장단점을 파악하고 현실에 맞게 수정할 것.
제10항 부인 교육에 힘쓸 것.
제11항 학교 교육을 통하여 현대과학에 대한 지식을 가지게 할 것 등을 제시하였다.

금주』)'라고 해석했다.

이 중에서 종교와 관련된 항목은 1, 2, 3, 4, 5, 6항이며, 나머지는 교화와 교육에 관한 것이다. 제2항과 제4항은 기독교를 참조한 것으로 보인다. 제2항은 예식에 관한 내용이다. 구체적으로 '첫째, 입교入敎에 대한 의식과 절차를 제정한다. 둘째, 유교에 관한 규칙을 정해 비치하고, 예식禮式 담당자를 지정한다. 셋째, 교회 내부의 기준을 설정하고, 이에 따라 등급과 직위를 구분하며, 임명을 통해 각 역할을 부여한다.' 이러한 내용을 포함하고 있다. 이 내용은 기독교의 목사, 장로, 권사, 집사, 전도사 등 세부 조직과 그에 따른 역할 분담을 연상시킨다.[94] 특히, 입교식을 통해 신도들에게 초기에 소속감을 부여하여 신력信力을 강화하려는 그의 의도가 드러난다. 제4항은 복일강론復日講論에 관한 내용인데, 그 내용은 다음과 같다.

> 現代에는 日曜日에 世界가 通用하고 있는데 官公署와 學校에서는 公日 예수교에서는 主日 天道敎에서는 侍日이라 하고 있으며 儒敎에서는 復日이라 한다.[95]

송기식은 기독교의 주일예배主日禮拜, 동학의 시일예배侍日禮拜를 본받아 복일강론復日講論을 진행해야 한다고 주장했다. 그 구체적인 내용은 다음과 같다. ① 교회에서 임명된 임원이나 유교에 식견 있는 인사가 경전의 한 구절을 선택하여 그 뜻을 시대에 맞게 강연한다. ② 강연이 끝난 후 정해진 시간 동안 상호 의문이 되는 점을 토론하여 그 의미를 명확히 한다. 이러한 형식은 기독교의 주일예배와 성경 공부를 연상시킨다. 예배

94 서양 종교와 철학에 식견이 있었던 그가 기독교를 참조했을 가능성은 충분히 있다. 직간접적인 증거는 부족하지만, 송기식이 활동하던 당시, 대구제일교회가 1893년에 대구에서 설립되었고, 그의 고향인 안동에는 1909년에 안동교회가 세워졌기 때문이다. 따라서 송기식이 이 교회들의 영향을 받았을 가능성이 있다고 추정할 수 있다.

95 송기식, 『유교유신론』, 73쪽.

의 구체적인 방법에 대해서는 제11장 「응실용의 방법應實用의 方法」에서 자세히 설명되어 있다.

> 各地方에 敎會를 세우고 復日에는 貴賤을 莫論하고 男女 좌석을 구분하여 禮式順序를 정하되 第一順次는 靜座이라 稱 正直端坐하야 精神을 收斂하며 天性을 涵養하야 上帝를 對越하난 意로 自己의 心이 愧作이 無케 十分或二十分時間을 一定하며[96]

첫 번째 순서는 종교의식이다. 우선, 정좌靜坐를 통해 자세를 바르게 한다. 정좌를 하는 이유는 잡념을 없애고 생각을 하나로 집중하기 위함이다. 이때 마음가짐은 상제에게 제사를 지내는 것과 같이 엄숙하고, 자신의 마음에 부끄러움이 없도록 해야 한다. 정좌의 시간은 10분 또는 20분으로 정한다. 성리학에서 정좌는 본성本性의 체계를 다지는 행위이지만, 송기식은 이를 철저히 종교적 의식으로 해석한다.

> 順序에 依하야 演講의 題下에 注義와 風俗의 言論으로 說譬하며 順序를 畢할 時에 又第一順次와 如히 行한後에 閉會하면 我人類로 하여금 聖道의 眞理를 認함지며 人心의 無形界를 組織할지라 ㅁ方法을 駭怪하다 論議가 有할지라도 時宜를 不知함이니 禮式이 嚴截치아니하면 事務키難하니라[97]

다음은 복일강론復日講論이다. 송기식이 예식의 두 번째 순서로 복일강론을 언급한 것으로 보아, 복일강론이 그가 생각한 예식禮式 가운데 일부임을 알 수 있다. 예식으로 돌아가면, 강론이 끝난 후 첫 번째와 같은

---

96 같은 책, 239~240쪽.

97 같은 책, 『유교유신론』, 240~241쪽.

내용의 정좌를 한 후 예식이 마무리된다. 여기서 주목할 부분은, 송기식 또한 이러한 행동이 제삼자의 눈에는 이상하게 보일 수 있다는 점을 분명히 인식하고 있었다는 점이다. 따라서 그가 이러한 주장을 펼쳤다는 것은, 자기의 행동에 대한 강한 신념, 즉 성인聖人에 대한 신앙이 뒷받침되었기에 가능한 태도라고 할 수 있다.

이상으로 『유교유신론』에서 송기식의 종교와 신앙에 대한 개념을 살펴보았다. 그의 유교유신에 대한 열망은 『유교유신론』에서 끝나지 않고, 10년 뒤인 1933년에 안순환의 녹동서원에서 조선유교회의 이름으로 실현되었다. 당시 녹동서원은 그의 의견을 받아들여 경전강습소인 '명교학술강습회'를 서원 내에 설치하여 유교 전파를 위한 강습생을 양성하고자 했다. 또한, 유교회가 강습생의 수업기한을 6개월로 정하고, 수료한 이들을 각지 교회의 강사로 파견하는 방안도 송기식의 주장이 반영된 결과였다. 그는 실제로 6개월 동안 서원 숙사에서 학생들과 함께 지내면서 복일 예식에서 연사로 강론하는 등, 자신의 교육관과 유교 종교화를 위해 최선을 다했다. 다음은 복일 예식 당시 송기식이 강론한 내용 가운데 하나이다.

> 송 선생께 『禮記』·「禮運」편을 수업받았으니 선생이 이르기를 '이는 우리 유교회의 근본 취지이니 오늘에 마땅히 먼저 힘써야 할 것이다.' '孔夫子의 대동의 뜻 참으로 위대하도다.' 우, 탕, 문, 무의 다스림도 오히려 소강상태라 하니 大同의 세계는 요·순이 이에 해당하고 孔夫子께서 그 능히 하실진저! 그러나 부자의 뜻은 세상에 행함을 얻지 못 하였으니 그 때를 얻지 못함인가! 대저 우리들은 반드시 이로써 표준을 삼아 전도의 바탕을 삼아야 할 것이다.[98]

---

98 沈相碩, 『鹿洞日記』, 「三月二十四日甲寅火曜日」 于宋先生先生曰此正吾儒教會本旨 而

강연에서 송기식은 유교회의 근본 목적이 대동 사회를 건설하는 데 있다고 말했다. 이는 대동이 성인聖人 공자의 뜻이기 때문이다. 따라서 강사로 파견된 이들은 이것을 표준으로 삼아 전도해야 한다. 그러나 여기서 그가 말하는 대동의 성격은 일반적인 대동 개념과는 약간 다를 수 있다. 이는 『유교유신론』에서 그가 대동을 지치至治, 대승大乘, 광제廣濟, 심판審判과 같은 개념으로 정의하기 때문이다. 지치, 대승, 광제는 대동과 유사한 점이 있지만, 기독교의 심판은 앞의 개념들과 성격이 다르기 때문이다. 이에 대해 황영례는 송기식의 대동 개념이 기독교적 종말론과 유사하다고 지적했다.[99] 송기식의 대동 개념을 그의 주장에 따라 해석한다면, 다음 강연 내용을 통해 그 의미를 되짚어볼 수 있다.

> 송 선생이 말씀하시기를 '이 세상에서 스스로 낙관도 하고 비관도 하지마는 낙관하면 낙관이 되고 비관하면 비관이 되는 것이니, 이제 우리 제군들은 천하의 일을 낙관으로 보아 온 천하가 하나로 낙관으로 본다면 이것이 대동의 뜻이 아니겠는가?' 비록 곤궁하고 험난한 가운데 있어서도 낙관으로 본다면 다 낙관이 되는 것이다. 제군들은 힘쓸지어다.[100]

위 내용을 기독교적 종말론에 맞춰 해석한다면, '현재의 어려움과 시련을 성인聖人에 대한 믿음으로 극복하고, 마침내 대동 세상이 도래하여 모든 것이 올바르게 될 것이라는 삶에 대한 긍정적 태도'로 풀이할 수 있

今 日之 所當先 務者也 夫子大同之義 其大矣 乎以若禹湯文武之治 猶爲小康云焉則大同之 世舜其當 之夫子其 能之乎然 而夫子之 志不得行 于世其時 然也. 耶凡我 諸君必以 此爲表準可資於前頭之路矣.

99 황열례, 「안순환의 유교 종교화 운동과 녹동서원」, 142쪽.

100 沈相碩, 『鹿洞日記』, 「四月十四日甲戌月曜日」 宋先生曰人於斯世自有悲觀樂觀而樂 觀則 爲樂 觀 悲觀 則爲悲觀今 我諸君皆樂觀天下事而天下同爲之樂觀則此非大同之意歟雖在困窮艱險之中樂觀之則皆樂觀也切爲諸君勉之.

을 것이다. 또한, 송기식은 강연에 참석한 이들에게 교리 이론에 관한 강의뿐만 아니라, 포교를 위해 교리를 전하는 표어를 만드는 등의 작업도 함께 진행했다.

> 송선생님이 제 생에게 훈시하시니 … 이제 우리 회원이 자리를 같이 한지가 이미 수개월이 되었고 목적지도 같으니 과연 꿈도 같겠느냐. 꿈이 같다면 교회 사업에 무슨 어려움이 있으리오. 오후에 간담회를 강당에서 열고 종교 교리와 교를 전하기 위한 표어등을 서로 토론하였다. … 송 선생은 하늘을 받들고 성인을 이어 백성을 교화하고 풍속을 이룬다는 표어로 하자고 하였다.[101]

송기식의 유교 종교화에 대한 의지는 녹동서원을 떠난 후에도 식지 않았다. 예를 들어, 그는 안동으로 귀향한 후에도 사저에서 녹동서원에서 행했던 유교 종교화 예배를 혼자서 꾸준히 실천했다고 전해진다.[102] 또한, 포교를 통해 전국에 교회를 세워 유교의 가르침을 전하려는 그의 노력도 어느 정도 성과를 거두었다. 이러한 사실은 송기식이 제자들과 교류한 서신을 통해 확인할 수 있다.

> 보내온 편지에 동지를 모아서 예식을 익힌다고 하니 들으니 심히 기쁘게 생각한다. 반드시 스스로 내가 먼저 베풀어야 곧 뭇사람들의 마음을 만족하게 할 것이다. 우리들의 내 또

---

101 沈相碩, 『鹿洞日記』, 「五月二十二日辛巳金曜日」: 宋先生訓諸生曰 … 今我會員同床已數朔矣目的地又 同矣果同其夢乎同其夢則於敎會事業何難之有午後設懇談會于講堂以宗敎敎理及傳敎票語 … 宋先生以奉天繼聖化民成俗爲票語云.

102 宋基植, 『海窓文集』, 295쪽.

한 이러한 법을 써서 이루어지는 날을 기약할 따름이다.[103]

또 이미 교부도 설치했다는 것을 들었으니 한 지방의 바람으로 인해서 성과가 있을 것으로 기대한다.[104]

> 이유립에서 온 편지에 이르되 교회일을 성공하는 것은 사람의 기백여하에 달려있다고 했다. 진실로 탄복할 만한 일이다. … 나는 시골에 돌아가 있는 사람이 되었다. 전일에 큰소리 치면서 부끄러워 아니했던 것을 머리를 돌려보니 땀이 난다. 말과 행동이 서로 돌아보지 아니함이 이와 같으니 것이 하늘과 땅을 뚫고 들어가고 싶다.[105]

마지막 편지글을 통해, 송기식이 귀향 후 시도한 유교회 지부 설립이 기대대로 진행되지 않았음을 확인할 수 있다. 기록에 따르면, 그는 안동 향교에서 유림을 모아 유교회 설립의 취지를 설명하고, 도산서원과도 협의했다. 많은 이들이 그의 주장에 공감했지만, 결국 반대에 부딪혔다. 이에 따라 유교 유신은 안동 유림의 벽을 넘지 못했고, 『유교유신론』의 실험은 미완으로 끝나게 되었다. 하지만 그의 시도가 전혀 헛되지 않았다는 평가도 있다. 이완재 교수는 "새 시대에 맞게 유교 혁신을 시도한 것 자체가 유교를 다시 돌아보게 한 분명한 성과"라고 말했다.

이상으로 송기식의 『유교유신론』 속 종교와 신앙의 개념을 살펴보았다. 그의 신앙은 공자를 향해 있었으며, 그 믿음의 형태는 상당히 기독교와 유사한 종교적 특성을 보여주었다. 이는 그가 종교성과 철학성

---

103 같은 책, 306쪽: 來喩募同志習禮式聞甚欣喜必自我先施乃可以饜衆心矣吾亦用此方法以待日至之期而已.

104 같은 책, 「答沈相碩」, 306쪽 : 且聞教部己設有一方風動之望

105 같은 책, 「與崔俊八」, 309쪽 : 李裕立書來云有教事成樣此人氣魄誠可歎服 … 基歸作一鄉人前日大言不恥者回首生汗矣言行不相顧如此俯仰穿壤欲鑽地而入也.

을 분리한 태도에서 추정이 아닌, 확증할 수 있는 부분이다. 송기식의 이러한 태도는 근대 전환기의 한 지식인이 서구에서 전래한 과학, 철학, 종교와의 충돌 속에서 자신만의 새로운 세계관을 구축하고 고민한 결과라 할 수 있다.

5. 맺음말

지금까지 진암 이병헌과 해창 송기식의 종교 및 신앙 개념에 대해 살펴보았다. 이병헌은 종교를 신비적 관점에서 이해하며, 공자를 신비로운 교주로 존중했다. 반면 송기식은 신앙信仰 개념을 강조하며, 공자를 상제上帝의 대표자로 삼고 그를 교주로 섬길 필요가 있다고 주장했다. 두 인물의 종교 및 신앙에 대한 이해는 조건 없는 신뢰를 전제로 한다. 이는 동양 사상에서 흔치 않은 관점이다. 왜냐하면 동양에서는 전통적으로 합리적 의심을 중시하고, 맹신盲信이나 미신迷信을 경계하는 경향이 강했기 때문이다. 예컨대 유교의 반관反觀, 불교의 의疑가 여기에 해당한다. 이들 또한 진리에 대한 믿음을 강조하지만, 이는 어디까지나 합리적 의심과 추론을 통한 깨달음을 거친 자기성찰의 결과에 따른 것이다. 따라서 이러한 믿음은 'Belief'로 간주할 수 있으며, 이를 얻는 방식으로 '각覺', '오悟', '자득自得' 등을 들 수 있다. 반면, 기독교로 대표되는 'Religion'은 조건 없는 믿음인 'Faith'를 추구한다. 'Belief'와 'Faith'를 비교해 보면, 이병헌과 송기식의 종교관 역시 '보유補儒' 내지 '보교保敎'의 관점을 견지하고 있기에 'Belief'의 요소를 아주 배제할 수는 없지만, 그 보다 훨씬 'Faith'가 두드러지게 나타난다. 이는 그들이 활동하던 당시 'Religion'과

'Faith'로 대표되는 것이 기독교임을 고려하면, 그들이 기독교 혹은 개신교의 영향을 받았다는 합리적인 추론이 가능하다. 나아가, 『유교복원론』과 『유교유신론』에서 보여주는 종교 개념에 대한 이해 방식과 교회 시스템을 참고한 교회 설립에 관한 주장 등은 기독교가 그들의 종교 개념 형성에 직·간접적으로 영향을 미쳤음을 시사한다. 비록 그들의 시도는 성공하지는 못했지만, 적어도 한반도에서 'Religion'과 'Faith'의 개념을 주체적으로 해석하려고 했다는 점은 주목할만하다. 또, 21세기를 살아가는 대중들이 이해하는 종교와 신앙의 개념이 그들이 이해했던 것과 유사하다는 점을 고려하면, 그들의 시도는 결코 헛된 것이 아니며, 한반도의 종교 개념 변천 과정에서 선구자로서 한몫했다고 평가할 수 있다.

개항 이후 영남지역 유학자의 질병과 대응

-『소택일기』(1834~1912)를 중심으로

손경희

개항 이후 영남지역 유학자의 질병과 대응

-『소택일기』(1834~1912)를 중심으로

손 경 희

1. 머리말

인류는 질병과 함께했다. 질병의 고통을 극복하는 것은 인류 사회의 보편적 열망이었다. 질병에 대한 이해 없이 인류문명을 이해하는 것은 불가능하다.[01] 조선 후기부터 일제 강점 이전까지 한국인의 질병에 관한 기록은 그리 많지 않다. 한국인들의 질병과 치료를 확인할 수 있는 기록 중 하나가 개인 생활 일기이다.

『소택일기』는 맛질 마을로 알려진 경북 예천군 용문면 대저리의 박씨 집안의 일기 가운데 하나이다.[02] 『소택일기』는 1834년부터 1949년까지 약 115년간, 박득녕朴得寧-박주대朴周大-박면진朴冕鎭-박희수朴熙洙로 이어지는 4대의 생활 일기이다. 『소택일기』 가운데 1834년 1월 1일부터 1867년까지는 박득녕, 1868년부터 1912년까지는 아들 박주대가 작성했

01 신규환, 『질병의 사회사: 동아시아 의학의 재발견』 살림, 2006, 3쪽.

02 『소택일기』의 원래 이름은 『저상일월(渚上日月)』, 『일기』로 불렸다(박성수, 『저상일월(渚上日月)』 상, 서울신문사, 1993, 11~15쪽. 예천 맛질 박씨 집안 일기는 모두 3가지이다. 첫째, 『소택일기』(1834~1951년), 둘째, 『대택일기』(1869~1933년), 셋째, 『대택방계일기(大宅傍系日記)』(1897~1946년)이다.

다.[03] 『소택일기』에는 날씨, 물가, 농업경영, 손님 접대, 공부, 질병, 치료, 전염병, 향촌 생활, 선교사, 관혼상제, 교육 등 다양한 내용이 들어 있다. 이 글에서는 『소택일기』 가운데 박득녕과 박주대의 시기인 1834년부터 1912년까지를 먼저 확인한다.

『소택일기』에는 박씨 집안 사람들의 질병, 치료, 대응에 대한 기록이 풍부하다. 이를 통해 예천의 의료체계, 전염병, 대응, 질병, 치료 등을 확인할 수 있다. 『소택일기』를 통한 연구는 중앙이 아닌 지방 의료 상황을 분석할 수 있어 의미가 있다.

조선 후기 일기를 통한 질병 연구가 이루어졌다. 서울 사대부가의 생활을 보여 주었던 유만주의 『흠영일기』를 통한 홍진 연구,[04] 경북 선산군 노상추의 『노상추일기』를 통한 질병과 치료 연구,[05] 경화 사족이었던 정원영의 『경산일록』을 통한 감염병 연구가 있었다.[06] 이를 통해 전염병과 질병에 대한 대응이 신분과 경제력에 따라 달랐음이 밝혀졌다.

개항 이후부터 일제 강점 이전까지는 『윤치호일기』를 통한 1902년 원산 콜레라 창궐에 관한 연구가 있다. 조선 중앙 정부에서 서양 근대 의료 체계로 진입하는 과정을 이해할 수 있다. 그러나 1902년 원산의 상황만을 통해서는 일제 강점 이전 지방의 의료체계를 확인하는 데 어려움이 있다.[07]

---

03 한국정신문화연구원, 「해제」『예천 맛질 박씨가 일기 2-일기편-』, 한국정신문화연구원, 2004, 2쪽.

04 김하라, 「『欽英』에 기록된 감염병의 경험-1787년 서울의 紅疹 유행을 중심으로」, 『국문학연구』 43, 국문학회, 2021.

05 손경희, 「조선후기 향촌사회의 질병과 치료-『노상추일기』를 중심으로(1)」, 『선주논총』 24, 선주문화연구소, 2021; 임혜균, 『노상추일기(盧尙樞日記)』에 나타난 감염병 유행 실태와 대응」, 『의사학』 32-3, 대한의사학회, 2023.

06 배대호, 「19세기 전후 사대부가의 감염병 양상과 대처-정원용의 『경산일록』을 중심으로-」, 『조선시대사학보』 95, 조선시대사학회, 2020.

07 김용진, 「1902년 元山 콜레라 창궐을 통해 본 尹致昊의 정부 비판」, 『청계사학』 23, 청계사학회, 2021.

개항 이후 조선에서의 의학은 한의학,[08] 일본을 거쳐 들어온 서양의학, 미국 선교사에 의해 들어온 서양의학 세 가지였다.[09] 개항 전후 경북 예천 맛질 마을의 박씨 집안은 질병에 한의학으로 대응하였다. 맛질 마을에 서양선교사가 등장한 것은 1894년이었다.[10] 이 시기 의학사 연구는 선교사[11]와 일본인 의사들이 작성한 기록을 통해 연구되었다. 그러나 이 자료들 통해서 한국인들의 의료 환경, 구체적인 질병과 치료 방법 등을 연구하기 힘들다.

그동안 예천 맛질 박씨 집안에 관한 연구로는 박성수의 『저상일월渚上日月』(상, 하),[12] 안병직·이영훈의 『맛질의 농민들-한국근세촌락생활

08 황영원, 『일제하 조선 한의계와 한의학의 식민지적 근대』 고려대박사학위논문, 2018; 황영원, 「일제시기 한의학 교육과 전통 한의학의 변모-한의학 강습소를 중심으로-」, 『의사학』 27-1, 대한의사학회, 2018; 박윤재, 「일제의 한의학 정책과 조선 지배」, 『의사학』17-1, 대한의사학회, 2008; 신동원, 「1910년대 일제의 보건의료 정책-한의학 정책을 중심으로-」, 『한국문화』 30, 서울대 규장각한국학연구원, 2002; 이꽃메, 「식민지시기 일반인의 한의학 인식과 의약 이용」, 『의사학』 15-2, 대한의사학회, 2006; 김남일, 「의서의 간행을 중심으로 살펴본 일제시대 한의학의 학술적 경향」, 『의사학』 28, 대한의사학회, 2006; 신동원, 「조선총독부 한의학정책-1930년대 이후의 변화를 중심으로」, 『의사학』 12-2, 대한의사학회, 2003; 정근식, 「일제하 서양 의료 체계의 헤게모니 형성과 동서 의학 논쟁」, 『사회와 역사』 50, 한국사회사학회, 1996; 연세대학교 의학사연구소, 『한의학, 식민지를 앓다-식민지 시기 한의학의 근대화 연구』, 아카넷, 2008.

09 이만열, 「한말 미국계 의료선교를 통한 서양의학의 수용」, 『국사관논총』 3, 국사편찬위원회, 1989; 이춘란, 「한국에 있어서 미국선교의료 활동(1884~1934)」, 『이대사원』 10, 이화여자대학교 사학회, 1972; 김승태, 「일본을 통한 서양의학의 수용과 그 성격」, 『국사관논총』 6, 국사편찬위원회, 1989; 조영열, 「서구제국을 통한 서양의학의 수용」, 『국사관논총』 9(1989); 박형우 · 여인석, 「제중원 일차년도 보고서」, 『연세의사학』 3-1, 연세대학교 의과대학 의사학과, 1999; 이만열, 『한국기독교의료사』, 아카넷, 2003.

10 『소택일기』, 1894년 1월 11일. 1893~1894년 미국선교사 베어드가 영남 선교기지를 건설하기 위해 경상도 지역 여행을 하면서 기독교를 알리게 된다(리처드 베어드, 김인수 역, 『배위량 박사의 한국 선교』, 쿰란출판사, 2004).

11 전석원, 「1884~1910년의 급성전염병에 대한 개신교 의료선교사업」, 『한국기독교와 역사』 36, 한국기독교역사연구소, 2012.

12 박성수, 『저상일월(渚上日月)(상, 하)』, 서울신문사, 1993.

사』,[13] 안동대학교 안동문화연구소의 『예천 금당실·맛질 마을-정감록이 꼽은 길지』[14] 등이 있다. 이들 연구에서는 질병과 치료, 전염병과 질병에 대한 대응을 구체적으로 연구하지 않았다. 원보영이 의료 민속을 연구하면서 예천 맛질 일기 속 질병을 개관하고 있어 이 글에 큰 도움이 되었다.[15]

이 글에서는 『소택일기』를 통해 맛질 마을의 전염병과 대응, 박씨 집안 사람들의 질병과 대응을 분석한다. 첫째, 박득녕 시기 전염병, 질병, 대응을 확인한다. 둘째, 박주대 시기 전염병, 질병, 대응을 분석한다. 그리고 개항 이후 조선에 들어온 선교사와 서양의학의 영향을 확인한다. 이를 통해 개항 이후 영남지역 유학자의 질병과 대응을 확인하고자 한다.

2. 전염병과 박득녕의 질병 대응(1834~1867)

1) 전염병의 종류와 대응

예천 맛질 박씨 집안은 18세기 초에 용문면 대저리로 이주해 왔다.[16] 그의 집안은 18세기말까지 경제적으로 영락을 면치 못하다가 박한광 대에 와서 경제적으로 크게 나아졌다. 박득녕 대는 그 경제력을 유지하면

13 안병직·이영훈, 『맛질의 농민들-한국근세촌락생활사』, 일조각, 2001.

14 안동대학교 안동문화연구소, 『예천 금당실·맛질 마을-정감록이 꼽은 길지』, 예문서원, 2004.

15 원보영, 『민간의 질병인식과 치료행위에 관한 의료 민속학적 연구』, 민속원, 2010.

16 대저리는 19세기 말경 130~140호쯤 추측된다. 그 가운데 본관이 함양(咸陽)인 박씨 일족이 35여 호, 안동 권씨 일족이 20여 호이며 이 두 성씨 집단이 대저리의 지배세력을 이루었다(안병직·이영훈, 위의 책, 9쪽).

서 지역의 사회활동과 과거 공부에 열중하였다. 그는 과거에 합격하지 못했지만, 아들 박주대가 진사 급제를 하면서 가문의 명성을 높였다.[17]

박득녕은 1834년부터 1867년까지 약 33년간 『소택일기』를 기록했다. 그가 가장 힘들어했던 것이 전염병이었다. 19세기 전염병은 외국과 교역이 빈번한 곳이나 인구가 밀집된 영남과 호남지역에 높게 발병했다. 당시 조선에 콜레라, 두창, 홍역 등의 전염병이 창궐했다.[18] 콜레라는 정확한 이름조차 알지 못하여 괴질怪疾이라 불렀다.[19] 예천 맛질 마을에도 같은 종류의 전염병이 유행했다. 맛질 마을에는 괴질 9회,[20] 두창 6회, [21] 홍역 5회[22] 정도 발생했다.

조선 후기 홍역은 소아 사망의 주요 원인이었다. 홍역은 마진痲疹, 홍진紅疹이라 불렀다.[23] 박득녕의 시기 홍역은 5차례에 걸쳐 유행하였다. 홍역에 대한 대응으로 첫째, 민간요법을 사용했다. 1834년 1월 득녕의 아이 석아錫兒가 홍역에 걸렸다.

> 홍역이 날로 심하여 하인 억홍이를 금곡에 보내 감초 두 첩을 지어 왔다.[24]

---

17 한국정신문화연구원, 앞의 책, 2004, 5쪽.

18 이규근, 「조선후기 질병사 연구-『조선왕조실록』의 전염병 발생 기록을 중심으로」, 『국사관논총』 96, 국사편찬위원회, 2001, 27쪽.

19 신동원, 「우리나라 역사 속의 괴질 두창·콜레라·나병 창궐」, 『역사비평』 8월호, 역사비평사, 2003, 55쪽.

20 괴질은 1839년 2월, 1844년 1월, 1845년 1월, 1846년 1월, 1852년 12월, 1859년 9~10월, 1860년 7~8월, 1861년 7월, 1865년 7월에 발생했다(『소택일기』 해당 월).

21 두창은 1840년 6월, 1850년 5월, 1854년 1월, 12월, 1857년 2월, 10월, 1860년 2월, 1863년 1~2월에 발생했다(『소택일기』 해당 월).

22 홍역은 1834년 1월, 1836년 11~12월, 1837년 1월, 1849년 2~4월, 10월, 1866년 4~12월에 발생했다(『소택일기』 해당 월).

23 박훈평, 『조선, 홍역을 앓다-조선후기 홍역치료의 역사』, 민속원, 2018, 11쪽.

24 『소택일기』, 1834년 1월 2일.

석아에게 감초를 달여 먹였다. 석아의 통증이 계속되자, 개를 삶았다.[25]

둘째, 피신을 하거나 피난을 갔다. 홍역이 계속되자 득녕의 아버지 박한광이 광돌光乭 집으로 옮겨갔다.[26] 박득녕의 처가에서도 홍역을 피해 처조부님과 장모님이 율리栗里로 피신했다.

> 유촌柳村 처가에서도 위험을 느껴 처조부님과 장모님이 율리로 피신해 갔다.[27]

홍역으로 율리로 피신을 갔던 장모님 일행이 3일 만에 다시 돌아왔다. 박득녕의 집 동쪽에 살던 재기 어머니,[28] 율현의 아재,[29] 광업光業의 아내가 홍역을 피해 관령關領을 넘었다.[30] 셋째, 점을 쳤다. 박득녕은 아이들이 홍역으로 고생을 하자 점을 친다.

> 종일 비가 오고 우박이 내렸다. 아이의 병에 거의 이러지도 저러지도 못할 지경으로 겨우 하루를 지냈다. 점을 보니 이때 일진이 인일寅日로 어지러워 변이라 하는데 과연.[31]

박득녕은 아이의 홍역이 며칠 지나도 낫지 않자 점을 본다. 1849년 2~4월에도 홍역으로 사망자가 속출했다.[32] 1849년 4월 읍부邑府에 홍진

25 『소택일기』, 1834년 1월 5일.
26 『소택일기』, 1834년 1월 24일.
27 『소택일기』, 1837년 1월 16일.
28 『소택일기』, 1837년 1월 23일.
29 『소택일기』, 1837년 4월 10일.
30 『소택일기』, 1837년 4월 25일.
31 『소택일기』, 1837년 1월 11일.
32 『소택일기』, 1849년 2월 15일.

이 크게 일어났다.

> 읍부邑府 사이에 홍진이 크게 일어나 마치 마麻처럼 죽었다고 한다.[33]

홍역으로 인한 사망자가 많아 마처럼 보일 정도였다. 1849년 윤4월,[34] 10월에도 사방이 홍진이 유행했다.[35] 넷째, 홍역이 유행하면 집에 들어가지 않았다. 박득녕의 이 사위가 홍역으로 본가로 돌아갔다.[36] 박득녕도 홍역을 피해 집을 나갔다가 6월에 돌아왔다.[37]

두창은 6회 유행하였다. 두창은 두痘, 두창痘瘡, 두창豆瘡으로 불린 천연두였다. 두창은 조선 시기 질병 가운데 가장 무서운 질병으로 여겼다. 그 이유는 부귀빈천, 지위고하를 막론하고 누구든지 한 번은 앓아야 하고, 치사율이 높았기 때문이다.[38] 조선 정부에서 근대 의료체계를 시행한 것이 두창이었다. 조선 정부에서는 1885년부터 우두국 설치하여 우두 의사를 양성하기 시작하였다. 경상도 지역 우두국 설립은 1889년에 허가되었다.[39]

박득녕의 시기 두창이 유행하면 첫째, 유행 지역에서 피신했다.[40] 두창이 심해지자 질부가 아이를 데리고 와서 개포開浦 별실에 머물렀다.[41]

---

33 『소택일기』, 1849년 4월 26일.

34 『소택일기』, 1849년 윤4월 27일.

35 『소택일기』, 1849년 10월 24일.

36 『소택일기』, 1866년 5월 20일.

37 『소택일기』, 1866년 6월 20일.

38 정연식, 「조선시대의 천연두와 민간의료」, 『인문논총』14, 서울여자대학교 인문과학연구소, 2005, 98~99쪽.

39 신동원, 『한국근대보건의료사』, 한울아카데미, 1997, 105~106쪽.

40 이욱, 「조선시대 사대부의 두창신(痘瘡神)에 대한 이해와 의례」, 『종교문화비평』38, 종교문화비평학회, 2020, 227쪽.

41 『소택일기』, 1840년 6월 17일.

박득녕의 외손이 두창으로 안백원安百源 집으로 피했다.[42] 둘째, 사람의 이동을 금지하였다. 두창으로 박득녕의 만형이 내행을 맞이하지 못하였다.

> 조카가 석촌石村에서 돌아와 황黃 사위를 보았다고 말하였다. 만형이 촌村 중에 두창 우려로 내행內行을 맞이하지 못하였다. 마침내 어떻게 이곳으로 이끌고 돌아 올 것인가[43]

셋째, 종두의인 두사痘師를 통해 종두를 하였다. 1850년 5월,[44] 1854년 1월, 맛질 마을에 두창이 유행하자 두사가 와서 종두를 하였다.

> 촌사람이 두사를 맞이했다. 종두가 많았다.[45]

맛질 마을에서는 1860년 2월,[46] 1863년 1월,[47] 1866년 3월,[48] 1869년 1월에 종두를 하였다.[49] 종두는 매년 하지 않고, 유행할 때마다 실시하였다. 맛질 마을에서는 종두를 거의 3년에 한 번씩 시행하여 큰 효과를 기대하기 어려웠다.

넷째, 두신痘神에게 기도했다. 당시 사람들은 두창을 두신, 역신, 손님, 마마, 호구, 별성 등 다양하게 불렀다.[50] 박득녕은 두창을 '성두星痘'라

---

42 『소택일기』, 1854년 4월 8일.
43 『소택일기』, 1857년 10월 26일.
44 『소택일기』, 1850년 5월 14일.
45 『소택일기』, 1854년 1월 5일.
46 『소택일기』, 1860년 2월 2일.
47 『소택일기』, 1863년 1월 19일.
48 『소택일기』, 1866년 3월 3일.
49 『소택일기』, 1869년 1월 21일.
50 이욱, 위의 글, 223쪽.

불렀다.[51] 맛질 마을 사람들은 두신의 노여움을 사지 않아야 살 수 있다고 생각하여 기도했다.[52] 박씨 집안 종손 집에서 두신을 보내는 제사를 지냈다.[53] 다섯째, 민간요법으로 개를 삶았다. 두창에 걸린 아이들을 위해 작은 개를 삶았다.[54]

맛질 마을에 가장 많이 발생한 전염병이 괴질이었다. 괴질은 여기沴氣, 윤여輪沴, 윤행괴질輪行怪疾, 괴려乖沴, 습온濕瘟이라 불렀다.[55] 박득녕은 폭질暴疾로 기록했다.[56] 괴질은 1902년에 콜레라로 밝혀진다. 괴질 특징은 근육 경련, 쉴 새 없는 설사, 남녀노소와 부귀빈천을 가리지 않고 발병한다는 점이었다.[57]

맛질 마을에 괴질은 1839년 2월에 처음 발생했다.[58] 1844~1846년까지는 매년 1월마다 괴질이 창궐했다.[59] 괴질에 걸리면 바로 죽음으로 이어져 사람들이 매우 두려워하였다.[60] 1859년 9~10월 호남과 낙동강 사이,[61] 서울과 낙동강 사이에 괴질로 죽은 자가 '마麻 같을' 정도로 많았다.[62] 1860년 7~8월 사이에도 크게 유행했다. 박득녕은 '들으니, 서울에 괴질로 죽은 사람이 무한하다. 경상도에 이어진 해읍海邑 및 영도營都에 사망자가 몇 천인지 알지 못한다.'라고 할 정도로 심각했다.[63]

---

51 『소택일기』, 1850년 5월 20일.
52 김옥주, 「조선 말기 두창의 유행과 민간의 대응」, 『역사학』2-1, 대한의사학회, 1993, 38-40쪽.
53 『소택일기』, 1863년 3월 16일.
54 『소택일기』, 1860년 2월 11일.
55 대한감염학회, 『한국전염병사』, 군자출판사, 2009, 304쪽.
56 『소택일기』, 1859년 9월 30일.
57 신동원, 『호환 마마 천연두 병의 일상 개념사』, 돌베개, 2013, 147~152쪽.
58 『소택일기』, 1839년 2월 3일.
59 『소택일기』, 1844년 1월 17일.
60 『소택일기』, 1845년 1월 26일, 1846년 1월 30일.
61 『소택일기』, 1859년 9월 18일.
62 『소택일기』, 1859년 10월.
63 『소택일기』, 1860년 7월.

맛질 마을 사람들의 괴질에 대한 대응은 첫째, 출막出幕을 시켰다. 출막은 주로 노비들에게 해당하였다.[64]

들으니 소저의 권은제權恩齋가 상을 당했다고 들었다, 득철의 병세가 여기沴氣와 비슷하여 출막시켰다.[65]

둘째, 깨끗한 손님이 아니면 모두 쫓아냈다. 박득녕은 1841년 4월 괴질이 사방에 가득해지자[66] 질병의 발생, 확대를 염려하여 깨끗하지 않은 손님은 내쫓았다.[67] 그는 '불결한 사람이 있어 피하는 것이 매우 고통'이라 하여 병원균이 불결에서 시작된다고 인식하였다.[68]

셋째, 동민들이 도신禱神제를 지냈다. 도신은 집에 사는 신들에게 지내는 제사이다. 1868년 득녕의 동洞에 괴질이 크게 일어나자, 동민들이 도신제를 지냈다.[69] 넷째, 괴질 치료 방문方文을 기록해 두어 다음에도 사용할 수 있도록 했다.[70]

2) 박득녕의 질병 양상과 대응

박득녕(1908~1886)은 『소택일기』에서 자신과 집안사람들의 질병과 치료에 대해서는 매우 꼼꼼히 기록하였다. 그가 일기를 작성하기 시작한

64 『소택일기』, 1848년 5월 8일.
65 『소택일기』, 1853년 2월 23일.
66 『소택일기』, 1841년 11월 1일.
67 『소택일기』, 1841년 11월 2일.
68 『소택일기』, 1841년 11월 5일.
69 『소택일기』, 1868년.
70 『소택일기』, 1866년 12월 30일.

나이가 26세로 사망할 때가 78세였다. 그 사이 그는 여러 질병에 시달렸다.

〈표 1〉『소택일기』 속 박득녕의 질병(1834~1867)

분류	질병 명
소화기과	설사, 토사, 서설(暑泄), 체증, 복통, 식적(食積), 격증(膈症), 복부증(腹浮症)
통증과	귀 통증, 치질, 치통, 오른쪽 어깨 팔 통증. 팔다리 요통, 두통, 담통(痰痛)
이비인후과	감기, 한증(寒症), 한기(寒氣), 독감, 한질(寒疾), 안질, 학류(瘧類)
피부과	개창(疥瘡), 종기, 입술종기
신경과	풍단(風癉), 와사증

출전: 『소택일기』(1834~1867)에서 작성.

박득녕의 질병 특징은 첫째, 추위로 인한 감기, 한증, 한질, 한기, 독감 등을 많이 앓았다.[71] 둘째, 비위생적인 환경으로 인한 설사, 식체, 복통, 토사, 체증, 서설 등 소화기 병을 앓았다.[72] 셋째, 그는 직접 노동을 적극적으로 하지는 않았지만, 농업경영과 과거 준비를 위한 공부에 상당히 몸을 혹사한다. 이 때문에 귀, 팔다리와 허리, 어깨와 팔 등에 통증을 앓았다.[73] 셋째, 개창, 풍단, 종기 같은 피부병을 앓았다.[74]

박득녕은 『소택일기』 속에 그의 어머니, 아버지, 아내, 형, 자식, 며느리, 사위, 친인척들의 질병과 치료, 경과 과정 등을 상세하게 기록하였다. 이들이 앓았던 질병은 박득녕과 크게 다르지 않았다.

---

71 『소택일기』, 1843년 2월 17일, 1846년 12월 14일, 1848년 10월 10일, 1848년 11월 24일.

72 『소택일기』, 1835년 6월 6일, 1836년 9월 25일, 1840년 3월 1일, 1844년 3월 25일, 1848년 8월 20일, 1846년 1월 14일, 1847년 5월 8일, 1850년 6월 28일.

73 『소택일기』, 1835년 12월 16~18일, 1835년 12월 22~23일, 1841년 1월 15일, 1857년 윤5월 1일, 1862년 1월 25일.

74 『소택일기』, 1837년 12월 1일, 1851년 9월 6일, 1862년 1월 12일, 1862년 1월 15일.

〈표 2〉『소택일기』 속 박득녕 집안사람들의 질병(1834~1867)

어머니	담신통(痰呻痛), 학질, 식적, 식체, 설사, 토사, 설리(泄痢), 냉리(冷痢), 서설(暑泄), 두통, 치질, 흉격증(胸隔症), 독감, 감기, 안질
아버지	두통, 설사, 식체, 머리 종기
아내	학질, 누태증, 머리 종기, 서설, 무릎 아래 담종, 토사, 풍, 흉협통, 담통
형	복통, 귀 통증, 식체, 등 종기, 넓적다리 종기, 다리 통증, 풍두(風頭), 감기, 설사
자식	복통, 구학(口瘧), 천연두, 설사, 토사, 태증(胎症), 옴, 이통(耳痛), 한기
며느리	한통(寒痛), 한전(寒戰), 유종(乳瘇)
사위	점학(痁瘧)
친인척	학질, 설리, 냉설증(冷泄症), 이질, 유종(乳腫)

출전: 『소택일기』(1834~1867)에서 작성.

박득녕 집안사람들의 질병 특징은 첫째, 수인성 질병이 많았다. 이질, 설사,[75] 토사,[76] 곽란,[77] 설리,[78] 서설,[79] 복통[80] 같은 병이다. 당시 우물을 식수로 하기 때문에 가족 전체가 함께 앓는 경우가 많았다. 둘째, 식체,[81] 식적[82] 등 소화기 질환으로 고통을 받았다. 셋째, 위생 환경이 좋지 않아 종기[83] 같은 피부과 질병이 많았다. 넷째, 추위로 인한 질병이 심했다. 감

75 『소택일기』, 1834년 11월 6일. 1861년 7월 11일.

76 『소택일기』, 1856년 8월 5일.

77 『소택일기』, 1849년 7월 27일.

78 『소택일기』, 1850년 6월 27일.

79 『소택일기』, 1852년 6월 7일.

80 『소택일기』, 1834년 1월 18일, 1835년 12월 25~28일, 1894년 2월 11일.

81 『소택일기』, 1834년 11월 2일, 1834년 11월 13일, 1834년 11월 21일, 1837년 1월 18일, 1854년 3월 28일, 1864년 7월 5일.

82 『소택일기』, 1835년 2월 1일, 1835년 5월 8일, 1846년 10월 5일.

83 『소택일기』, 1835년 12월 20일, 1843년 8월 1일. 1846년 6월 12일, 1852년 1월 10일.

기,[84] 한기, 독감,[85] 한통 등 난방 문제가 어려워 겨울에 주로 힘들어 했다. 다섯째, 모기로 인한 열병인 말라리아, 즉 점학痁瘧, 점질痁疾, 구학口瘧이라 불린 학질에 많이 걸렸다.[86]

박득녕과 그의 집안사람들은 질병에 다양한 방법으로 대응했다. 한의학요법을 가장 많이 사용하였다. 첫째, 박득녕은 한의학적으로 질병의 증세와 처방에 대해 상당히 이해가 밝았다. 그는 평소에 의서醫書를 많이 읽어 한의학에 대한 지식이 풍부했다. 당시 효를 실천하거나 자신과 집안의 건강을 돌보기 위해 사대부가 의술을 공부하는 것은 필수 항목이었다.[87]

> 바람과 해가 좋지 않아 갑자기 추워졌다. 순무를 수확했다. 임국노林國老에게 의서를 빌리러 갔다.[88]

박득녕은 자신이 가진 한의학 지식을 바탕으로 집안사람들의 질병에 직접 처방을 하기도 했다. 어머니의 식적食積에 한약을 사용한다.

> 어머니가 식적 증으로 종일 가득 차 있어 저녁이 되어 가미이진탕加味二陳湯 1첩을 사용했다.[89]

둘째, 박득녕은 약방과 약국, 의원을 이용했다. 그는 김 약방,[90] 금곡

84 『소택일기』, 1856년 11월 6일, 1867년 8월 18일.
85 『소택일기』, 1857년 12월 2일.
86 『소택일기』, 1834년 8월 4일, 1835년 5월 13일, 1835년 8월 10일, 1835년 8월 11일, 1837년 3월 22일, 1837년 4월 22일, 1861년 7월 7일.
87 이규근, 앞의 글, 35쪽.
88 『소택일기』, 1863년 9월 25일.
89 『소택일기』, 1846년 10월 5일.
90 『소택일기』, 1834년 10월 27일.

정 약국,[91] 능천能川 권 의원, 오 의원,[92] 성순 약방聖順藥房을 이용했다.[93] 의원을 집으로 모셔 진맥하고 처방을 받는 것은 상당한 경제력이 필요했다.[94]

> 소풍보익消風補益을 30첩 달였다. 성순 약방에서 지었다. 초1일 저녁부터 복용하기 시작하여 17일 아침 다 복용하였다.[95]

박득녕은 약값에 상당한 돈을 지출했다. 그가 1864년 한 해 동안 이용한 약국은 성순, 소저, 신원新院, 종악宗岳 약국 등이다. 이들 약국에서 한 해 동안 이용한 약값이 71냥 23전 28푼으로 절반가량은 외상이었다.[96] 그는 예천의 약국뿐만 아니라 충북 영동의 황간黃澗에 있는 약국도 이용한다. 황간 약국에서 귀 통증에 사용할 고반환膏礬丸 170개를 3냥 4전을 주고 구했다.[97]

셋째, 경험이 풍부한 사람의 화제華劑를 사용했다. 박득녕은 약을 지을 때 의원뿐만 아닌 한의학에 밝은 사람의 화제를 자주 이용했다.

---

91 『소택일기』, 1834년 11월 3일.

92 『소택일기』, 1849년 3월 18일.

93 『소택일기』, 1867년 12월.

94 『소택일기』, 1862년 1월 20일.

95 『소택일기』, 1867년 12월.

96 〈1864년 박득녕이 이용한 약국과 약값〉

약국명	약값(兩.錢.分)	못 갚은 약값(兩.錢.分)
성순	36.6.9	18.7.6
소서	5.4.9	2.1.4
신원	28.5.6	7.5.6
종악	2.8.4	8.1
계	71.23.28	35.14.16

출전: 『소택일기』, 1864년 12월 29일.

97 『소택일기』, 1864년 12월 8일.

금곡으로 건너 가 아내의 병에 약 10첩을 지어 사용했다. 봉오鳳五 노인의 화제였다.[98]

그는 여러 사람의 화제 사용을 꺼리지는 않았다. 봉오 노인 화제뿐만 아니라 백동白洞 화제,[99] 수곡樹谷 화제로도 약을 지었다.[100] 한의학 지식이 뛰어난 주변 인물을 통해서도 약을 지었다. 박득녕은 최 진사에게 약을 지었다.

> 구혁龜赫이 이증痢症, 학증瘧症을 보니 매우 걱정스럽다. 조카 아이를 최 진사에게 보내어 약 2첩을 지어 복용하니 과연 효과가 있었다. 표성表成 역시 이 증세와 비슷하여 또 2첩을 복용 후 효과가 있다.[101]

구혁의 이질 증세, 학증에 최 진사에게 약을 지어 복용한다. 박득녕은 의원이나 약국을 따지지 않고 질병 치료와 약의 효과에만 관심을 두는 실용적인 자세를 보였다. 당시 각 의원이나 한의학 지식이 있는 인물 가운데 특정 질병에 특화되어 있었던 것으로 보인다.

넷째, 한의학에 조예가 있는 인물들에게 문약問藥하였다. 박득녕의 문약 대상은 지인, 족인 등 다양했다.[102] 그는 큰아이 병에 대해 손 상인에게 문약하여 약을 지었다.

> 큰아이 병에 둘째 조카를 방구芳邱로 보내 손 상인喪人에게 문약하여 용보탕龍補湯 3첩을 월국越局에 가서 지었다. 매첩

98 『소택일기』, 1850년 7월 4일.
99 『소택일기』, 1851년 7월 4일.
100 『소택일기』, 1868년 1월 13일.
101 『소택일기』, 1851년 7월 12일.
102 『소택일기』, 1861년 2월 14일.

가격이 4전 3분이라고 한다.[103]

다섯째, 필요한 약방문을 일기에 기록해 두었다. 박득녕과 그의 가족들이 앓았던 질병에 대한 약방문이었다.[104]

민간요법을 사용한다. 박득녕은 식적에 피마자기름과 생청을 먹었다.[105] 그는 얼굴 풍에 오독고五毒膏와 상충유桑虫油를 발랐다.[106] 그의 딸 산후 설사에 밀갱蜜羹,[107] 복부 증에 쑥뜸을 했다.[108] 1867년 9월 박득녕은 와사 증에 다양한 민간요법을 사용한다. 민간요법은 한의학 요법을 같이 쓰는 경우가 많았다.

> 와사를 치료한다. 처음에 수족에 침을 맞았다. 최근 3일 동안 4, 50곳을 맞았다. 뺨 6곳에 피마자를 붙였다. 이문혈耳門穴에 쑥뜸 29장을 했다. 개를 삶아 먹고 땀을 냈다. 폭포 백비탕瀑布百沸湯에 피마자를 삶아 얼굴에 펴고, 손 6지혈에 뜸을 뜨니 약간 변천이 있었다. 모두 현저한 효과는 없었다.[109]

박득녕은 와사증에 피마자를 붙이고, 쑥뜸을 하고, 개를 삶아 먹었다. 그리고 폭포 백비탕에 피마자를 삶아 얼굴에 펴 발랐다. 체한 데 생강과 산초나무 달여서,[110] 급작스러운 설사와 복통에 해예海艾 환을 복용

103 『소택일기』, 1863년 5월 29일.
104 『소택일기』, 1864년 12월 29일, 1866년 12월 30일, 1867년 12월 30일.
105 『소택일기』, 1852년 2월 29일.
106 『소택일기』, 1862년 1월 15일.
107 『소택일기』, 1853년 11월 18일.
108 『소택일기』, 1860년 9월 22일.
109 『소택일기』, 1867년 9월.
110 『소택일기』, 1868년 윤4월 28일.

했다.[111]

미신요법도 사용한다. 1868년 박득녕이 약을 먹어도 병세가 나아지지 않자 성조 신에게 기도를 드린다.[112] 박득녕은 자신이 가진 한의학 지식, 약국과 의원, 한의학 지식이 풍부한 주변 인물들의 한의학 인적 네트워크를 충분히 사용하면서 질병에 대응했다.

3. 전염병과 박주대의 질병 대응(1868~1912)

1) 전염병의 종류와 대응

박주대(1836~1912)는 박득녕의 맏이로 그의 집안에서 유일하게 사마시에 합격하여 진사가 된 인물이다. 그는 사회 활동을 열심히 하면서 가문의 명성을 높였다.[113] 박주대 시기는 아버지 때보다 경제력이 상당히 약화하였다.[114] 그 이유는 과거시험 준비와 생활비로 인한 소유 전답의 감소,[115] 노비 도망이나 병을 핑계로 한 근태 등으로 어려움을 겪었다.[116] 박

111 『소택일기』, 1849년 6월 27일.

112 『소택일기』, 1868년 1월 15일.

113 박주대는 1868년부터 1912년까지 약 44년간 일기를 썼다. 그는 32세부터 일기를 쓰기 시작했다(한국정신문화연구원, 「해제」, 앞의 책, 2004, 5쪽.

114 안병직 · 이영훈, 앞의 책, 90쪽.

115 안병직 · 이영훈, 위의 책, 220~221쪽.

116 『소택일기』, 1888년 6월 18일, 1888년 6월 25일, 1888년 10월 8일.

주대 시기에도 홍역,[117] 두창,[118] 괴질[119] 등의 전염병이 발생했다.

1878년 5월,[120] 1879년 1월,[121] 1885년 2~4월 사이에 홍역이 창궐했다.[122] 그리고 1892년 1월 금곡,[123] 1893년 홍역이 치성했다.[124] 1898년 5월,[125] 1903년 소저 및 하리에 홍역이 유행했다.[126] 1904년 1~3월에 홍역으로 사망한 자가 5, 6명이었고, 일부는 아팠다.[127] 1910년 4월에는 이웃,[128] 겸야謙也가 홍역에 걸렸다.[129] 1911년 3월에도 맛질 마을에 홍역이 크게 일어났다. 홍역이 창궐해도 박득녕의 시기처럼 피난을 가지는 않았다.[130]

박주대 시기 두창이 가장 많이 발생했다. 박주대는 1869년 1월 '두창의 기운이 많아 불길하다.'라며 불안감을 내비친다.[131] 두창이 창궐하자 마을 아이들이 종두하였다.[132] 1872년 2월, 박주대의 외손 남매가 일

117 홍역이 발생한 시기는 1878년 5월, 1879년 1월, 1885년 2~4월, 1892년 1월, 1893년 4월, 1898년 1~5월, 1903년 12월, 1904년 1~3월, 1910년 4월, 1911년 3월 등이다.

118 두창이 발생한 시기는 1869년 1~2월, 1872년 2월, 1874년 1월, 1876년 5월, 1880년 3~4월, 1881년 1~2월, 1888년 3월, 1889년 1월, 1891년 5월, 1895년 3~7월, 1896년 3월, 1902년 1월 등이다.

119 괴질이 발생한 시기는 1870년 4월, 1879년 8월, 1886년 6~8월, 1890년 9월, 1902년 8~9월 등이다.

120 『소택일기』, 1878년 5월 22일.

121 『소택일기』, 1879년 1월 23일.

122 『소택일기』, 1885년 2월 28일.

123 『소택일기』, 1892년 1월 6일.

124 『소택일기』, 1893년 4월 3일.

125 『소택일기』, 1898년 5월 8일.

126 『소택일기』, 1903년 12월 20일.

127 『소택일기』, 1904년 1월 1일, 1904년 2월 6일, 1904년 3월 2일, 1904년 3월 8일.

128 『소택일기』, 1910년 4월 16일.

129 『소택일기』, 1910년 4월 18일.

130 『소택일기』, 1911년 3월 3일.

131 『소택일기』, 1869년 1월.

132 『소택일기』, 1869년 1월 21일.

시에 두창에 걸렸다.[133] 박주대는 두창을 귀신 무리로 표현했다.

> 촌내 괴이한 귀신 무리가 침입했다.[134]

맛질 마을의 두창에 대한 대응은 첫째, 민간요법을 사용했다. 창야에게 오계烏鷄,[135] 특교의 반점 개수가 많아지고, 먹지 못하자 집닭을 삶았다.[136] 둘째, 두사를 통해 종두를 하였다.[137] 촌사람들이 종두 의사에게 접종하였다.[138] 셋째, 피신했다. 1877년 3월에 영남에 두창이 유행하자 박주대는 서당으로 거처를 옮겼다.

> 두창의 기운이 영남에 두루 퍼져 유실柳室이 걱정하였다. 이에 서당으로 옮겨 머물렀다.[139]

박주대는 시집간 딸이 자신을 걱정하자 서당으로 잠시 옮겼다. 한편 1906년에는 그의 딸 권실權室이 어린아이를 데리고 친정으로 피신해 왔다.[140] 넷째, 두신을 보내는 의례를 하였다.[141]

박주대 시기 콜레라인 괴질을 여沴, 여기沴氣,[142] 호골자虎骨刺[143]라 불렀다. 괴질에 대한 대응은 첫째, 신에게 제사를 지냈다. 1860년 8월, 괴질

---

133 『소택일기』, 1872년 2월 1일.
134 『소택일기』, 1872년 2월 12일.
135 『소택일기』, 1872년 2월 17일.
136 『소택일기』, 1872년 2월 18일.
137 『소택일기』, 1878년 3월 12일.
138 『소택일기』, 1881년 2월 8일, 1893년 12월 2일.
139 『소택일기』, 1877년 3월 10일.
140 『소택일기』, 1906년 10월 9일.
141 『소택일기』, 1876년 5월 19일, 1881년 2월 28일, 1888년 3월 22일.
142 신동원, 『한국근대보건의료사』 한울아카데미, 1997, 119쪽.
143 『소택일기』, 1902년 8월 25일.

이 발생하자 맛질 마을 사람들이 할생割牲을 마련하여 기도하였다.[144] 그리고 집에 딸려 사는 신에게 제사 지내는 도신제를 지냈다.[145] 박주대는 1886년, 괴질로 '읍중에 사망자가 셀 수 없을 정도'로 늘어나자, 성황당에서 기도하였다.[146] 1907년 2월에도 괴질이 발생했다. 성황당과 산동당에서 제사 지냈다.

> 촌에 여가 그치지 않았다. 성황당 및 산동당山洞堂에 제사를 지냈다.[147]

당시 괴질 치료제가 없었기 때문에 읍중邑中에 사망자가 통계가 불가할 정도였다.[148] 읍중에 괴질에 걸린 자가 128명, 그 후 죽은 자도 부지기수였다.[149] 당시 서울에서 죽은 자가 10만 여명이라 하였다.[150]

1894년 3월 괴질이 맹렬하게 일어나자, 박주대는 '대략 옛날 갑오 60년 유행의 운이다.'라 할 정도로 심각했다.[151] 1902년 8월, 남부지방에서 괴질이 일어나 북상했다. 당시 괴질은 내년 봄이 되어야 물러날 것으로 예상했다.[152]

> 괴질이 동래로부터 일어났다고 들었다. 왜인 사망자가 천

144 『소택일기』, 1860년 8월 18일.
145 『소택일기』, 1868년 1월.
146 『소택일기』, 1886년 6월 18일.
147 『소택일기』, 1907년 2월 6일.
148 『소택일기』, 1886년 6월 21일.
149 『소택일기』, 1886년 6월 24일.
150 『소택일기』, 1886년 8월 8일.
151 『소택일기』, 1894년 3월 26일.
152 『소택일기』, 1902년 8월 30일.

명이다. 화가 치솟아 위로 올라오고 있다.[153]

둘째, 민간요법을 사용했다. 괴질을 막기 위해 박주대의 집안사람들이 엄목嚴木을 달여 복용하였다.[154]

2) 박주대와 주변 인물들의 질병과 대응

박주대와 그의 집안사람들은 전염병뿐만 아니라 여러 질병에 시달린다. 아래 〈표 3〉은 박주대의 질병이다.

〈표 3〉『소택일기』 속 박주대의 질병(1868~1912)

분류	질병 명
소화기과	설사, 체증, 토사, 냉리, 식적, 냉설, 적리, 복부 울결증
통증과	치통, 오른쪽 어깨 팔 통증, 두통, 어깨와 등 담, 귀 통증, 편두통, 배아래 담통, 사체산통(四體酸痛), 복통, 견비통
이비인후과	안질, 인후통, 감기, 오한, 코피, 서감(暑感), 한감
피부과	개선(疥癬), 소양증, 얼굴 부기, 손등 · 엉덩이 · 어깨 · 등 · 턱 종기
신경과	와사증, 수전증, 양비증, 위비(痿痹), 두풍(頭風), 오른 손 마비, 풍담(風痰), 풍열(風熱), 조증(燥症)
외과	치질

출전: 『소택일기』(1868~1912)에서 작성.

박주대는 유독 많은 질병에 시달렸다. 박주대의 질병 특징은 첫째,

153 『소택일기』, 1902년 8월 22일.
154 『소택일기』, 1886년 5월 20일.

설사, 토사, 적리 등의 소화기과 질병을 많이 앓았다. 둘째, 통증이 동반되는 질병을 많이 앓았다. 셋째, 추위로 인한 한감, 감기를 앓았다. 넷째, 종기와 가려움증 같은 피부과 질환을 겪었다. 종기가 난 부위는 손등·엉덩이·어깨·등·턱 등 다양했다. 다섯째, 몸 전체가 저리고 늘어지고 마비되는 증세를 오래 앓았다.

박주대는 자신의 병에 대해 한의학요법, 민간요법, 미신요법을 사용하였다. 한의학요법으로는 첫째, 의원과 약국을 통해 약을 지어 복용하였다. 박주대는 양 의원,[155] 황 약국, 김 약국, 최경화 의원, 백석 김 의원, 연곡淵谷 의원[156] 등을 이용하였다. 그는 1868년 1월부터 3월까지 몸이 저리고 마비되는 증세로 큰 고통을 받았다. 그는 여러 의원에게 자신의 병을 묻고, 약을 지었다. 1868년 1월 24일, 삼우곡三友谷의 의원에게 병을 물었다.

> 대개 저리고 마비되는 증은 기혈이 막힌 것이다. 새벽에 산삼을 복용하면 효과가 없다면서 삼蔘을 전했다. 사기처럼 보여 탄식했다. 전도 증은 오른손부터 시작되어 오른쪽 넓적다리 기氣가 싸우기 시작하였다.[157]

박주대의 몸이 저리고 나른한 증세는 계속 되었다. 그는 병의 원인을 기가 막혀서 생긴다고 보았다.

> 병이 생긴 후, 막히는 우려가 있어 난감하다. 통하는 시작이 작고 넓어, 입이 비뚤어져 입술이 약간 느려 가급, 왕복할 때 여전히 답답하다. 대개 이 다른 증상은 이때 한기가 조

155 『소택일기』, 1868년 1월 3일.
156 『소택일기』, 1869년 5월 9일.
157 『소택일기』, 1868년 1월 24일.

> 금 있고, 정신이 혼란하고, 사지가 저리고 나른하여 진정이 어렵다. 의가宜家에 말하기를 이 병은 스스로 안에서 발생한 것 외에 기혈이 막힌 것이다. 또 보혈탕補血湯을 짓고, 동정을 살폈다.[158]

박주대의 병에 대해 여홍이 '이 병은 신수腎水가 상승하여 심화가 악화하여 폐경肺經에 있어 기가 막혀 있다'라고 하여 역시 기혈의 막힘으로 보았다.[159] 박주대는 몸이 저리고 나른한 증세에 계지감출산桂枝甘朮散 5첩,[160] 사물탕 5첩,[161] 사역탕四逆湯 5첩, 천연자산天鍊子散 1첩,[162] 향령탕香苓湯 3첩,[163] 양신탕養神湯 10첩,[164] 거풍탕祛風湯 5첩 등 다양한 한약을 복용하였다.[165] 이어서 권 의원에게서 감맥조중탕甘麥調中湯,[166] 성순약국性淳藥局에서 감맥탕甘麥湯 10첩,[167] 부현缶峴 종악약국宗岳藥局에서 유풍탕愈風湯 10첩,[168] 부항缶項에서 유풍탕 10첩을 지었다.[169]

둘째, 박주대 스스로 한의학적 지식이 풍부하였다. 그는 손자의 병에 포룡환을 사용[170]하거나 인삼, 주사의 분량을 정하여 사용할 정도로 약재에 대한 이해가 높았다.

---

158 『소택일기』, 1868년 2월 3일.
159 『소택일기』, 1868년 2월 14일.
160 『소택일기』, 1868년 3월 2일.
161 『소택일기』, 1868년 3월 10일.
162 『소택일기』, 1868년 3월 16일.
163 『소택일기』, 1868년 3월 30일.
164 『소택일기』, 1868년 1월 5일.
165 『소택일기』, 1868년 1월 17일.
166 『소택일기』, 1868년 8월 15일.
167 『소택일기』, 1868년 8월 17일.
168 『소택일기』, 1868년 8월 23일.
169 『소택일기』, 1868년 9월 13일.
170 『소택일기』, 1895년 6월 8일.

어린아이가 밤에 무탈했다. 매 저녁밥 먹을 때 지나치게 울어 경기가 이내 시작되었다. 인삼 5푼, 주사朱砂 1푼을 사용하니 증세가 다시 일어나지 않았다.[171]

셋째, 의술이 뛰어난 의관에게 문약하고 화제를 받아 사용하였다. 영천 신애리의 김 의관에게 문약했다.

큰집 다례에 쫓아갔다. 얼굴에 가렵거나 찌르거나, 또 풀을 바른 것 같았다. 모두 나쁜 병인 것이 분명하다. 영천榮川 신애리新涯里 김의관議官이 있어 의술이 자못 높아 명아明兒가 물으러 가고자 했다.[172]

박주대의 아이 명아가 김 의관에게 풍열증風熱症에 양혈음凉血飮 화제를 가져왔다.[173] 셋째, 다양한 화제를 기록해 두고 사용했다. 박주대는 매년 12월 말 필요한 화제를 기록해 두어 질병에 대응하였다.[174]

민간요법을 사용했다. 박주대는 아버지 박득녕보다 민간요법을 더 많이 사용했다. 그는 풍열증으로 오래 고생하였는데 희렴豨薟을 자주 사용했다. 진득찰로 불린 희렴은 풍사風邪를 몰아내고 습사豨薟를 없애고 관절을 부드럽게 하며 혈압을 낮추는 효능이 있는 약재였다.[175] 그는 희렴으로 환[176]과 떡을 만들어 먹었다.[177]

171 『소택일기』, 1895년 6월 10일.
172 『소택일기』, 1909년 8월 16일.
173 『소택일기』, 1909년 8월 18일.
174 『소택일기』, 1868년 12월 29일, 1871년 12월 30일.
175 한국 전통지식 포탈 www.koreantk.com
176 『소택일기』, 1910년 1월 29일.
177 『소택일기』, 1911년 3월 20일.

박주대는 얼굴과 피부에 음양탕陰陽湯을 바르고,[178] 매월 한 번 상회수로 눈을 씻고,[179] 임질에 황토수黃土水를 복용했다.[180] 그는 목통증에 개를 삶고,[181] 치통에 구고狗膏,[182] 설사에 삼계蔘鷄[183]·익모초 생즙[184]·희렴환을 복용하였다.[185] 그리고 그의 식축증息縮症에 귤피탕橘皮湯,[186] 설사에 인삼 뿌리,[187] 개장국,[188] 구토와 설사에 소주를 사용했다.[189]

박주대는 1904년 7월부터 1905년 3월 말까지 9개월간 손가락 종기에 다양한 민간요법을 사용한다. 종기에 고약을 붙이고,[190] 흰죽에 담그고,[191] 목향木香 가루를 붙였으나 효과가 없었다.[192] 다음으로 밥, 『소택일기』,[193] 길경근吉更根,[194] 닭똥에 풀을 넣고, 백산白散, 밀가루, 생청, 마씨 가루를 섞어 붙였다.[195] 그는 남회수楠灰水에 손가락 종기를 담그고,[196] 똥을

---

178 『소택일기』, 1909년 9월 14일.

179 1868년 1월 9일, 2월 7일, 3월 9일, 4월 4일, 5월 그믐, 6월 6일, 7월 7일, 8월 그믐, 9월 28일, 10월 10일, 11월 4일, 12월 29일 상회수(桑灰水) 세안일이다(『소택일기』, 1868년 12월 29일).

180 『소택일기』, 1875년 7월 12일.

181 『소택일기』, 1901년 12월 23일.

182 『소택일기』, 1872년 3월 6일.

183 『소택일기』, 1876년 5월 15일.

184 『소택일기』, 1876년 7월 7일.

185 『소택일기』, 1877년 7월 17일.

186 『소택일기』, 1880년 10월 24일.

187 『소택일기』, 1886년 4월 24일.

188 『소택일기』, 1886년 5월 2일.

189 『소택일기』, 1886년 6월 29일.

190 『소택일기』, 1904년 7월 3일, 1904년 7월 7일, 1904년 7월 12일.

191 『소택일기』, 1904년 7월 11일.

192 『소택일기』, 1904년 7월 13일.

193 『소택일기』, 1904년 7월 18일.

194 『소택일기』, 1904년 7월 19일, 1904년 7월 20일.

195 『소택일기』, 1904년 7월 23일.

196 『소택일기』, 1904년 7월 26일.

태워 훈증,[197] 닭 생고기,[198] 지황근地黃根,[199] 개구리를 잡아서 붙였다.[200] 손가락 종기는 훈증,[201] 상회수桑灰水,[202] 고치를 붙이자 현저한 효과가 있었다.[203]

미신요법을 사용한다. 박주대는 1868년 1월부터 1869년 2월까지 계속 아팠다. 그는 성조신에게 기도한다.[204] 1878년 1~2월, 박주대는 음식 맛을 알 수 없고, 신물과 가려움, 통증으로 고통스러워한다.

> 오후부터 정신이 혼미하였다. 먹어도 맛을 알지 못하고, 신물과 가려움, 통증이 일어났는데, 여러 번이었다.[205]

박주대는 한밤에 체기, 구토,[206] 몸이 저린 증세가 심해졌다.[207] 계속 뱃속이 편안하지 않고,[208] 갑자기 수족 마비가 오고, 땀을 흘렀다. 『소택일기』,[209] 그의 병세가 계속되자 작은 집에서 기도를 한다.[210]

박주대의 주변 인물들의 질병도 크게 다르지 않았다. 그들의 질병 특징은 첫째, 복통, 설사, 체증, 토사, 구토, 이질 등의 소화기과 질병이 많았다. 둘째, 학증, 점학, 학질이라 칭한 학질을 앓았다. 셋째, 한감, 한

---

197 『소택일기』, 1904년 7월 29일.
198 『소택일기』, 1904년 8월 3일.
199 『소택일기』, 1904년 8월 6일.
200 『소택일기』, 1904년 8월 7일, 1904년 8월 11일.
201 『소택일기』, 1904년 8월 13일.
202 『소택일기』, 1904년 9월 7일.
203 『소택일기』, 1904년 9월 18일.
204 『소택일기』, 1869년 2월 16일.
205 『소택일기』, 1878년 1월 1일.
206 『소택일기』, 1878년 1월 11일.
207 『소택일기』, 1878년 1월 14일.
208 『소택일기』, 1878년 1월 18일.
209 『소택일기』, 1878년 1월 26일.
210 『소택일기』, 1878년 1월 28일.

열, 한통으로 불린 감기를 많이 앓았다.

〈표 4〉『소택일기』 속 박주대의 주변 인물들의 질병(1868~1912)

손자, 손자며느리	설사, 산증, 학증, 한감, 가려움증, 왼쪽 눈 풍단(風丹), 다리 부분 담통
아내	설사, 풍증, 토사, 구토, 독감, 풍담, 학질, 해수(咳嗽), 현기증, 혈리(血痢), 구역(嘔逆), 두통, 체기, 적리
자식	복통, 설사, 한열(寒熱), 장륜(長輪), 겨드랑이 밑 종기, 이질, 학질, 은진(隱疹), 가슴과 옆구리 통증, 복통, 목통증, 체증, 한통, 구혈증(嘔血症), 왼쪽 뺨 붓기
며느리, 사위	유종(乳瘇), 한통, 체증, 다리 종기
친인척	옆구리 통증, 복통, 설사, 이질

출전: 『소택일기』(1868~1912)에서 작성.

박주대의 주변 인물들도 질병이 생기면 첫째, 한의학요법을 사용했다. 박주대의 둘째 며느리 유종乳瘇에 신원 의원,[211] 어머니 병에 현호산玄胡散 2첩을 소저약국小渚藥局에서 약을 지었다.[212] 박주대의 아내 학질에 정기탕正氣湯 2첩,[213] 현기증에 화혈탕和血湯 5첩,[214] 혈리血痢에 도적온중탕導赤溫中湯 2첩을 금곡에서 지었다.[215] 그의 딸 체증에, 금곡약국金谷藥局에서 후박탕厚朴湯을 사용했다.[216] 작은 아이 상처에 백정약국栢亭藥局에서 침을 맞았다.[217]

211 『소택일기』, 1868년 4월 11일.
212 『소택일기』, 1868년 4월 22일.
213 『소택일기』, 1880년 5월 26일.
214 『소택일기』, 1885년 2월 12일.
215 『소택일기』, 1885년 7월 14일.
216 『소택일기』, 1884년 12월 21일.
217 『소택일기』, 1868년 9월 7일.

둘째, 민간요법을 이용했다. 먼저 닭과 개를 이용했다. 박주대는 아내 병에 인동 닭仁同鷄,[218] 딸 정실鄭室의 목통증과[219] 얼굴 부기에 개를 잡았다.[220] 집안사람들의 설사에[221] 개를 삶았다.[222] 그의 작은 아들 병에 삼계蔘鷄를 사용했다.[223] 박주대의 아이 결야夬也가 1903년 5월부터 윤5월까지 거의 매일 아팠다. 음식을 먹지 못하자 개를 잡고,[224] 삼계를 먹였다.[225] 다음으로 아내의 체기에 산초나무탕,[226] 조카 이질에[227] 거북,[228] 손자 아이 학질에 계수나무 가지를 달여 복용했다.[229]

셋째, 미신요법을 하였다. 백동白洞의 황 아이가 경經을 외웠다. 집안신을 편안하게 하기 위해서였다.[230] 박주대는 학질이 잡귀가 일으킨 것으로 인식하여 경을 세 차례나 하였다.

> 영천榮川 박선달朴先達이 왔다. 내가 병으로 일어나지 못하는 것을 보고, 나의 학질에 경經을 세 차례 하였다.[231]

며느리 병에 신동神洞의 친구 이씨가 와서 독경讀經하였다.[232] 며느리

---

218 『소택일기』, 1870년 10월 25일.
219 『소택일기』, 1884년 9월 29일, 1884년 9월 30일.
220 『소택일기』, 1885년 2월 20일.
221 『소택일기』, 1903년 7월 25일.
222 『소택일기』, 1903년 8월 16일.
223 『소택일기』, 1870년 윤10월 27일.
224 『소택일기』, 1903년 윤5월 3일.
225 『소택일기』, 1903년 윤5월 10일.
226 『소택일기』, 1872년 2월 16일.
227 『소택일기』, 1894년 2월 27일.
228 『소택일기』, 1894년 2월 30일.
229 『소택일기』, 1897년 4월 2일.
230 『소택일기』, 1888년 11월 28일.
231 『소택일기』, 1871년 7월 29일.
232 『소택일기』, 1873년 11월 23일.

병도 귀신으로 인한 재앙으로 여겨 독경을 하였다.[233] 박주대는 손자며느리가 아픈 지 3, 4일이 지나도 낫지 않자 무당 진언眞言을 불러 굿을 하였다.[234] 박주대 시기 그와 그의 가족들은 근대병원을 이용하지는 않았다. 1912년 무렵에도 예천에는 근대병원이 설립되지 않았다. 이 지역에 일본인 이주가 많지 않았기 때문이다.[235]

3) 선교사와 서양의학

전통사회의 종교는 민간신앙 외에 유교, 불교 등에 한정되었다. 개화기 이후 기독교가 유입되었다. 박주대는 유학자이지만 불교에 대해서는 상당히 우호적이었다. 용문사 승려 부의富宣가 그의 집에 오가거나,[236] 명봉사鳴鳳寺에 놀러 가기도 했다.[237] 박득녕이 처음 서양선교사를 언급한 것은 1867년 5월 17일이었다.

> 매실을 땄다. 휘언이 왔다. 들으니 요승요녀가 서양에서 나와 왔는데 먹는 우물을 독을 넣어 촌 사이에 모해하려 하여 각 관에서 체포하여 감옥에 보낸다고 한다.[238]

당시 조선 사람들이 가진 서양 선교사에 대한 인식은 상당히 부정적

---

233 『소택일기』, 1873년 11월 24일.
234 『소택일기』, 1908년 10월 13일.
235 1912년 12월 말 예천군의 일본인 호수 29호, 남 44명, 여 41명 합계 85명이었다(경상북도, 『권업통계서』, 1912, 5쪽).
236 『소택일기』, 1891년 8월 21일.
237 『소택일기』, 1894년 4월 14일.
238 『소택일기』, 1867년 5월 17일.

이었다. 서양 선교사들이 우물에 독을 넣어 촌사람들을 어려움에 빠뜨리게 한다는 것이다. 그러나 박주대는 서양의학이나 기독교에 대한 자신만의 시선이 분명했다. 그는 유일하게 서양 약으로 금계랍을 사용했다. 금계랍은 급성 전염병인 학질의 특효제로써 선교사들에 의해 본격적으로 보급되기 시작했다.[239] 이 때문에 일반 선교사들도 순회 선교하거나 지방으로 갈 때 상당량의 금계랍과 각종 진통제를 잊지 않고 챙겨갔다.[240] 박주대는 금계랍을 먹는 데도 새벽, 즉 닭이 우는 시간에 먹어야 효력이 있다고 생각하였다.

> 새벽 금계랍 한 봉을 복용하면 병에 효과를 얻을 수 있다고 한다. 고로 내일도 새벽에 복용을 기다린다.[241] 닭이 울 때 금계랍 한 봉을 복용하였다.[242]

한편 박주대는 서양 선교사를 통해 전파되던 기독교에 대해 상당히 비판적인 면을 보였다. 박주대는 서양 선교사들이 산달 고개에서 설교하는데 특히 무식한 부녀자들이 몰려가서 신자가 된다고 언급한다.

> 서양 선교사들이 예천 산달山達 고개에 와서 설교를 하는데, 오는 사람 모두에게 음식을 대접한다. 이 때문에 무식한 부녀자들이 몰려가서 신자가 된다고 한다.[243]

---

239 대한감염학회, 『한국전염병사』 군자출판사(2009), 400~401쪽.

240 전석원, 「1884~1910년의 급성전염병에 대한 개신교 의료선교사업-개항기 조선인의 질병관, 의료체계에 대한 의료선교의 계몽주의적 접근」 『한국기독교와 역사』 36(2012), p.248.

241 『소택일기』, 1891년 9월 16일.

242 『소택일기』, 1891년 9월 16~17일.

243 『소택일기』, 1894년 1월 11일.

박주대가 처음 언급한 서양 선교사의 산달 고개 설교는 베어드 선교사 일행을 말하는 것으로 보인다. 베어드 선교사는 경상도 선교활동으로 1893년 4월 17일~5월 20일 사이 경북지역인 상주-안동-의성-영천으로 이어지는 선교 여행을 하였다.[244]

1895년에 지방 순회 선교사들은 대중 계몽의 하나로 세균과 전염병의 매개체를 교육하는 소책자를 조선인들에게 나누어 주었다. 소책자에는 성경과 위생교육이 담겨 있었다. 질병의 원인과 예방법을 한글로 작성하여 가르쳤다. 그 내용은 「천연두와 백신」, 「콜레라와 먹기」, 「모기와 학질」, 「파리와 장티푸스」, 「빈대와 회귀열」, 「이와 발진티푸스」, 「감염된 야채와 이질」 등 조선인들이 많이 앓았던 수인성 전염병과 피부질환 예방법이었다.[245] 선교사들은 조선의 의료, 위생, 건강에 대한 담론이 우상과 미신 사상에 사로잡혀 있다고 보았다.[246]

경북 선교여행을 하였던 베어드 선교사는 한국인들이 기독교인이 되는 이유를 설명했다.

> 한국인들은 대부분 샤머니즘을 신봉했고, 유교나 불교도 당시에 성행하였다. 한국인들은 "기독교에 접근함으로써" 자신들의 야망, 욕심, 호기심을 만족시키려고 하였다. 정직하고 지적인 많은 한국인들은 정부의 엄청난 부패에 환멸을 느끼고 있었고, 불법적인 징수와 하급 관리(관청)들이 자행하는 억압과 직권 남용에 분개하고 있었다. 어떤 사람들은 구舊 정부에 대한 불만으로 인해 정부에 대항하는 직접적 행

244 리처드 베어드, 김인수 역, 『배위량 박사의 한국선교』 쿰란출판사, 2004, 63~65쪽.

245 Oliver R. Avison, 에비슨기념사업회 역, 『구한말비록 하』 대구대학교출판부, 1984, 36쪽.

246 전석원, 「1884~1910년의 급성전염병에 대한 개신교 의료선교사업-개항기 조선인의 질병관, 의료체계에 대한 의료선교의 계몽주의적 접근」 『한국기독교와 역사』 36, 한국기독교역사학회, 2012, 254쪽.

> 동을 할 정도였는데, 이들은 기독교를 수용함으로 그들이 뒤엎고자 하는 부패한 관료들의 앙갚음에서 정치적 보호를 받을 수 있을 것이라 생각했다. 초기 한국 기독교인들의 대부분은 그리스도에 대한 신실한 믿음을 정치적, 사회적 개혁을 향한 적극적인 노력과 결합하였다. 이러한 점은 옳지만, 문제는 종교적인 믿음이 없이 자신들의 목적을 위해서 기독교를 이용하고자 하는 정치적 개혁가들에게 있었다.[247]

초기 한국 기독교인들이 그리스도에 대한 믿음을 정치적, 사회적 개혁을 향한 적극적인 노력과 결합했다고 베어드 선교사는 보았다. 박주대는 기독교의 핵심 문제를 정확히 간파하고 있었다. 1908년 11월 선교사들이 풍산에 기독교를 설명하면서 조선의 유교적인 내용과 민간 신앙을 없애는 것을 주제로 하고 있음을 밝혔다. 기독교의 파장은 민간에서 행하는 전통 의례와 신앙대상을 없애는 문제였다.

> 풍산豊山에 야소학耶蘇學을 설시設施하여 제사를 폐지하고 민속으로 신앙하던 신수목神樹木을 기벌斫伐함으로써 희로喜怒가 없는 선善을 이룬다고 한다.[248]

박주대는 1909년 7월 16일 '근래에 야소학이 불꽃같이 치솟고 있다.'라면서 상당한 관심을 보였다.[249] 기독교 교인이 계속 늘어 1910년 무렵에는 풍신에 기독교인이 수 백 여명에 달하였다.

---

247 리처드 베어드, 김인수 역, 위의 책, 77~78쪽.
『소택일기』, 1908년 11월 15일.
249 『소택일기』, 1909년 7월 16일.

야소학의 교인이 나날이 늘어 풍산에는 야소학이 수백여인 에 이른다.[250]

박주대는 예천 인근의 풍산에 기독교인이 수 백 명에 달하는 것을 적고 있다. 『소택일기』의 박주대는 새로운 세상의 변화에 둔감하지 않았지만 빠르게 적응했던 인물은 아니었다. 그의 일기에는 서양의학을 이용한 것은 학질에 먹는 금계랍 복용뿐이었다.

4. 맺음말

경북 예천군 용문면 대저리의 박씨 집안의 일기 중 하나인 『소택일기』 가운데 박득녕과 박주대의 시기인 1834년부터 1912년까지를 분석하였다. 이 시기 홍역, 두창, 괴질 등의 전염병이 유행하면 맛질 마을 사람들의 대응은 첫째, 피난을 가거나, 피난을 갔다. 둘째, 노비의 경우 병세가 나타나면 출막을 시켰다. 셋째, 지저분한 손님은 쫓아냈다. 박득녕은 병원균이 불결에서 시작된다고 인식하였다. 그리고 박주대의 시기에는 홍역과 괴질 유행하면 동민들이 성황에 기도하거나 가신인 성주신에게 기도하였다.

박득녕과 그의 주변 인물들의 질병의 특징은 첫째, 수인성 질병이 많았다. 복통, 이질, 설사, 토사곽란 등으로 가족 전체가 앓는 경우가 많았다. 둘째, 식체, 식적 등 소화기과 질환으로 고통을 받았다. 셋째, 종기,

250 『소택일기』, 1910년 1월 12일.

개창 같은 피부과 질병이 많았다. 넷째, 한기, 독감, 한통 등 추위로 인한 질병이 많았다. 이러한 질병에 대해 박득녕은 한의학요법을 가장 많이 사용하였다. 박득녕은 여러 의서를 읽어 한의학적 지식이 상당하여 직접 약재를 구하여 약을 조제하기도 하였다.

박주대과 그의 주변 인물들이 앓았던 질병도 박득녕 시기와 크게 다르지 않았다. 박주대는 첫째, 한의학요법을 사용하였다. 그는 질병이 생기면 한의학적 식견에 따라 치료하였다. 그는 질병이 생기는 이유를 기가 막혀 생긴다고 보았다. 둘째 민간요법을 사용하였다. 각종 통증, 몸이 허할 때, 종기 등에 민간요법을 사용하였다. 셋째 미신요법을 사용한다. 경을 읽거나, 무당을 불러 굿을 하고, 외부인을 불러 독경을 하였다.

박주대는 1894년 1월 처음 서양 선교사를 언급한다. 서양 선교사를 통한 기독교 전파에 대해 무식한 부녀자들이 음식 때문에 몰려가 신자가 된다는 비판적 시각을 보였다. 그러나 1909년 7월 그는 '기독교가 급속하게 확대되고 있다'라면서 세상의 변화에 둔감하지 않았다. 1908년 11월에는 기독교가 조선의 유교적인 내용과 민간 신앙을 없애는 것을 주제로 하고 있음을 밝히고 있어 기존 삶의 방식에 대해서 고민하고 있음을 알 수 있다. 그러나 그는 자신과 집안 가족들의 질병에 대해 여전 한의학적 인식에서 벗어나지 않았다. 당시 서양 선교사를 통해 전파되고 있던 근대 위생과 근대병원을 통한 질병 치료는 하지 않았다.

참고문헌

근대 초기 기독 선교사의 한국어 및 한글에 대한 인식과, 그 영향

고영근 (1976), 「서양인의 한국어 문법연구」, 『한국어문논총』, 형설출판사.

______ (1998), 『한국어문운동과 근대화』, 탑출판사.

______ (2008), 『민족어의 수호와 발전』, 제이앤씨.

권태경(2022), 「한국과 중국의 근대화에 기여한 존 로스 연구」, 『인문사회21』 13:3, 1025-1036.

김슬옹(2022), 「헐버트, 「The Korean Language」(1889)의 한국어사 · 한국어학사적 의미」, 『한글』83(3), 929-962.

김주필 · 홍성지(2017), 「한국어 교재 Corean Primer (1877)의 특성과 텍스트 형성 배경」, 『언어학』 78, 한국언어학회, 99-129.

김혜정(2020), 「초기 내한 선교사들의 언어적 동일화 연구: 언더우드 게일을 중심으로」, 『선교와신학』 51, 13-52.

김채수(2002), 「한국과 일본에서의 언문일치 운동의 실상과 그 의미」, 『일본연구』 1, 고려대 글로벌일본연구원, 9-54.

민현식(2004), 「國語文化에 나타난 宗教文化의 요소」, 『한국언어문화학』 1:2, 국제한국언어문화학회, 89-118.

박형신(2021), 「존 로스의 중국어 성경주석 및 한글 번역본에 대한 역사적 연구」, 『한국교회사학회지』 58, 한국교회사학회, 133-168.

백두현(2004), 「우리말[韓國語] 명칭의 역사적 변천과 민족어 의식의 발달」, 『언어과학연구』 28, 언어과학회, 115-140.

______ (2004), 「한국어 문자 명칭의 역사적 변천」, 『문학과 언어』 26, 문학과언어학회, 1-16.

박새암(2018), 『개신교 선교사 한국어교육의 형성과 전개에 대한 사적 연구』, 한성대 박사학위논문.

베네딕트 앤더슨, 서지원 옮김(2018), 『상상된 공동체-민족주의의 기원과 보급에 대한 고찰』, 도서출판 길.
박순함(1997ㄱ), 「영어사에 있어서의 언어접속 역사와 양층언어구조 (켈트어와 불어에 관련된 영어의 상반된 층위적 성격에 대한 고찰)」, 『영어학연구』 4, 한국영어학학회, 31-48.
_____(1997ㄴ), 「양층언어구조(Diglossia)연구의 약사-그리고 상민족어 개념과 한국적 유형에 관한 검토」, 『사회언어학』 5, 한국사회언어학회, 57-87.
박형신 편(2020), 『The Rev. John Ross: A Primary Sourcebook 존 로스 선교사 자료집 Ⅱ』, 한국기독교역사연구소.
브리태니커 편찬위원회, 이정인 옮김(2017), 『근대의 탄생』, 도서출판 아고라.
서강선(2018), 「J. S 게일의 《東國李相國集》발췌 英譯 고찰 英題와 原題의 비교고찰을 중심으로」, 『우리말글』78, 239-274.
송 민(2015), 「근대 이행기 동아시아의 자국어와 자국문자」, 『근대 이행기 동아시아의 자국어인식과 자국어학의 성립』, 소명출판, 15-58.
송철의(2004), 「한국 근대 초기의 어문운동과 어문정책」, 『한국문화』 33, 서울대 한국문화연구원, 1-36.
오현기(2011), 「한국 개신교의 선교 원년이 1832년인 근거에 관한 연구 - 칼 귀츨라프의 선교」, 『대학과 선교』 30, 한국대학선교학회, 132-170.
옥석득·이만열 편역(2004), 『대한성서공회사 – 자료집 제1권 로스 서신과 루미스 서신』, 대한성서공회.
__________(2010), 『언더우드자료집』 I-V. 서울: 연세대학교출판부.
유길준(189?), 「朝鮮文典」(필사본). [김민수·고영근 편(2008), 『역대한국

문법대계 제1부 1책』, 탑출판사.]

이병근(1978), 「愛國啓蒙主義時代의 國語觀」, 『한국학보』 12, 176-192.

______(2003), 「近代國語學의 形成에 관련된 國語觀-大韓帝國 時期를 중심으로」, 『韓國文化』 32, 서울대 한국문화연구소, 1-33.

이병기(2015ㄱ), 「'국어'는 근대적 기본 개념어인가?」, 『인문논총』 72-1, 서울대 인문학연구원, 133-164.

______(2015ㄴ), 「'국어' 및 '국문'과 근대적 민족의식」, 『國語學』 75, 국어학회, 165-193.

이상혁(1997), 「우리말글의 명칭의 역사적 변천과 그 의미」, 『한국어학의 이해와 전망』, 박이정.

______(1998), 「언문과 국어 의식-중세와 실학 시대의 '훈민정음'과 '언문' 개념의 비교를 중심으로-」, 『국어국문학』 121, 국어국문학회, 55-73.

______(2000), 「애국계몽기의 국어 의식-당대 연구자들의 국어관을 중심으로」. 『어문논집』 41, 민족어문학회, 105-139.

이연숙(2006), 『국어라는 사상: 근대 일본의 언어 인식』(고영진·임경화 역), 소명출판사.

이현희 외(2014), 『근대 한국어 시기의 언어관·문자관 연구』, 소명출판.

장요한(2021), 「초기 근대 이행기 국어 인식과 그 양상의 역사성 - '훈민정음' 창제 관련 문헌과 '正音'의 의미를 중심으로 -」, 『한국학논집』82, 7-39.

______(2022), 「계명대학교 동산도서관 소장본 고소설 희귀본의 가치와 고소설의 언어 의식 - 「배장화홍연젼」, 「이해용젼」, 「갑진녹」을 중심으로 -」, 『한국학논집』 86, 7-41.

장윤희(2015), 「근대 이행기 한국에서의 자국어 인식」, 『근대 이행기 동아시아의 자국어인식과 자국어학의 성립』, 소명출판, 151-196.

조태린(2009), 「근대 국어 의식 형성의 보편성과 특수성: 언어와 국민 사이의 관계 인식을 중심으로」, 『한국언어문화』 39, 한국언어문화학회, 81-108.

주시경 (1908), 『國語文典音學』, 박문서관.

_____ (1910), 『國語文法』, 박문서관.

최경봉(2012), 「근대적 언어관의 전개와 국어정립이라는 과제의 인식 양상: 한국의 특수성을 중심으로」, 『東方學志』 158, 연세대 국학연구원, 231-269.

최현배(1962), 「기독교와 한글」, 『신학논단』 7, 연세대 신과대학 신학회, 51-76.

허재영 외(2019), 『계몽의 수단: 민족어와 국어』, 도서출판 경진.

헐버트(Homer B. Hulbert)/김동진 옮김(2016), 『헐버트, 조선의 혼을 깨우다 (헐버트 내한 130주년 기념 '헐버트 글' 모음)』, 참좋은친구.

홍성지(2017), 『존 로스(J. Ross)의 성경 번역 과정과 번역된 성경에 나타난 한국어의 특성』, 국민대학교 박사학위논문.

Anderson, B. 1983/2006. *Imagined Communities*(3rd ed), London/ New York: Verso. G

Gale, J. S. 1898. Korean Sketches, House of the M.E.Church South. [장문명 역(1970), 『코리언 스케치』, 현암사.]

Ross, J. 1877. *Corean Primer, Being Lessons in Corean on All Ordinary Subjects, Transliterated on the Principles of the "Mandarin Primer," by the Same Author.*, Shanghai: American Presbyterian Mission Press.[김민수·고영근 편(2008), 『역대한국문법대계 제2부 1책』, 탑출판사.]

_____ 1878. The Corean Language, *The China Review* VI, 395-403. [김민수·고영근 편(2008), 『역대한국문법대계 제2부 1책』, 탑출판사.]

Ross, J. 1879. *Corean Primer*, London: J. & R. Parlane.

______ 1882. *Korean Speech, With Grammar And Vocabulary*, Shanghai & Hongkong: Kelly & Walsh, Yokohama: Kelly & Co.[김민수·고영근 편(2008), 『역대한국문법대계 제2부 1책』, 탑출판사.]

Hulbert, H. B. 1889. The Korean Language, New York Tribune. [김동진 옮김(2020), 「The Korean language」, 헐버트 박사 71주기 추모 특집 자료집, (사)헐버트기념사업회.]

__________ 1891. 『ᄉᆞ민필지』. [국립한글박물관 역주(2020), 『한글로 세계를 바라보다, 지리교과서 사민필지』, 소장자료 총서 8. 역락·글누림.]

Underwood, H. G. 1890. *An Introduction to the Korean Spoken Language*, Yokohama: Kelly & Walsh.[고영근(2008), 『역대한국문법대계 제2부 3책』, 탑출판사.]

Gützlaff, Karl F. 1832. Remarks on the Corean Language, The Chinese Repository Ⅰ, 276-279., 고영근(2008), 『역대한국문법대계 제2부 1책』, 탑출판사.

초기 개신교 선교사들의 교육이 한국 근현대화에 끼친 영향

곽안련, 『장로회사전휘집』, 서울: 조선야소교서회, 1918.

김형목, 「근대여성교육 선구자 스크랜턴 부인과 이화학당」, 『사학』 129호, 2011, 90-93.

대한예수교장로회한국교회백주년준비위원회 사료분과위원회, 『대한예수교장로회백년사』, 서울: 대한예수교장로회총회교육부, 1984.

로즈, 해리, 『미국 북장로교 한국 선교회사』, 최재건 옮김, 서울: 연세대학교출판부, 2009.

류방란, 「개화기 배재학당의 교육과정 운영」, 『교육사학연구』 제8권, 1998, 161-200.

민경배, 『한국의 기독교회사』, 서울: 대한기독교서회, 1968.

손인수, 「舊韓末 新教育의 受容과 그 葛藤事項에 對하여(1876-1910)」, 『교육논집』 Vol.4 No.1, 1971, 39-64.

송병기 외, 『한말근대법령자료집Ⅰ』, 서울: 대한민국 국회도서관, 1970.

신종한, 「근대 신분제도의 변동과 일상생활의 재편」, 『동양학』 제47집, 2010. 2, 209-229.

양현혜, 「메리 스크랜튼의 여성 교육활동과 개화기 한국 '여성주의 의식'의 태동」, 『한국교회사학회지』 제42집, 2015, 133-173.

언더우드, 『언더우드 목사의 선교편지』, 김인수 옮김, 서울: 장로회신학대학교출판부, 2006.

에비슨, 올리버 R, 『올리버 R. 에비슨이 지켜본 근대 한국 42년, 1893-1935, 上』, 박형우 편집, 서울: 청년의사, 2010.

연세대학교백년사 편찬위원회 편집, 『연세대학교 백년사: 1885-1985, 1: 연세통사, 상』, 서울: 연세대학교 출판부, 1985.

오주철, 「한국 최초의 대중적 교리서인 『그리스도문답』 연구」, 『동서신학』 제5호, 2022, 45-102.
유동식, 『한국감리교회의 역사 I』, 서울: 도서출판 KMC, 2009.
윤성렬, 「배재학당19」, 『중앙일보』, 1977. 2. 24.
이경숙 외, 『한국을 사랑한 메리 스크랜튼』, 서울: 이화여자대학교 출판부, 2010.
이광린, 「육영공원의 설치와 그 변천에 대하여」, 『동방학지』 제6집, 1963. 1, 101-129.
______, 「초기의 배재학당」, 『개화파와 개화사상』, 서울: 일조각, 1989.
______, 「개화파의 개신교관」, 『한국개화사상연구』, 서울: 일조각, 1990.
이광수, 「야소교의 조선에 준 은혜」, 『청춘』, 1917.
이덕주, 『한국 그리스도인들의 개종이야기』, 서울: 전망사, 1990.
이만열 편, 『아펜젤러-한국에 온 첫 선교사』, 서울: 연세대학교 출판부, 1985.
이상규, 「기독교는 한국에 어떤 영향을 주었을까?」, 『부경교회사연구』 제37호, 2012, 21-32.
이은선, 「한국 근대문화 형성과 기독교」, 『교회와법』 8권2호, 2022. 2, 10-47.
이화90년사 편찬위원회, 『이화 90년사』, 서울: 이화여자고등학교, 1976.
이화100년사 편찬위원회, 『이화 100년사』, 서울: 이화여자대학교출판부, 1994.
정영희, 「한국 개화기 종교계의 교육운동 연구」, 박사학위논문, 단국대학교 대학원, 1991.
鄭忠良, 『이화80년사』, 서울: 이화여자대학교, 1966.
정해중, 「미국 북감리교 여성해외선교부와 이화학당 대학과」, 『여성학논집』 제36집 2호, 2019, 3-29.
조경원, 「개화기 여성교육론의 양상 분석」, 『교육과학연구』 제28집,

1998, 23-42.
조규남, 「19세기말 개신교 전래의 교육적 인식」, 『교육논총』 Vol.8, 1993, 17-40.
최재건, 『언더우드의 대학설립』, 서울: 연세대학교 출판문화원, 2012.
최현배, 「기독교와 한글」, 『神學論壇』 제7집, 1962, 51-76.
한국민족문화대백과사전, http://encykorea.aks.ac.kr/Contents/Item/E0051837, 2022년 11월 13일 검색.
한국정신문화연구원 교육연구실 편, 『한국교육연구 제1집』, 정순목, 「제1부 한국개화교육의 사상과 전개」, 경기도 성남시: 한국정신문화연구원, 1980.
「협성회회보」, 1898. 1, 1, 8.
홍덕창, 「기독교가 한국 개화기의 실업교육에 미친 영향」, 『총신대학교 논문집』 제8집, 1989, 65-82.
홍인표, 『여성과 한국교회』, 서울: 기독교문서선교회, 2019.
황재범, 「초기 한국 개신교회가 한국 민주주의 문화의 형성에 끼친 영향」, 『신학사상』 159집, 2012. 겨울, 155-190.
황재범, 오주철, 『한국개신교회사』, 서울: 한들출판사, 2015.
Gale, James S, *korean in transition*, 서울: 한빛문고, 1983.
Gifford, Daniel L, "Education in the Capital of Korea." *The Korea Repository*, Vol. 3, 1896, 282.
Gilmore, G, W, *Korea from its Capital*, Philadelphia: The Presbyterian Board of publication, 1892.
Griffis, William Elliot, 『아펜젤러』, 이만열 옮김, 서울: 한국기독학생회 출판부, 2015.
Underwood, Lillias S. H, "Korea." *Missionary Review of the World*, Nov. 1890.

애니 베어드 소설 연구

- 〈유한당사씨언행록〉과의 비교를 중심으로

자료

숭실대학교 한국기독교박물관 학예팀 역, 『셩별젼』, 숭실대학교 출판국, 2014.

한명근 외, 『고영규젼』, 숭실대학교 출판국, 2014.

장경남, 오지석 역, 『구한말 선교사 애니 베어드의 한글 선교소설』, 보고사, 2021.

김동욱 역, 『역주 유한당사씨언행록』, 계명대학교 출판부, 2021.

________, 『譯註 幽閒堂謝氏言行錄』, 계명대학교 출판부, 2022.

단행본

김만중 저, 류준경 역, 『사씨남정기』, 문학동네, 2014.

『율곡전서』, 한국고전종합DB(https://db.itkc.or.kr).

이종묵, 『부부』, 문학동네, 2011.

최정운, 『한국인의 탄생』, 미지북스, 2013.

W. 아더 노블 저, 윤홍로 역, 『사랑은 죽음을 넘어서』, ㈜포도원, 2000.

논문

곽승숙, 「애니 베어드 신소설 연구 - 〈고영규전〉과 〈부부의 모본〉을 중심으로」, 『한국문학이론과 비평』 63, 한국문학이론과 비평학회, 2014, 139~159쪽.

김경완, 「고영규전 연구」, 『온지논총』 1, 온지학회, 1995, 421~263쪽.

김동욱, 「〈유한당사씨언행록〉 연구」, 진단학보 134, 진단학회, 2020, 309~329쪽.

민대홍, 「기독교의 문화 변혁으로 본 애니 베어드의 소설 연구」, 숭실대학교 석사학위논문, 2011, 1~212쪽.
서경희, 「규훈소설의 성립 배경과 특성에 관한 연구」, 『온지논총』 47, 온지학회, 2016, 69~101쪽.
서신혜, 「〈고영규전〉의 서술 방식과 창작 기법에 관한 연구」, 『동아시아문화연구』 56, 한양대학교 동아시아문화연구소, 2014, 135~160쪽.
오지석, 「한국교회 초기 혼인관(婚姻觀)에 대한 연구 - 애니 베어드(Annie L. Baird)의 고영규전(高永規傳) (Two Short Stories)를 중심으로」, 『기독교사회윤리』 12, 한국기독교사회윤리학회, 2006, 75~96쪽.
유혜영, 「기독교와 한국사상의 근대성-고영규전에 나타난 결혼관을 중심으로」, 『관악어문연구』 35, 서울대학교 국어국문학과, 2010, 221~245쪽.
이길연, 「근대적 자아의 확립과 가정상의 모색 - 〈고영규전〉과 〈부부의 모본〉을 중심으로」, 『평화학연구』 2, 한국평화연구학회, 2004, 304~325쪽.
이지영, 「『유한당사씨언행록』을 통해 본 조선시대 여성지성의 의식과 지향」, 『한국고전여성문학연구』 28, 한국고전여성문학회, 2014, 63~93쪽.
자넷윤선리, 「미국 선교사 애니 베어드 소설의 문화 번역 양상 연구」, 『어문론총』 90, 한국문학언어학회, 2021, 91~115쪽.
차봉준, 「근대 전환기 기독교 소설과 메타모포시스 - 애니 베어드의 선교문서를 중심으로」, 『리터러시연구』 12-2, 한국리터러시학회, 2021, 329~352쪽.
허순우, 「전환기 문학 「샛별전」의 글쓰기 특징과 의의」, 『이화어문논집』

55, 이화어문학회, 2021, 29~60쪽.
허순우, 「대속과 구원의 메시지를 담은 전도지 〈장자노인론〉」, 『동아시아고대학』 62, 동아시아고대학회, 2021, 177~205쪽.
______, 「19세기 말 애니 베어드의 문서선교에 대한 관심과 〈샛별전〉」, 『한국고전연구』 52, 한국고전연구학회, 2021, 203~234쪽.
______, 「근대 전환기 개신교 선교문서 속 '죽음' 이야기의 양상과 그 의미 - 애니 베어드의 선교문서를 중심으로」, 『한국학연구』 82, 부산대학교 한국학연구소, 2022, 117~152쪽.

〈최필공전〉 연구
- 서사적 특징과 문학적 의미를 중심으로

1. 자료
『조선왕조실록』
『승정원일기』
『일성록』
『孟子』

2. 단행본
박종악, 신익철·권오영·김문식·장유승 역해, 『수기』, 한국학중앙연구원 출판부, 2016.
박희병, 『유교와 한국문학의 장르』, 돌베개, 2008.
정 민, 『서학, 조선을 관통하다』, 김영사, 2022,
정병설, 『죽음을 넘어서 - 순교자 이순이의 옥중편지』, 민음사, 2014.
샤를르 달레, 최석우 역, 『한국천주교회사』 上, 한국교회사연구소, 2000.
앙투안 다블뤼, 유소연 역, 『조선 주요 순교자 약전』, 내포교회사연구소, 2014.
자크 데리다·베르나르 스티글레르, 김재희·진태원 역, 『에코그라피』, 민음사, 2002.

3. 논문
서신혜, 「〈최필공전〉의 핵심어 세 가지 : 감화(感化), 군사(君師), 중국원류설(中國源流設)」, 『한국문학과 예술』 31, 숭실대학교 한국문학과예술연구소, 2019.
이원순, 「조선후기사회 중인층의 서교 수용」, 『한국문화』 8, 규장각한국학연구소, 1987.
진재교, 「『이계집(耳溪集)』 소재 「최필공전(崔必恭傳)」, 『민족문학사연구』 14, 민족문학사연구소, 1999.

민요와 개신교의 만남
- 〈백합화〉(1957)를 중심으로

경주성서학원 학우회,『백합화』, 경주성서학원, 1957.

권오경,『참요의 기능과 유형적 특성』, 경북대학교 석사학위논문, 1990.

김영철,「개화기 시가에 나타난 알레고리의 미학」,『한국시학연구』35, 2012.

김은영,「이화여전 글리클럽 연구: 1927-1935년의 활동을 중심으로」,『이화음악논집』23, 2019.

문옥배,『한국 교회음악 수용사』, 서울: 예솔출판사, 2004.

손정,『한국어교육에서의 전래동요 활용방안 연구: 말놀이노래를 중심으로』, 서울: 건국대학교 대학원 석사학위논문, 2013.

심선옥,「애국계몽기와 1910년대 '민요조 시가'의 양상과 근대적 의미」,『민족문학사연구』20, 2002.

안기영,『朝鮮民謠合唱曲集 第1集』, 이화여자전문학교 음악과, 양악사음악출판사, 1931.

안주영,「시간에 대한 인류학적 연구 고찰: 전통적 시간과 근대적 시간의 대조를 중심으로」,『비교문화연구』19(1), 2013.

윤여민, 「한국교회 초기 부흥성가-이성봉 목사와 유재헌 목사를 중심으로」,『부경교회사연구』27, 2010.

이강숙 외,『우리 양악 100년』, 현암사, 2001,

이상규,「복음성가의 아버지 화단(火檀) 유재헌 목사」,『생명나무』, 2008년 12월호.

______,「복음성가의 아버지 화단(火檀)」,『부경교회사연구』18, 2009.

이영수,『한국민요합창곡집 발전과정연구』, 광주대학교 대학원 음악학과 박사학위논문, 2021,

이혜정, 『한국민요의 회중찬송적용에 관한 연구』, 백석대학교 기독교전문대학원 기독교음악학전공 박사학위논문, 2014.

______, 「『백합화』 찬양집의 발굴과 의의」, 『신학과 목회』47, 2017.

______, 「1957년 개신교찬양집 『백합화』연구-교술성, 유동성, 접근성을 중심으로」, 『종교연구』82, 2022.

______, 「유재헌 목사의 『복음성가』연구: 한국 부흥운동의 관점에서」, 『신학과 목회』58, 2023.

장성남, 『대한매일신보 시가의 존재양상과 주제표출 방식』, 대전대학교 박사학위논문, 2005.

정운형, 「연희전문학교의 음악교육-한국인 교수와 연전음반을 중심으로」, 『신학논단』99, 2020.

조동일, 『한국문학통사』5, 서울: 지식산업사, 2005.

최은숙, 「「대한매일신보」의 민요 수록 양상과 특성」, 『한국민요학』11집, 2002.

하경숙·구사회, 「숫자노래의 전승 맥락과 새로운 근대가사 〈數字歌〉의 문예적 검토」, 『동방학』43, 2020.

근대 이행기 영남지역 유가 지식인들과 기독교의 만남
- 진암 이병헌과 해창 송기식을 중심으로

한국사 데이터베이스, [Website]. Retrieved from https://db.history.go.kr/

대한민국 신문 아카이브, [Website]. Retrieved from https://www.nl.go.kr/newspaper/

『한국민족문화대백과사전』, [Online Encyclopedia].

『디지털 함양문화 대전』, [Digital Encyclopedia].

『조선·대한제국 관보』, 「在監人名籍表를別紙式樣과 如히 定홈 - 法部訓令第3號」, April 10, 1909.

『매일경제TV』, 「프란치스코 교황, 윤지충 바오로와 동료 순교자 124위 시복 선언」, August 16, 2014.

『황성신문』, 논설. September 13, 1899.

_________, October 27, 1905.

『대한매일신보』, 「夫吾教는 天道之大原일시 曰天道教라」, December 13, 1905.

___________, 「本人이 一進會에 退出ᄒᆞ야 天道教」, February 19, 1908.

『황성신문』, 「東西洋各國宗教源流」, August 12, 1902.

『대한매일신보』, 「大韓自强會의 大垣丈夫氏演說 續」, November 22, 1906.

___________, 「善哉朴氏」, March 6, 1908.

『한겨레21』, 「애국계몽운동은 '애국'이었나」, August 12, 2004.

『대한매일신보』, 「懸賞求論」, February 25, 1909.

이병헌, 『李炳憲全集』下 부록 『我歷抄』, 서울 : 亞細亞文化社, 1989.

『朝鮮總督府官報』, 154쪽, August 16, 1915.

이명호, 「근대 전환기 종교 영역의 변화와 사회 인식: 기독교의 수용과 성장을 중심으로」, 『사회사상과 문화』, 29호, 2014.
이연승, 「이병헌의 유교론 "비미신적인 신묘한 종교"」, 『종교문화비평』, 27호, 한국종교문화연구소, 2015.
정병석역, 『주역』상·하, 을유출판사, 2011.
馮友蘭, 『中國哲學簡史』, 長江文藝出版社, 2015.
皮錫瑞, 『經學通論』, 中華書局, 2011.
康有爲, 『孔子改制考』, 上海大同译书局, 1898.
董義華, 張榮華(編校), 『康有爲全集』, 第3集, 中國人民大學出版社, 2007.
이병헌, 『易經今文考通論』, 『韓國經學資料集成(119)·易經(三十三)』, 成均館大學校 大東文化硏究院, 成均館大學校出版部, 1996.
한국문학평론가협회, 『문학비평용어사전』, 국학자료원, 2006.
안영호, 「『春秋公羊傳』解釋體例硏究」, 漢陽大學校大學院, 박사청구논문, 2003.
정병석, 「周易과 神道說敎」, 『태동고전연구』, 제39집, 한림대학교 태동고전연구소, 2017.
高亨, 『周易大傳今注』, 齊魯書社, 1979.
黃壽棋·張善文, 『周易譯注』, 上海古籍出版社, 1989.
陳望衡, 「『周易』"神道"析」, 『周易硏究』, 제2집, 1999.
이상성, 「진암 이병헌의 유교개혁론과 공교운동 - '유교복원론'을 중심으로」, 『한국철학논집』, 제4권, 한국철학사연구회, 1995.
개역개정4판, 『히브리서』, 『사도행전』.
황지원, 「진암(眞庵) 이병헌(李炳憲)의 공교사상(孔敎思想)에 있어서 '심즉신(心卽神)'의 의미와 특성」, 『동아인문학보』, 55집, 동아인문학회, 2021.
송기식, 『유교유신론』, 대구(발행처 미상), 1998.

송기식저, 곽민준·이지안·이효림역, 『해창문집』, 「海窓說」, 안동역사인물 국역총서 8, 한국국학진흥원, 2019.

황영례, 「한계 이승희와 해창 송기식의 공교 운동의 상이성」, 『유교사상문화연구』, 39집, 한국유교학회, 2010.

주희저, 성백효역, 『논어집주』, 전통문화연구회, 2011.

정약용저, 이을호역, 『논어고금주』, 한국학술정보, 2015

『계원필경집』, 『태조실록』, 『세조실록』, 『고종실록』, 『승정원일기』, 『숙종실록』, 『순종실록부록』, 『논어고금주』, 『鹿洞日記』.

개항 이후 영남지역 유학자의 질병과 대응
-『소택일기』(1834~1912)를 중심으로

한국정신문화연구원, 『예천 맛질 朴氏家 日記 1 -日用篇-』, 2002.

__________, 『예천 맛질 朴氏家 日記 2 -日記篇-』, 2004.

한국학중앙연구원, 『예천 맛질 朴氏家 日記 3 -日記篇-』, 2005.

박성수 주해, 『渚上日月 상, 하』 서울신문사, 1993.

안병직·이영훈, 『맛질의 농민들』 일조각, 2001.

예천군 편, 『예천군지』, 1988.

박윤재, 『한국 근대의학의 기원』 혜안, 2005.

박훈평, 『조선, 홍역을 앓다-조선후기 홍역치료의 역사』 민속원, 2018.

신규환, 『질병의 사회사』 살림, 2006.

신동원, 『한국근대보건의료사』 한울아카데미, 1997.

______, 『호열자, 조선을 습격하다』 역사비평사, 2004.

______, 『호환 마마 천연두: 병의 일상 개념사』 돌베개, 2013.

안동대학교 안동문화연구소, 『예천 금당실·맛질 마을-정감록이 꼽은 길지』 예문서원, 2004.

원보영, 『민간의 질병인식과 치료행위에 관한 의료 민속학적 연구』 민속원, 2010.

이만열, 『한국기독의료사』 아카넷, 2003.

강성우, 「개항기 조선에서 근대적 위생문화의 수용」, 『한일관계사연구』 52, 2015.

______, 「서양인이 "위생"의 관점에서 본 조선의 모습-오린엔탈리즘을 넘어서-」, 『한일관계사연구』60, 한일관계사학회, 2018.

신동원, 「조선말의 콜레라 유행, 1821-1910」 『한국과학사학회지』11-1, 한국과학사학회, 1989.

여인석, 「학질에서 말라리아로: 한국 근대 말라리아의 역사(1876~1945)」, 『의사학』20-1, 대한의사학회, 2011.
이만열, 「한말 미국계 의료선교를 통한 서양의학의 수용」, 『국사관논총』3, 국사편찬위원회, 1989.
장근호 외, 「개화기 서양인 의사의 눈으로 본 한국인의 질병-'조선정부병원 제1차년도 보고서'(1886년)와 '대한제국병원 연례보고서'(1901년)를 중심으로-」, 『역사연구』36, 역사학연구소, 2019.
전석원, 「1884-1910년의 급성전염병에 대한 개신교 의료선교사업-개항기 조선인의 질병관, 의료체계에 대한 의료선교의 계몽주의적 접근」, 『한국기독교와 역사』36, 한국기독교역사학회, 2012.

저자소개

장요한 : 근대 초기 기독 선교사의 한국어 및
한글에 대한 인식과, 그 영향

서강대학교 대학원 국어국문학과에서 박사학위(2009)를 받고, 서울대학교 국어국문학과 Post-doc(2010-2011), 서강대학교 국어국문학과 대우교수(2012)를 거쳐 현재 계명대학교 국어국문학 전공 부교수로 재직 중이다. 중세 국어와 근대 국어의 문법 연구 전공으로 최근 논저로는 『『宸翰帖 坤』의 연구 및 역주』, 「문법사의 시대 구분 연구 쟁점과 과제」, 「초기 근대 이행기 국어 인식과 그 양상의 역사성-'훈민정음' 창제 관련 문헌과 '正音'의 의미를 중심으로-」 등이 있다.

E-mail: yhjang0504@kmu.ac.kr

오주철 : 초기 개신교 선교사들의 교육이
한국 근현대화에 끼친 영향

계명대학교에서 박사학위를 받았으며, 현재 계명대학교 타불라라사 겸임교수와 영남신학대학교 특임교수로 재직 중이다. 주요 저서로는 『조직신학개론』, 『한국개신교회사』, 『종교개혁자들의 삶과 신학』 등이 있으며, 최근의 논문으로는 「초기 개신교 선교사들에 의해 전도문서로 소개된 『미이미교회문답』의 해제와 교리사적 이해」, 「한국 최초의 대중적 교리서인 『그리스도문답』 연구」 등이 있다.

E-mail: ojoocheol@daum.net

김동욱 : 애니 베어드 소설 연구
- 〈유한당사씨언행록〉과의 비교를 중심으로

서울대학교 국어국문학과에서 조선후기 한글장편소설 〈임화정연〉에 대한 연구로 박사학위를 취득하였다. 현재 계명대학교 국어국문학과 조교수로 재직 중이다. 주로 조선시대 한글장편소설에 관심을 갖고 연구를 진행하고 있다.

E-mail: kdw@kmu.ac.kr

오성준 : 〈최필공전〉 연구
- 서사적 특징과 문학적 의미를 중심으로

서울대학교 국어국문학과를 졸업하고 동대학원에서 「〈변강쇠가〉에 나타난 폭력연구」로 석사학위를 받았다. 현재 동 대학원 박사과정을 수료하였고, 최근 논문으로 「한글장편소설에 나타난 가족 시회(詩會) 연구」가 있다.

E-mail: jun4333@snu.ac.kr

이혜정 : 민요와 개신교의 만남
- 『백합화』(1957)를 중심으로

한국학중앙연구원 한국학대학원 종교학과에서 박사학위(2006)를 받았으며 현재 영남신학대학교 교양 부교수로 재직 중이다. 한국종교와 한국개신교, 지역 교회사를 주전공으로 최근 논저는 『한국종교 교단연구』(공저), 『한경직의 기독교적 건국론』, 「대한예수교장로회(통합) 교단연구의 동향과 과제」, 「신자유주의와 종교관련 연구사 검토」, 「강신명 목사의 활동에 관한 연구」, 『노래에 담긴 한국교회』 등이 있다.

E-mail: kamihye@ytus.ac.kr

엄진성 : 근대 이행기 영남지역 유가 지식인들과 기독교의 만남
- 진암 이병헌과 해창 송기식을 중심으로

영남대학교 철학과를 졸업하고 동 대학원에서 석사 및 박사학위를 취득하였다. 현재 영남대학교와 대구가톨릭대학교에 출강 중이다. 주요 연구로는 「퇴계 심성론의 도덕정감적 연구」, 「『동경대전』과 『삼일신고』에 나타난 천인(天人)의 관계연구」, 「서경덕 학파와 조선 성리학의 민중화」 등이 있으며, 저서로는 『동양의 지혜』와 『삼일신고』가 있다.

E-mail: bookofchang@yu.ac.kr

손경희 : 개항 이후 영남지역 유학자의 질병과 대응
-『소택일기』(1834~1912)를 중심으로

경북대학교 대학원 사학과에서 박사학위는 받았다. 현재 국립금오공과대학교 선주문화연구소 연구원으로 재직 중이다. 최근 논문으로 「일제강점기 전라북도 금산군의 의료체계와 질병 치료 연구 -『崔炳彩日記』(1927-1945)를 중심으로-」 등이 있다.

E-mail: khsom@hanmail.net

근대 문명 전환기 한국학의 전통 사상과 기독교 사상의 융합

초판1쇄 인쇄 2025년 1월 20일
초판1쇄 발행 2025년 1월 31일

지 은 이 계명대학교 한국학연구원 편
펴 낸 이 신일희
펴 낸 곳 계명대학교 출판부
출판등록 제347-1998-1호(1970. 9. 1.)
주 소 대구광역시 달서구 달구벌대로 1095
대표전화 053-580-6233
팩 스 053-580-6235
홈페이지 www.kmupress.com

ISBN 979-11-6516-247-4 93000 정가 31,000원